中华后土文化·万荣后土祠卷

中华后土文化丛书

主编 叶涛
副主编 刁统菊
本卷主编 姜波

山东大学出版社
SHANDONG UNIVERSITY PRESS
·济南·

万荣县人民政府委托项目、山东大学横向合作科研项目
“中华后土文化与万荣后土祠研究”（项目编号：12310013552101）
“中华后土文化图像艺术研究”（项目编号：12310013552203）

图书在版编目（CIP）数据

中华后土文化 . 万荣后土祠卷 / 叶涛主编；姜波本卷主编 .-- 济南：山东大学出版社，2024.3
ISBN 978-7-5607-8205-8

Ⅰ . ①中… Ⅱ . ①叶… ②姜… Ⅲ . ①祠堂—文化研究—万荣县 Ⅳ . ① K203

中国国家版本馆 CIP 数据核字（2024）第 071041 号

策划编辑　傅　侃
责任编辑　傅　侃
封面设计　王　旭

中华后土文化・万荣后土祠卷
ZHONGHUA HOUTU WENHUA・WANRONG HOUTU CI JUAN

出版发行　山东大学出版社
社　　址　山东省济南市山大南路 20 号
邮政编码　250100
发行热线　（0531）88363008
经　　销　新华书店
印　　刷　东港股份有限公司
规　　格　787 毫米 ×1092 毫米 1/16
　　　　　22.25 印张 375 千字
版　　次　2024 年 3 月第 1 版
印　　次　2024 年 3 月第 1 次印刷
定　　价　168.00 元

中华后土文化丛书

编纂委员会

学术委员会

中华后土文化 · 万荣后土祠卷

主　编　姜　波

撰稿人（按姓氏笔画排序）

王　琦　王梓泓　韦　丽　冯传森　孙小涵　李　春
李潇爽　张林旺　柳　琦　姜　波　徐敏慧　黄　萍
董青峰　薛鑫华

摄　影（按姓氏笔画排序）

王　琦　韦　丽　冯传森　李　春　张林旺　柳　琦
姜　波　徐敏慧　黄　萍　董青峰　薛鑫华

绘　图（按姓氏笔画排序）

王　琦　冯传森　许鑫泽　孙小涵　李　春　张林旺
柳　琦　徐敏慧　黄　萍　薛鑫华

中华后土文化研究的新起点
（代序）

2021年10月，山西省万荣县人民政府与山东大学签署《山东大学横向科研项目合同书》，正式启动了“中华后土文化与万荣后土祠研究”项目的调研工作。在此后两年半的时间里，项目组经历了新冠肺炎疫情防控的紧张岁月，也度过了2023年各项工作回归正常后忙碌的时光。在大家的共同努力下，作为结项成果的“中华后土文化丛书”终于要出版面世了，此时，作为项目的组织者，我的心情既兴奋不已又忐忑不安。

令人兴奋的是，在中华文明发展史上占有重要地位的后土文化，因为这个项目的实施，终于能够以比较系统、比较全面的面貌呈现在世人的面前。

“皇天后土”是国人对自然界的“天”和“地”最常用的称呼，这种将天地对应起来予以称呼的做法早在春秋战国时期就形成了。两千多年以来，后土及其相关的信仰和祭祀活动，始终贯穿于中华历史文明的漫漫长河中，成为国家祭祀与民间信仰、封建帝王与黎民百姓、华夏大地与海外华人社区共享的一种文化现象，也因此成为中华优秀传统文化的核心组成部分，被视作中华文明得以传承发展不可或缺的根脉。然而，与后土在中国历史文化发展中所占有的重要地位相比，关于后土文化的系统研究、对于后土文化的普及宣传就显得比较薄弱了。

这套“中华后土文化丛书”是对中国历代典籍中关于后土记录的系统整理，是对近代以来对于后土研究成果的总括性展示，主要集中在研究论著的选编、典籍史料的全面搜集与整理、后土文化传承与传播的历史与现状、后土文化核心传承地区的祠庙建筑与民俗信仰生活等方面，我们希望通过这套丛书的编纂与出版，能够对中华后土文化予以全方位的呈现。

我为这个项目所设定的学术目标是：为前人的研究做总结，为后代的学人打基础。恰恰是这个自我设定的目标，成为如今令我忐忑不安的原因。

首先，在项目启动后将近一年半的时间，由于新冠肺炎疫情防控的缘故，计划中的田野调查全部受到影响，这主要包括：对作为后土文化核心传承区的山西省万荣县后土文化的系统深入的调查，对后土文化在海内外传承与传播的面上的调查，对万荣后土祠经典建筑的历史挖掘与现状的系统测绘等。虽然在疫情期间和疫情之后有限的时间里，上述几个子课题的项目组成员对相关内容进行了力所能及的调查，但还是留下了一些无法弥补的遗憾。

其次，后土文化所包含的内容极其丰富，涉及的学术领域也非常广泛，对于后土文化的调查与研究属于多学科、跨领域的综合性学术工程。每当想到这些，我的心中就惴惴不安：我本人和项目组的成员个人的知识结构、调查能力和研究水平都有限，竟然敢于涉足如此重要的研究领域，敢于承担如此重要的研究项目，我们是不是太不自量力了？！在项目进行的过程中，随着对后土文化了解的逐步深入，我们就更加清楚自己在学养和能力方面所存在的不足。当然，我们并没有知难而退，我们把这项工作当作一次难得的学习和提升自我的机会，尽最大努力去弥补我们的不足。

我此前曾经组织过几个类似的集体性研究项目，对于这类项目的调查和研究积累了一定的经验，也有过深刻的教训。作为后土文化研究这类集体合作的科研项目，好的内容策划和合适的参与者是取得成功的关键。

在项目内容的设计方面，根据后土文化所涉及的领域，我们分解研究内容，以子课题的形式展开调查与研究工作，这些子课题主要包括“中华后土文化研究综述”“中华后土文献的搜集与整理”“中华后土文化建筑概览”“中华后土文化文学资料的搜集、整理与研究”“万荣后土祠研究”“万荣后土文化调查与研究”，在 2022 年 4 月项目中期报告会之后，又增设了“中华后土文化图像艺术研究”专项课题，共计 7 个子课题。这也就是如今摆在我们面前的 7 卷 9 册的结项成果：《中华后土文化·研究卷》、《中华后土文化·史料卷》（上、中、下）、《中华后土文化·文学卷》、《中华后土文化·图像卷》、《中华后土文化·宫庙卷》、《中华后土文化·万荣后土祠卷》、《中华后土文化·万荣后土文化卷》。

在项目组成员的组成方面，根据项目内容的要求，一定要找专业对口、有能力做好研究工作、有责任心的学者承担任务，特别是选好合适的课题负责人是项目顺利完成最关键的一步。我们项目组的成员以中青年学者为主，“70后”“80后”甚至是“90后”承担起了重任，子课题的负责人（丛书各卷的主编）都是接受过严格的学术训练、责任心强、善于合作、乐于奉献的中青年学者，在项目结束和成果即将出版面世的时候，我对团队成员的工作十分满意，对于大家辛勤努力所取得的成果感到十分骄傲！

在项目调研和编纂写作的过程中，我们特别注意向在后土及其相关领域有所研究的专家学者学习和请教。为此，2022年6月至9月，我们组织了为期十三讲的“后土与中华文明”系列讲座，包括“后土与社、地母之关系初探”“后土图像遗存的流变与阐释”“女神的转向：后土与碧霞元君的形象叙事”“后土史料的搜集、整理与初步研究”“解读万荣后土祠”“南洋华人的后土信仰——民族意象与天人观念的在地诠释”“宋真宗东封西祀对后土信仰的影响”“《道藏》中的‘后土皇地祇’”“西汉国家祭祀中的后土祠”“日本华侨公墓与后土、土地神信仰——旅日华侨社会的历史和记忆之表象”“天下后土——后土文化的传播与影响”“后土文化的核心传承区——万荣县后土文化的调查与研究”“从国家祭祀到民间信仰——关于后土文化研究的几个问题”，主讲人主要是项目各子课题的负责人以及特邀的田天、刘云军、王琛发（马来西亚）、松尾恒一（日本）等对后土文化有深入研究的学者。同时，每一讲都邀请了国内外相关领域的知名学者作为与谈人。通过这种讲座汇报和与谈指导的形式，先后共有40余位学者为本项目的调查与研究出谋划策。

在两年半的时间里，我们项目组的全体成员，始终是以敬畏之心面对后土文化，是以严肃认真的态度、严谨规范的学风开展调查与研究工作，我们深知这套丛书一定会存在诸多不足甚至是错误，我们期待着学术界和社会各界对于这套丛书的批评指正。

中华后土文化研究能够得以立项，在此必须要特别感谢中共万荣县委和万荣县人民政府的主要领导们，他们充分认识到了后土文化在中国历史文明中占有的重要地位，迫切希望充分挖掘后土文化的历史价值和现实意义，并且希望在万荣县的政治经济和社会文化发展建设中发挥后土文化的功用。没有他们的大力支持，就不可能有这个项目的实施，更不可能在如此短促的时间里完成项目的调研和丛书的编纂工作，谢谢他们！

为前人的研究做总结，为后代的学人打基础，是我们这个项目的初衷。如今，作为合作项目的科研工作已经告一段落，作为结项成果的“中华后土文化丛书”也将出版面世，我们的项目可以结项了。但是，对于博大精深的中华后土文化的研究，这只能说是一个新的起点。我们期待着有更多的社会有识之士关注后土文化，期待着有更多的学界才俊投入到对于后土文化的深入研究中，期待着在中华后土文化这片沃土上结出更加辉煌灿烂的成果。

叶　涛

2024年3月于东瀛旅次中

本卷编写说明

建于山西运城万荣境内黄河岸边的后土祠，最早自轩辕黄帝扫地为坛祭祀，由汉代至宋代，先后有8位皇帝共 24 次来这里祭祀后土圣母，后土祠便一直作为皇家宗祠而存在。宋真宗以后，后土祠逐渐由皇家祭祀转为民间祭祀。在帙卷浩繁的古籍中记载的“后土”史料之外，后土祠本身亦有着生动丰富的建造艺术。

《中华后土文化·万荣后土祠卷》共五章，以后土祠建筑为主线，通过万荣后土祠的地理环境与历史沿革、建筑建置沿革、建筑特征、建筑艺术、建筑文化与非遗传承五个篇章，对后土祠建造的地理环境、历史沿革、建筑艺术、建筑特征、建筑文化等进行分析阐述。现存的后土祠建筑虽系清末（1870年）所建，时间不过150多年，但其建筑特征、建筑艺术深得中国古建筑之精髓，它的平面布局、品字戏台、五虎殿、献殿、香亭、坤柔圣母殿、秋风楼等各具特色，秋风楼更是山西代表性古代建筑之一。现存建筑中的木雕、砖雕、石雕、琉璃、铁艺、壁画和书法，既传承了中国古建筑的神韵，又极具山西地方特色，本卷编写小组成员先后两次对现址后土祠进行详尽的田野调查，不仅完成了2000余张照片拍摄、36张CAD测绘图绘制、82张各式雕刻线描和15张（含6张爆炸图）建筑水彩图绘画等工作，还走访和电话采访了一批匠人、村民、古建公司和研究学者，取得了大量一手资料，在此基础上提炼总结，写入第二、三、四章节中。第五章重点介绍了后土祠建筑文化与非遗传承，从建造后土祠的历史人物谈起，分析解读了现存的功德碑，对工匠和花费情况进行了认真研究，并在此基础上对传承和保护、庙会与非遗等问题进行了阐述和探讨，力图在更深层次上提升对万荣后土祠的理解、思考和研究。

本卷的突出特色在于将建筑调研与民俗学田野调查相结合开展研究工

作。因此，对后土祠的建筑形制、空间布局、雕刻装饰等以建筑学的测绘图和手绘方式，展示其不同的平面、立面、剖面等建造结构；对后土祠的建造技术、建造历史、建造工匠等，则以民俗学田野调查和口述访谈的形式展开，通过对山西万荣当地古代建筑建造工匠、后土祠文化研究者、后土祠周边村民等不同人员的访谈，探寻后土祠的建造历程和在地化表达。本卷采取图文结合的编写方式，文中所用照片、手绘图、测绘图除列出图片来源的，其余均为编写小组成员亲自拍摄、绘制，不再一一注明。

在山西万荣实地调研期间，编写小组得到了山西万荣县文旅局和万荣后土祠景区管理委员会的大力支持和帮助，使工作开展颇为顺利，在此表示衷心感谢！

由于编写小组水平有限，本卷中难免存在不足，敬请各位专家、读者批评指正！

本卷编写小组

2023 年 1 月 15 日

目 录

目　录

第一章
地理环境与历史沿革

土地是最受尊敬的神明之一，后土圣母更是中华民族最古老的祖先之一，她掌管阴阳，滋润万物，从古至今，无论是帝王还是普通百姓祭祀，大多是为祈求国泰民安、风调雨顺、农业丰收，感恩后土神的眷顾。山西万荣后土祠作为全国重点文物保护单位，其祠庙历史源远流长，从轩辕黄帝扫地为坛供奉后土神起，先后有汉武帝、汉宣帝、汉元帝、汉成帝、汉哀帝、汉光武帝、唐玄宗和宋真宗共 8 位皇帝，24 次到此亲祭。万荣后土祠如此被历代帝王所重视，与它所处的独特地理位置有着密切的联系。

第一节　黄河与山西

黄河，中华民族的母亲河，中国第二大长河，其干流全长 5464 余千米，发源自青藏高原巴颜喀拉山脉，自西向东呈“几”字形流经青海、四川、甘肃、宁夏、内蒙古、山西、陕西、河南及山东，共 9 个省和自治区，最后注入渤海。在早期中国历史上，黄河流域一直是中华民族先祖们的主要活动地域，在长期的人类活动中，这里形成了闻名遐迩的马家窑文化、仰韶文化、大汶口文化、龙山文化等，成为早期中华文明的主流。进入夏商周以后，人类开始步入文明社会，黄河流域也成为多个朝代的政治、经济和文化中心，多处古都建于此。南宋以前，中华文明的重心一直在黄河流域，南宋时重心才向南移至长江流域。辽金元时期，政治中心又重回黄河流域。黄河依据水文特征的不同，可分为上游、中游和下游三段，中游以山西为核心（见图 1-1），三面被内蒙古、陕西和河南围绕，是黄河整个“几”字形的核心部分。[1]黄河几乎流经大半个山西，接近黄河全长的五分之一，可见，黄河在山西占据着非常重要的地位。

1 参见张天柱主编：《黄河后土文化探析》，中国轻工业出版社 2020 年版，第 96 页。

在千百年的历史发展长河中，黄河因其丰富的水资源，使得黄河流域的土壤肥沃，适宜耕种，农业经济发达，可以说，黄河流域是我国古代农业发展的重要起源地。生活在黄河流域的各族人民在长期的农业生产和生活中，也创造出了丰富多彩的黄河文化，这不仅是沿黄地区人民生产和生活智慧的结晶，也是中华文明的重要标志和组成部分，更是中华民族文化的根与魂。

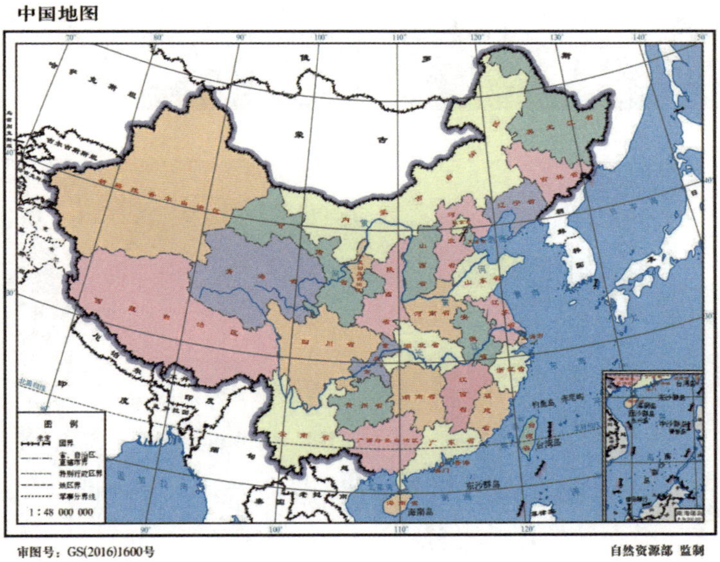

图 1-1　山西省位置图

历史上，山西形成了底蕴深厚的三晋文化，如史前的马家窑文化、仰韶文化，洪洞的根祖文化，大禹渡及风陵渡的古渡文化，河曲忻州的西口文化，偏关老牛湾的古堡文化以及万荣县的后土文化等，它们共同构成了深厚而又丰富多样的黄河文化。流经大半个山西的黄河，孕育着山西这方土地。早在 100 多万年前，就有人类开始在山西这块土地上耕种劳作，繁衍生息，并留下大量农耕文化遗址、人文和景观，如汾河岸边的山西襄汾丁村遗址和陶寺遗址，是山西早期黄河农耕文化的有力见证；如晋西北黄土高原上的窑洞住宅 (见图 1-2)、晋西的层叠台院、晋南的平地合院 (见图 1-3) 和山区窑院等传统民居建筑形式，都体现着对农耕文明的适应。

图 1-2　山西窑洞住宅

图 1-3　晋南的平地合院

图 1-4　晋南优渥的地质条件宜耕宜居

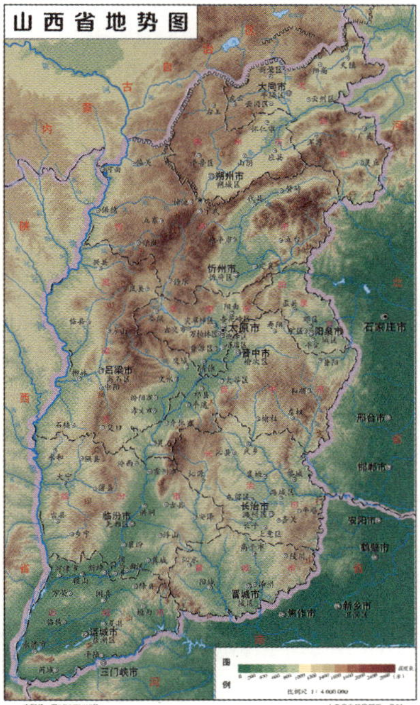

图 1-5 山西省地势图

除此之外，在长期的生产生活中，山西人们形成了祭社火、赶庙会、祭祀后土神的礼仪习俗，这也是黄河农耕文化的延续和发展。源远流长的黄河文化孕育出独具地域特征的山西文化，也成就着山西的历史文明，所谓“华夏文明看山西”便是如此。为什么后土祭祀在山西较为兴盛？这与山西的地理环境有着不可分割的联系。

山西省地处黄土高原腹地，太行和吕梁两大山系分别在东、西两侧矗立，中部为连绵不断的盆地，黄土丘陵在盆地四周环绕起伏，素有“山西高原”之称。在盆地和丘陵地带，堆积深厚、质地疏松、矿物成分丰富的黄土为农作物提供了优渥的土壤条件。古时的山西尤其是晋南属于古河东地区，气候温暖湿润，水资源丰富，土壤肥沃，宜耕宜居，史前时期便是我国最早的人类居住地之一。这里不仅有 180 多万年前的西侯度旧石器时代文化遗址，也有新石器时代文化遗址，在芮城、万荣、夏县、闻喜等地出土的石斧、石铲、石刀等原始农业生产工具，以及黍、稷等农作物碳化物，均是这里早期农耕文化发达的见证。[1]（见图 1-4、图 1-5）

1 杨高云：《汾阴后土祠兴建原因探究》，《运城学院学报》2004 年第 4 期。

在运城市域内也遗留着较多史前文明遗址。如 1926 年在夏县师村发掘的西阴仰韶文化遗址中，其蚕茧化石的发现证实了原始社会的河东先民就已有了养蚕技术。1931 年，在运城市万荣县荆村遗址中，曾发掘出大量新石器时期的黍稷及壳皮，从而证明在五千年前，晋河东人民就掌握了较好的谷物栽培技术。这些发现，也成为盛传于运城市民间的“后稷教民稼穑”“嫘祖养蚕”等传说故事的较好佐证，反映了史前时代运城地区的养殖业、种植业的发展情况，成为其农耕文化源头的证据之一。（见图 1-6）

图 1-6　万荣县位置图

除此之外，相传女娲氏生活在古代典籍称之为“汾阴脽上”的地方，便是今天运城市万荣县的宝井乡。史书中有轩辕黄帝“扫地为坛于汾阴”以祭祀后土的记载：黄帝与蚩尤“战于鸣条”，“杀蚩尤于中冀，蚩尤股体身首异处，而其血化为卤，即解之盐池也”，“解之盐池”亦称“解池”，即今运城盐池。[1]据学者考证，黄帝与蚩尤作战便是要夺取对盐池的控制权。著名史学家钱穆在其《中国文化史导论》中提出，解县盐池“成为古代中国中原各部族共同争夺的一个目标。占到盐池的人便表示，他有各部族共同领袖之资格”[2]。史学家张其昀在《中华五千年史》中称：“黄帝克炎帝于阪泉，擒蚩尤于涿鹿，两者实为一事，炎、黄血战，实因食盐而起。”[3]黄帝在击溃蚩尤之后，不仅掌握了中原地区和河东盐池的食盐，还统一了华夏，被后世尊称为“中华始祖”。所以，有学者认为，盐促进了华夏民族的形成。

盐池位于山西省运城市南部，是一个由东北向西南延伸的狭长湖泊，盐池是完整封闭的自流盆地，因地处黄河以东，古称“河东盐池”，亦称“盐泽”“盬”“解池”等。《说文解字》中便解释道：“盬，河东盐池。”“盬”这个字是专门为河东盐池而造，其他地方的盐则不能称为“盬”。

---

1 张天柱主编：《黄河后土文化探析》，中国轻工业出版社 2020 年版，第 106 页。

2 钱穆：《中国文化史导论》，河南人民出版社 2017 年版，第 26 页。

3 张其昀：《中华五千年史》第一册，中华文化大学出版社 1981 年版，第 22—23 页。

盐池所在地运城，在春秋时名为“盐邑”，战国时为“盐氏”，汉代又被称为“司盐城”“盐监城”等。元代那海德俊任盐运使，即筑修城郭，时间为元至正十六年（1356 年）。城墙以土建造，共建有 5 门。南边设置 2 门，以便运盐车辆通行；西北边则有 3 门，以便士庶商贾出入；这座在解池畔新建的城郭又有着“凤凰城”的称誉。运城兴筑的原因，主要是元代执政者出于对盐池生产、运输等需要。盐池位于河东解州和安邑两座古城之间，两城到盐池都还有一定距离。盐池附近的聚落是圣惠镇，由于规模太小，更需要一座大城来支撑盐池生产之后的运销发展，“运城”便自此而生（明代由“运司城”改定）。

在古代，一个国家最主要的两件事便是祭祀和征战，《左传》有云：“国之大事，在祀与戎。”相传轩辕黄帝在平定天下后，便在汾阴脽上扫地设坛，祭祀后土圣母。现在的后土祠内仍供奉着一座明代雕刻的“轩辕扫地坛”石碑。

起源于黄河文明腹地的后土祭祀，本就以土地崇拜为主，与农耕文化密切相关。辛勤耕作的民众自然而然地也将每年丰收的成果归功于后土神的眷顾，并认为对后土神越虔诚祭拜，越能得到神祇的庇佑和眷顾。因此，当地民众对土地的强烈依赖和对后土神的无比敬仰，使得后土信仰在此地发展兴盛且经久不衰，也造就了后土文化连亘几千年不断，并形成了相对稳定的祭祀仪式，尽管有变化，但也都一脉相承。

第二节　三河交汇与荣河

山西省境内黄河从偏关县老牛湾进入山西，沿晋陕峡谷自北向南，过禹门口后，河势顿开，河道逐渐变宽，经河津、万荣、临猗、永济，于芮城风陵渡东折，经过平陆、夏县，在垣曲县碾盘沟出省，途中共流经 14 个县（市），总流长 965 千米。黄河的第二大支流为汾河。汾河，古称“汾”，汾者，大也，汾河由此得名。汾河流经山西省忻州、太原、吕梁、晋中、临汾、运城 6 个地级市，共 29 个县（区），总长度 693.8 千米，流域面积为 3.95 万平方千米，于万荣县荣河镇庙前村与黄河交汇（见图 1-7）。山西利用黄河、汾河等河流进行水上运输由来已久，历代均以漕粮为主。周襄王五年（前 647 年），秦输粟于晋，首创渭水、黄、汾三河联运。[1]汾阴古渡（今庙前渡）便是黄河、汾河、渭河三河联运中的一个重要的古渡口。

1 参见卢渝、聂元龙：《山西文化资源地图》，山西教育出版社 2010 年版，第 98—99 页。

《左传》载：鲁僖公十三年（前 647 年）冬，晋大饥，使乞于秦。秦输粟。“以船漕车转，自雍相望至绛”《史记·秦本纪》。这段历史记载，详细记录了此次的漕粮运输路线。秦国调集满载粮食的船只从秦国都城雍城（今陕西省凤翔县南）起运，沿渭河顺流而下，一路东下至潼关后，又入黄河逆流而上，横渡黄河后，又借道山西汾河，在今荣河镇庙前村的重要古渡口庙前渡进入汾河，继续北上，直达晋国当时的都城绛城（今山西侯马西）。这一次规模宏大路程遥远的河上运输，既是史上著名的“泛舟之役”，也是中国历史上首次有翔实记载的内陆河道水路运输的重大事件。

此后，汾阴古渡在三河联运中一直发挥着不可替代的重要作用。如唐开元年间，当时的漕运便是沿汾河南下，于庙前渡入黄河后继续南下，至潼关入渭河后溯水而上，运抵长安。北宋时期，关中州郡的漕粮由渭河、汾河入黄河，向东流，过三门峡、郑州后，转入汴河，运抵京师开封。

汾阴古渡，原位于旧后土祠北，是自古以来山陕两地通行的一个要津。后土祠以西原为西头村，汾阴渡则位于西头村以西，故又称“西头渡”，明朝曾被废，清康熙年间恢复，称“新渡”。河东之盐，有相当一部分经秋风楼下的张仪古道（见图 1-8）运至西头渡，进入三秦大地。清末民初，因黄河水侵袭漫延，

图 1-7　汾河与黄河交汇于庙前村

图 1-8 张仪古道

河岸崩塌，西头渡在黄河的不断冲击下被淹没，西头村便迁到了后土祠的堡子崖下，后河水继续泛滥，再迁到今址。迁址后的西头村虽然沿用了原来的村名，但按方位实际应是东头村。西头村迁走后，庙前村便成为紧邻黄河的村子。根据荣河镇樊晋宝所作《脽源初议》所述，“今之庙前村，是 20 世纪 60 年代初由河滩迁上来的。1970 年以前，是对岸芝川镇摆渡船的渡口”。新中国成立后，因渡口设在庙前村，更为今名。因此，西头渡可谓庙前渡的前身。

庙前渡与黄河上下游的军渡、吴王渡、蒲州渡曾是历史上的四大古渡口。相对于黄河上下游其他渡口来说，庙前渡是比较繁荣的。解放前后它都一直在被使用。民国时期，庙前渡曾设庙吴统税局，配有稽查部队。1930 年，国民政府统一税制，将统税局裁撤。新中国成立以后，庙前渡口是新政府公开认可的渡口。1952 年，渡口有木船 5 只，船工 70 名，以运销潞盐、煤炭为主；1957 年冬，设庙前航运管理站，隶属晋南航运办事处，并派专员管理该渡口；1958 年初，渡口的木船发展到 70 只；1964 年，渡口由庙前大队管理。庙前村潘新杰在口述访谈中说，庙前渡口船只被分为载人的渡船和拉煤炭的行船两种。根据航运站的规定，载客渡船在每逢单数日，如每月的初一、初三、初五、初七等日子，可以从黄河东边的庙前渡载客去往对岸的陕西韩城等地，庙前渡的船被叫作“东船”；而逢双数的日子，如每月的初二、初四、初六等日子，则由黄河西边的韩城芝川渡口载客，去往对岸的荣河镇等地，芝川渡的船被叫作“西船”。一河东西两岸，山陕两地，因庙前渡而互通往来频繁，关系密切，因此，庙前村与陕西韩城两地做儿女亲家的人很多，这也被当地人称为“秦晋之好”。

新中国成立前，庙前村的大船都属地主私人所有，船上的艄公、水夫等很多都是庙前村人。相比普通农户，艄公（掌握造船、开船、行船技术）行业虽然跑船辛苦，但收入要高很多。所以 1947 年解放后，庙前村人就租了几条集体用的大船来拉煤、渡人。20 世纪六七十年代，沿河两岸的村民烧火做饭所用之煤，都是通过行船运输而来的。行船从小北干流出发，去往河津龙门拉煤炭，航运范围为河津市的龙门至陕西省渭南市的潼关县。虽然龙门有着丰富的煤炭资源，但由于煤矿位于龙门北端，临近壶口瀑布，河面较窄，水深且急，所以大型行船无法进入。因此，在这段湍急的河道上，先由技术性强且有经验的人驾驶小船南下运煤，在河面宽、流速慢的河道处将煤炭转到行船上，再由行船集中卸载到庙前或潮村的煤炭厂。当时荣河等渡口从事煤炭运输的木船约 40 只，从河津苍底装煤，沿汾河航道运至庙前渡，由此入黄河运至风陵渡，或继续东运至大禹渡、三门峡，或由潼关溯渭河而上至渭南。[1]由此可见，庙前渡是由渭河、汾河进入黄河的重要转接之处。直至 20 世纪 70 年代，这个渡口才不复存在。

虽然位于山西西侧的黄河将山西、陕西一分为二，形成陕晋峡谷地貌，阻断了秦晋两地人们之间的往来，但在便利的水系条件下，众多的黄河渡口又重新架构起秦晋文化交流融合的通道。通过水上交通，秦晋两地之间的商贸往来互通有无，盐茶、粮油、皮棉、丝绸等生活原料被输送至各地。而万荣后土祠原建于汾河与黄河交汇处的高崖之上，南行不远，即有渭河入黄，可以说后土祠正处于三河相互交汇的地带，地理位置极佳。对于帝王至后土祭祀而言，皆可通过便利的水上交通抵达。西汉时期，汉武帝曾六次到汾阴（今山西省万荣县）祭祀后土神，所走之路便是经水运乘船由渭河进入黄河，再从黄河进入汾河，由汾河抵达汾阴古渡登陆，到达目的地。便利的水运交通，也是汉武帝曾先后六次到后土祠祭祀的原因所在。

后土祠所归属的万荣县，战国时期属于魏国辖域，因在汾水以南，故又称

1 万荣县文物旅游局、万荣县后土祠景区开发管理中心:《汾阴脽后土祠》，内部印刷，2018 年，第 118 页。

为“汾阴”。西汉时期，设置汾阴县，一直到三国时期，汾阴县属于魏国。汉文帝十六年（前164年）曾在此修庙，祠河求鼎。元狩二年（前121年），汉武帝于此地正式设立后土祠，或许是诚心感动后土神，竟两次获鼎。元鼎元年（前116年）是一次，元鼎四年（前113年）是又一次，皆以获鼎为祥瑞[1]。元鼎四年（前113年），汉武帝扩建后土祠。唐开元十年（722年），此处又出土了青铜宝鼎，玄宗认为这是祥瑞之兆，遂将汾阴更名为宝鼎县，隶属河东府。宋大中祥符四年（1011年），宋真宗到后土祠祭祀，又将宝鼎县改为荣河县，属河中府。之后，金、元、明、清及中华民国初年时，均作荣河县，不再改名，县治设在宝鼎乡。

1929年，由于黄河洪水泛滥，荣河县城屡遭水患，县城百姓生产生活及安全遭到极大影响和威胁，遂迁往冯村，建设荣河新县城，直至新中国成立初期。1954年，因县治重划，荣河撤县置镇，万泉、荣河两县合并，改称为万荣县，沿用至今，荣河也成为万荣县西重镇。

曾经的荣河县署位于万荣县荣河镇荣河村北街中部的一座名为广福寺的寺庙内。为扩大办公面积，县署在寺庙周围又购买了一些土地，建成了当时的荣河县署。县署坐北朝南，占地面积1980平方米，处于整个县城的中心位置，后土祠距离老县城16里。在民国时期编写的县志里，还保留着当时所绘的建筑位置简图。在简图中县署位于中部轴线，东部轴线为法庭，西部轴线为监狱。荣河县署与后土祠的建筑布局一致，按照中轴线从南向北延伸，分别是照壁、大门、大堂、二堂、三堂，大堂和二堂之间、二堂和三堂之间各有一个小院，形成既独立又互为连通的建筑。县署的照壁就设在路边甚至占了道路的一部分，后来县署房屋陆续出现漏雨、坍塌等问题，出于安全考虑，县署的照壁、大门就都被摧毁了。目前残留的建筑只有大堂、二堂和三堂。大堂面阔三间，进深四椽；二堂体积较小，面阔五间，进深四椽；三堂为两层，面阔五间，进深四椽。从大堂到三堂，房间大小是逐渐变小的。大堂是升堂之地，地面上有块青石，据说是当初审问犯人时犯人下跪之处；二堂是县官办公场所（见图1-9）；三堂，则是县官居住的地方（见图1-10）。

山西地区建房时，人们会按照当地习俗，在正中间屋脊的檩条上钉一个板子，此板称为“福祈板”，顾名思义，有祈福之意。在福祈板上，人们多会写上建房时间等信息。现存的县署大堂梁脊上的福祈板上便写着民国十年三月吉日荣河县知事兼迁城监督曾广勤督建的信息。（见图1-11）。根据大堂梁脊板

1 参见李零：《汾阴后土祠的调查研究》，《黄河后土文化探析》，中国工业出版社2020年版，第195页。

题记，该组房屋始建于 1921 年。

在万荣县境内，还拥有众多文化遗产，其中列入国家文物保护单位的就有后土祠、北辛舍利塔（图 1-12）、万泉文庙（图 1-13）、东岳庙、飞云楼（图 1-14）、八龙寺塔（图 1-15）、李家大院、稷王庙、稷王山塔等 11 处古建筑，这些建筑不仅建造年代久远，而且其本身在中国建筑史上也具有重要地位。其

图 1-9　荣河县署旧址二堂

图 1-10　荣河县署旧址三堂

中八龙寺塔建于北宋熙宁七年（1074年），位于万荣县荣河镇中里庄村。据传，此塔与宋真宗祭祀后土祠有关联。《荣河县志》记载："宋大中祥符四年(1011年)，宋真宗祀汾阴过此，见八龙垂象之瑞而建寺以祀。"此塔原为八龙寺的附属建筑物，可惜寺已毁，仅存八龙寺塔一座。塔为七层楼阁式砖塔，高约23.9米。平面呈正方形，底座高0.62米，边长3.65米。一至五层辟有砖券拱门，一至六层塔檐下皆施仿木构斗拱，上筑宝顶。

图1-11　大堂梁脊板题记

图1-12　北辛舍利塔

图 1-13　万泉文庙大成殿

图 1-14 巍峨高耸的飞云楼

图 1-15 八龙寺塔

第三节 汾阴与脽

后土祠位于万荣县荣河镇庙前村，建造历史悠久，是神州大地上祭祀后土娘娘最古老的庙宇。清顺治《万荣县志》中有县境全图（见图 1-16），据记载，后土祠最初建立在汾阴脽上，“河东郡北八十里有汾阴城，北去汾水三里，城西北隅曰脽丘，上有后土祠”。

在黄河、汾河两条河流交汇的常年冲积下，河中的泥沙逐渐形成了一处南北长四五里、东西宽二三里的狭长“河中绿洲”。由于其地凸出，如人的臀部，故史称“脽上”或“汾阴脽”。后土祠即建于脽上。《史记·武帝本纪》曰：元鼎四年（前 113 年），始立后土祠于汾阴脽上。[1]脽如一块高崖，四面环水，位置独特，是一处天然祭地灵坛的泽中方丘。宋真宗赵恒在《汾阴二圣配飨之铭》中赞道：“脽上者，汾水之曲，巨河之滨……地形诡异，神道依凭，中断

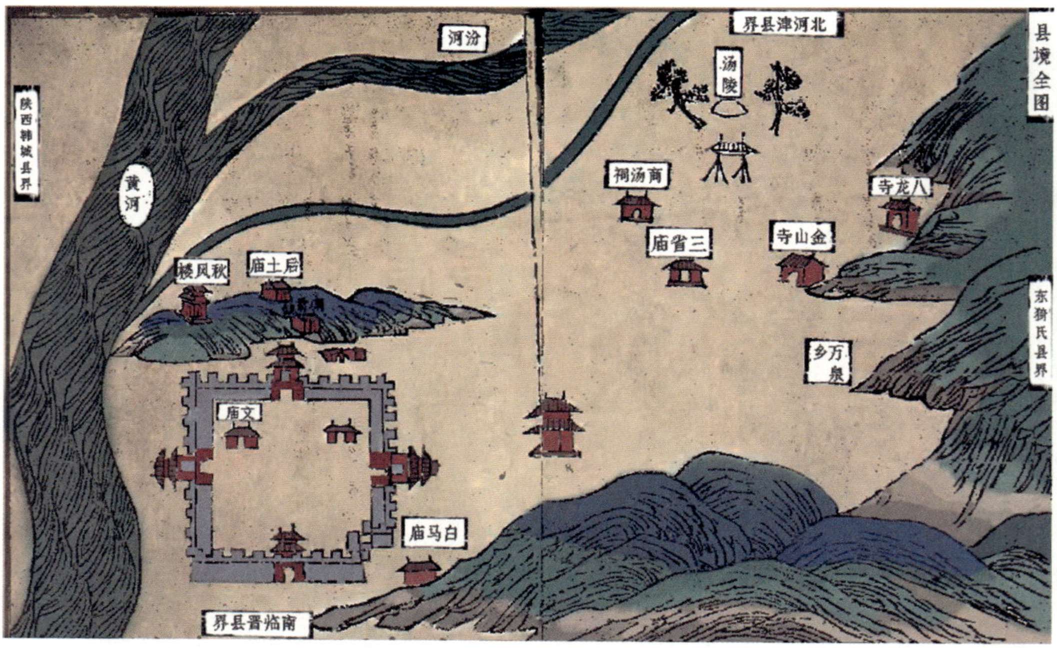

图 1-16 清顺治《荣河县志》中的县境全图

1 （清）马鉴、（清）王希濂修，（清）寻銮炜纂：《荣河县志》，清光绪七年刻本。

洪流，揭成高阜。俯联修壤，崛起而崔嵬；下望平皋，斗绝而盘郁。故得传于简册，降厥祯祺。”宋真宗时的宰相王旦在《祭汾阴坛颂》中亦称道：“广袤曲盘，峥嵘诡异。宛如天造，允为神区。以因地制宜，为祭祀之所。”通过二人的描述，可以看出当时的后土祠西临黄河，北靠汾河，周围树木茂密，其所处之地可谓是天造的奇异胜境，实为藏风聚气、化气成灵之所。万荣建后土祠于此，实有得天地之造化之意。（见图 1-17）

万荣后土祠以黄河、汾河两大河交汇形成的“天然方泽”的独特自然景观作为载体，其不仅体现了中国古人对特殊自然景观的追求和对广袤山川自然环境的敬畏与崇拜，而且选址于弯弓内侧的淤积扇上，可以有效避免河水对基址经常性的冲刷破坏，充分体现了中国古人的经验智慧与传统择地观念。（见图 1-18）

除了神奇的地理位置之外，后土祠建于脽上还与山西的根祖文化有着联系。万荣县所处的优越的地理位置和自然环境，使之成为古代帝王青睐之所。在史书记载中，这里曾是尧、舜、禹的定都之地，如尧都平阳（今临汾市），舜都蒲坂（今永济市）、禹都安邑（今运城市），均在今山西晋南地区。黄河根祖文化的特色和优势在晋南即临汾和运城一带体现得最为充分。在晋南地区流传着很多与此相关的神话传说和遗迹，如后稷庙、后土庙和轩辕黄帝扫地坛等神话传说遗迹，它们是山西根祖文化的重要组成内容，是山西文化的资源和宝藏。随着1978年陶寺遗址的发掘和大批文物的出土，在考古学的层面进一步证实自古河东地区是中华民族诞生的摇篮，是中华文明的根源所在。得天独厚的自然地理环境以及深厚的历史文化，使得汾阴脽成为建后土祠的最佳之地。

图 1-17 清代荣河县与黄河、汾河分布图

图 1-18 后土祠周边的地貌环境

第二章
建筑建置沿革

第一节　汉唐：建祠与扩建时期

据《史记 · 孝武本纪》记载：“其明年冬，天子郊雍。……于是天子遂东，始立后土祠汾阴脽上。”可见，后土祠的建祠时期是汉武帝时。

唐玄宗时期是后土祠庙建筑发展的又一个重要时期。据清乾隆十九年(1754年) 编修的《蒲州府志》载，唐玄宗对后土祠进行了重修，规模宏大壮丽。但现有文献对此段时期历史信息的记述却十分有限。

第二节　宋元：改扩建与稳定时期

北宋初年，后土祠庙址稍往南移，《文献通考》卷七十六记载：宋太祖“开宝九年（976 年）徙庙稍南”。太宗年间重修，但重修规模如何并未谈及。到了宋真宗时期，宋真宗于大中祥符三年（1010 年）八月至次年二月对后土祠再次进行大规模扩建，这次重修规模之大、动用人力、财力之多，超越之前历代修缮。据《蒲州府志》载，宋真宗对后土祠进行大规模的修建，之后，再没有帝王有过如此大规模的修建之举。

自后土祠建祠伊始，一直到宋真宗重修，其间后土祠所经历的历史变迁等情况，可在保存在后土祠献殿中的“蒲州荣河县创立承天效法厚德光大后土皇地祇庙像图石”碑中窥其一二。（见图 2-1）该碑最早刻于金天会十五年（1137 年），明嘉靖三十五年（1556 年）和天启三年（1623 年）又经两次重刻。现存于献殿中的碑刻，呈长方形，高 1.4 米，宽 1.1 米，为明代嘉靖三十五年（1556 年）荣河知县侯郁命人重刻。这座石碑，为了解后土庙的规模变迁和历史沿革以及历代皇帝祭祀后土的情况提供了重要资料。

据我国著名古建筑学者王世仁考证，此碑是对大中祥符年间后土祠建筑规制的描绘。在此基础上，他对宋代后土祠的院落格局与主要建筑功能等作出推析，进一步证实了宋真宗兴修后土祠的记载。王世仁在《记后土祠庙貌碑》一文中讲道：“庙貌图系金天会间刻，明嘉靖、天启重刻。”今图中有三座建

图 2-1 蒲州荣河县创立承天效法厚德光大后土皇地祇庙像图石

筑题名处无字，当系重刻已模糊，不易辨认之故。又碑阴之文末，称“俱兑《通鉴纲目》及《文献通考》”，则可知该文系元明间补刻，或即为明代重刻图像时同时补刻。按此碑为金初所立，而金代不专祀汾阴后土，只配位方丘，则可知此庙貌图所示之建筑最晚为北宋时物。又据《宋朝事实》卷十一载，大中祥符之祀后土，由大中祥符三年（1010年）八月令陈尧叟为经度使，至次年二月祀毕，中间半年光景，曾大兴土木工程，故庙貌当更扩大。此后北宋诸帝中，仅徽宗政和六年上尊号，而无复来亲祀者，故可断定此庙貌所描绘者为大中祥符时之状。[1]

我国建筑史学家刘敦桢曾指出：“宋朝的祠祀建筑分为三个等级，后土庙是按照最高级的标准建造的。”[2]由此可见，宋代后土祠建造标准之高、规模之大。我国著名古建筑学者傅熹年师从于梁思成，素描效李宗津，水彩则受吴冠中和关广智指点，其画作在古建界一直享有盛誉，他的170余幅珍贵的手绘画稿被辑为《古建撷英》一书。傅熹年曾根据庙貌图碑的显示，绘制出了当时北宋时期汾阴后土祠的庙貌规模，极为恢宏大气，雄伟壮观。（见图 2-2）

1 参见王世仁：《记后土祠庙貌碑》，《考古》1963年第5期。

2 刘敦桢：《中国古代建筑史》，中国建筑工业出版社2003年版，第197页。

图 2-2 傅熹年重绘北宋汾阴后土祠鸟瞰图（来源：《古建撷英》）

根据蒲州荣河县创立承天效法厚德光大后土皇地祇庙像图石图示，宋代汾阴后土祠是完整的大型寺庙建筑群，中国古代建筑的特点得到了清晰体现。整个建筑呈对称型位于南北轴线上，共计七个空间，十进院落，与现在的后土祠相比，其面积是现在的25倍。宋代时，其被称为“海内祠庙之冠”，可谓名副其实。（见图2-3）

宋代汾阴后土祠的庙域属于所谓“南方北圆”式，北端为圆弧形，南端为方形。整个建筑分为三部分，即主体部分、外接前院和外接后院。主体部分，外垣近乎正方，四角建角楼，其南围以方墙，伸出一个外院；其北围以圆墙，也伸出一个外院。在内部结构上，三部分亦有所区别。其中，主体部分是由四墙四门划分空间，构成四重进院落。第一道墙即通常所说的“下三门”，是以太宁庙门居中，旁开二门。进入太宁庙，左右有两座碑楼，两碑楼皆为重檐歇山顶；右为宋真宗碑楼，面阔三间；左为唐明皇碑楼，三间二层。碑楼之侧，各有左右并列的两座小殿，皆不知名。

第二道墙即通常说的“中三门”，是以承天门居中，也旁开二门。进入承天门，院落左右两边各有一个碑楼，左右相向。东为修庙记碑楼，三间二层，歇山顶。据民国《万泉荣河县志》记载，修庙记当是宋金重修此庙的碑记，其中包括杨照的《重修太宁庙记》。西边一楼榜题磨损，摹本缺。碑楼之侧又各有一井庭。

第三道墙为增出的一道墙，是以延禧门居中，旁开二门。进入延禧门，门前左右相向各有两座建筑，右边是钟楼，左边是一个不知名建筑（无榜题，从侧门可见内陈一扁圆形物，摹本缺）。其后，内垣南墙的两端还有题为二郎殿和判官殿的两座小殿；小殿两旁，配殿前端各有墙，上开侧门，可连通外院左右方向和后方的永巷。延禧门院落外垣左右还连接有两个道院，右为东道院，左为西道院。

图 2-3 后土皇地祇庙像重绘图

第四道墙，是主殿区的内垣，即通常说的“上三门”，以坤柔之门居中，旁接侧墙，也各开一门。坤柔之门是正庙门，东、西、北三面由长廊相连，与坤柔之门左右两侧墙体共围成廊庑。廊庑四周和坤柔之殿又隔出二重廊院，并形成“日”字形院落，左右又各有三个配殿，形成“目”字形。一重廊院北面正中为后土祠正殿——坤柔之殿。该殿在后土祠内各殿中规模最大，从名称考虑，当是供奉后土圣母的地方，地位相当于北京地坛中方泽坛后的祇室。坤柔之殿面阔九间，重檐庑殿顶，斜廊围成内院。院内两侧还有两座小方亭，正中前后有两个方台，前面方台有伸出台阶。殿前一处用栅栏围绕，王世仁推测，可能是封石匮之坛，疑不能定。据《宋会要辑稿·礼二五》之六十至六十一记载，宋代埋册之制，是用玉匮或金匮封存玉册，放入瘞坎中的石匮内，以土封固，上为小坛。埋册地点，在“前殿栏楣之下，皇帝板位之西”。殿前栅栏即“于正殿直南安置，仍别设栏槛遮护”的“栏槛”。此坛以南的平台，王世仁推测，可能是拜台或舞基（上无覆屋的露天舞台）。此外，东西两庑的前面，还有左右相向的两座小殿，皆不知名，王世仁推测，可能是奏乐之所。二重廊院也是坤柔之殿后殿，又名寝殿，面阔三间，歇山顶，西山出斜廊。寝殿与坤柔之殿中间有穿廊相连，形成所谓的“工字殿”。这两个殿后面的廊庑都是钝角形斜廊，与其他三面不同。在廊两侧，各有三间悬山顶小殿。左侧三殿坐西朝东，北部一殿榜题磨损，除此外，其余两个是六丁殿、五岳殿，右侧为真武殿、六甲殿、五道殿。

关于坤柔之殿前庭院中两方台的作用，王世仁推测其可能为“封石匾之坛”，但说“仅系臆想，有待进一步研究”。车文明《后土祠庙貌碑中两方台的考释》一文[1]，在王世仁的基础上将研究向前推进了一步，基本确认了庙貌碑图中两处方台的功能意义。车文明在文中写道：“《后土祠庙貌碑》碑图坤柔之殿东西阶间栅栏所围之小方台，其实此坛正是封石匮之坛，而非池子。”石匮是帝王祀后土时贮藏玉匾玉册的石匣，先于庙中庭院选定地点，挖好土坑（周以砖砌），以待玉匮。玉匮是放玉册的玉匣。玉册是玉质的简册，上书册

1 车文明：《后土祠庙貌碑中两方台的考释》，《考古》2001年第6期。

文，即祭告祝词。车文明通过诸多资料引证，证明了院中小方台为宋真宗当时祭祀后土宣读祝词后存放玉匮的石匮。而对院中的另一大方台，车文明在文中说道：“封匮小方丘前又有一较大方台，南面正中出台阶。”王世仁对此台的作用进行研究，得出三种结论，此台或封石匮之台或拜台或舞台。其实，此台应为露台，因之露天而立，故名。露台形状一般为方形，多用砖石建成，亦有率土为之者。这里的露台，车文明认为，它既是拜台，也是舞台，有表演歌舞技艺和陈放供品两种功能，目的都是敬献神灵。

相比庙域的主体部分，其外接前院和外接后院内部结构都比较简单。外接前院以棂星门居中，四面以围墙相连，最前面的棂星门左右又各设一门，棂星门外左右各安放着上马石和石狮。外接后院以配天门居中，配天门后的一道连门横墙，将外接后院隔成前后两院。前院配天门，指以地配天（“履地戴天”），三间，悬山顶。配天门稍往北只有一座三面开放的小亭，偏于门左，面向南。小亭再往北，有开棂星门的横墙为隔，进入棂星门，最北端有一坐北朝南的方亭，三面开放只有后墙，榜题磨损不清。此亭下有高台，为旧轩辕扫地坛，它和前面两个坛不一样，是临河而祭专门禅地的坛场，而且同样可以登临眺望，此上建有一大殿，重檐歇山顶，其左右有配殿。[1]（见图 2-4）王世仁说，后土坛是利用“庙北古双柏旁”的土堆筑为方坛，如北郊祭地的方丘。坛前还有两个小屋，可能是存放祭物的地方，皆无榜题。这一进很空旷，不但建筑少，树木也稀少（只有左三右三，共六株）。

后土祠庙貌碑碑阴部分主要记载了自轩辕氏经尧舜夏商周至汉唐宋历代帝王到后土祠祭祀祈福的历史事实。开头第一段“轩辕氏祀地祇扫地为坛于脽上”记录的是最早来这里祭拜的轩辕黄帝，脽丘上的荒草除掉后露出一个圣洁的土坛，他在这里祭拜大地之神。“二帝八员有司，三王方泽岁举”是说尧舜二帝时期，有八位专司祭祀的大臣专门负责组织祭祀后土，夏商周时，帝王每年都会在这个天然的方泽祭坛上祭祀。第二段讲建庙的经过及原因：“汉文帝十六年，诏更以明年为元年，治汾阴庙。”“方士新垣平言，周鼎在泗水中，

1 参见李文：《山西万荣县后土祠庙貌碑考略》，《山西档案》2012 年第 3 期。

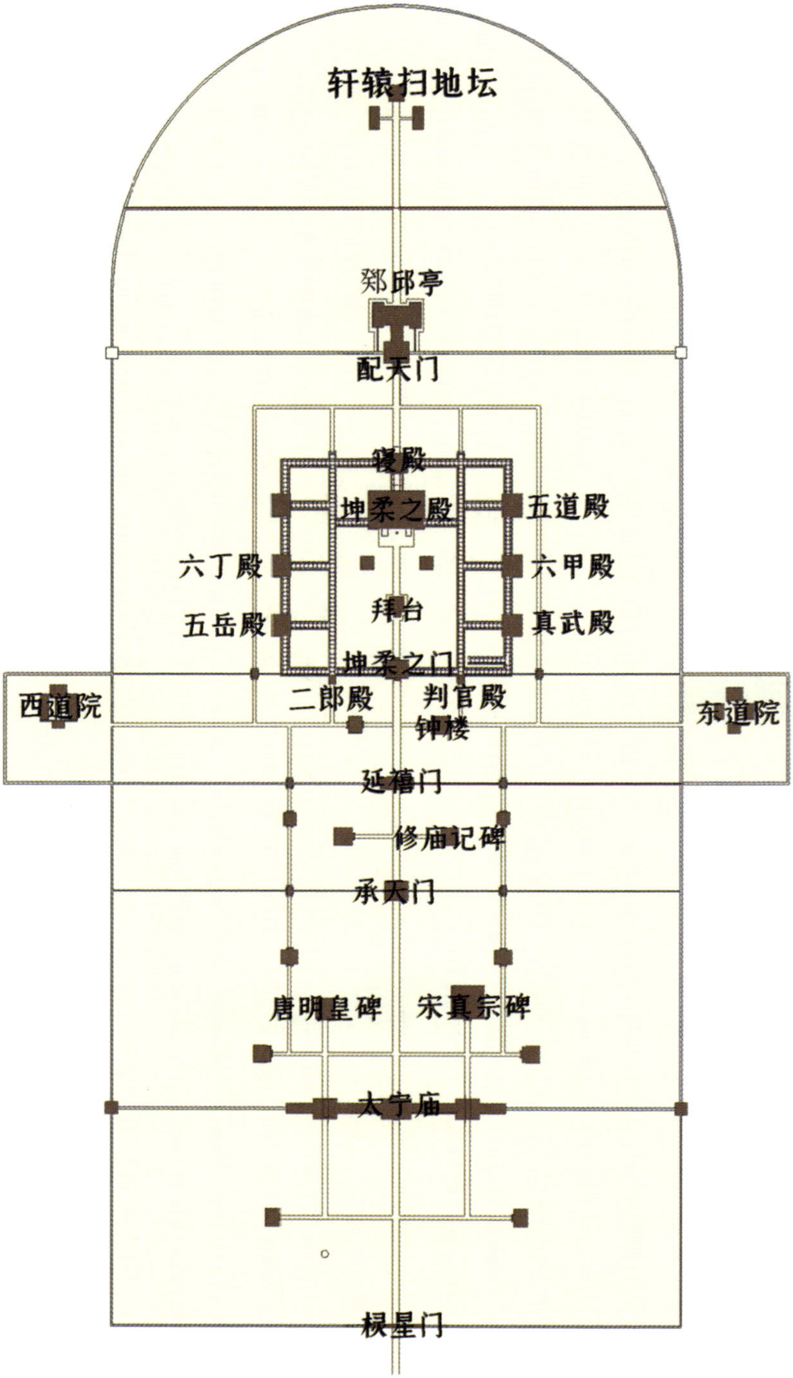

图 2-4　宋代荣县后土祠庙貌推测图
（来源：清华大学建筑设计研究院）

今河决通于泗，而汾阴有金宝气，意鼎出乎。于是治庙汾阴，欲祀出鼎。”即最早建后土庙，是想通过祭拜，求得象征国家权力的宝鼎。到汉武帝时，祠旁出土了一个宝鼎，汉武帝即兴作《宝鼎之歌》，并改年号为元鼎。同时制定制度，规定汉家天子每年要来后土祠祭拜一次。汉武帝之后，汉宣帝、汉元帝、汉成帝、汉哀帝、汉光武帝刘秀等先后来此祭拜。唐朝时，唐玄宗曾赴后土祠祭拜过两次。最后一位来此祭祀的皇帝是宋真宗。除了上述八位皇帝外，据《资治通鉴》记载，前秦苻坚也曾到后土祠祭拜。

宋代后土祠的庙貌规模之大，规格之高，远胜前几任皇帝所修缮的后土祠。与宋代后土祠庙貌规模和建筑风格较为相似的还有现存的泰山岱庙，虽然宋代后土祠的真实面貌今人已无法瞻仰，但在一定程度上，通过岱庙的建筑形式，也可看到后土祠曾经的辉煌与地位。

岱庙始创于汉，拓建于唐宋，金、元、明、清时曾有多次维修，是泰山最大、最完整的古建筑群，今存布局形式基本上保持了宋代时的风貌，在中国建筑史上占有重要的历史地位。[1]（见图 2-5）

图 2-5　大金承安重修中岳庙图拓片

1 参见车文明：《后土祠庙貌碑中两方台的考释》，《考古》2001 年第 6 期。

岱庙拥有钟楼、鼓楼、铁塔、铜亭等古建筑 186 间，是中国四大古建筑群之一。其内部建筑布局体现儒家礼仪理念，整个建筑群以纵贯南北的轴线为中心，横向均衡扩展。（见图 2-6、图 2-7）将岱庙与宋代的后土祠相比，可以发现它们在空间和布局上有很多相似之处。例如：宋代后土祠中轴线上自南而北由棂星门(低、小)——T 形狭长庭院——太宁庙(高、大)——长方形庭院——承天门（低）——长方形庭院——延禧门（低）——长方形庭院——坤柔之门（低）——方形宽大庭院——坤柔之殿（高、大）。通往主殿坤柔之殿，需经过 1000 多米长的轴线和五扇高低不一的大门和五个院落。岱庙中轴线自南而北有遥参亭大殿（高、大）——长方形庭院——正阳门（高、大）——长方形庭院——配天门（高、大）——长方形庭院——仁安门（高、大）——T 形长庭院。要到达主殿天贶殿，必须经过四道大门即遥参亭大殿、正阳门、配天门、仁安门和四个高低不一的院落，以此体现封建宗法礼制和皇帝的至高无上的威严。（见图 2-8 至图 2-16）

图 2-6　岱庙全貌图

（来源：泰安市旅游局编《泰安　泰山》，五洲传播出版社 2006 年版）

图 2-7　岱庙全图

（来源：陈从周编著《岱庙》，山东科学技术出版社 1992 年版）

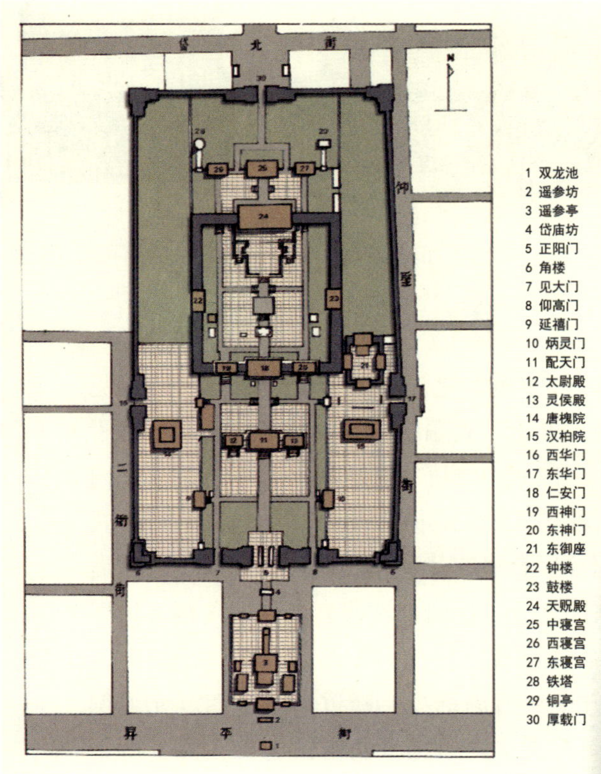

图 2-8 岱庙总平面图

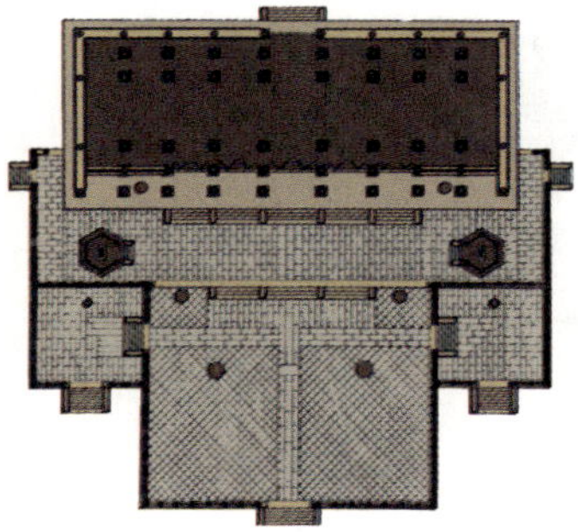

图 2-9 天贶殿总平面图

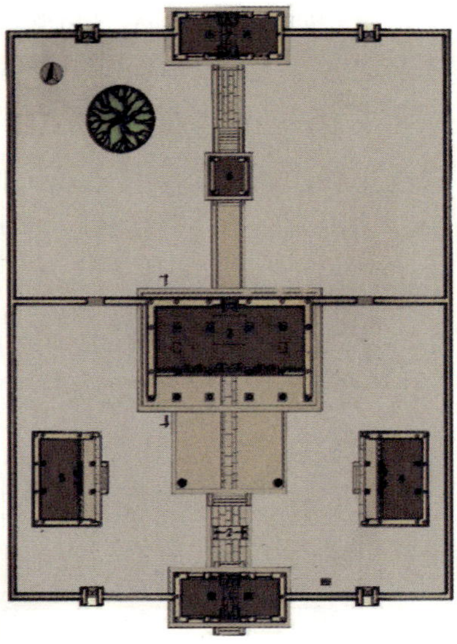

图 2-11 遥参亭大殿总平面图

图 2-10 岱庙天贶殿

（来源：泰安市旅游局编《泰安 泰山》，五洲传播出版社 2006 年版）

图 2-12 岱庙正阳门立面图

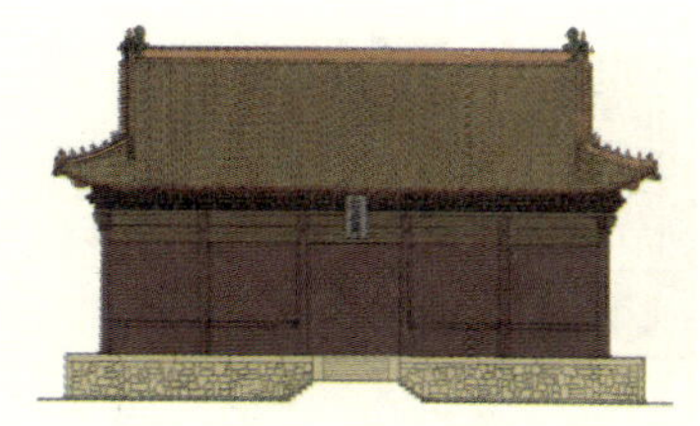

图 2-13　配天门正立面图

图 2-14　仁安门正立面图

图 2-15　岱庙正寝正立面图

后土祠和岱庙在营造方式上都体现了“重城建构”和“重门之制”的形式(见图 2-17）。后土祠的外城有筑起的高大围墙，高墙四角设有角楼，角楼坐落于高大的墩台之上。外城布局井然有序，内城由廊庑将正殿和寝宫围合起来。内城南面正中设门，即正门坤柔之门，坤柔之殿坐落在内城最后。这种建造方式和建筑布局，重点都在于突出后土祠尊卑有序的建造礼制，使得规模庞大的后土祠在建筑格局上充分体现出主次秩序之分。岱庙外城建有高大的角楼（见图 2-18）和城墙，内外城布局井然有序，主次尊卑分明。

宋末至元代，关于后土祠的官方记载日渐稀少，建置沿革不明。元大德十一年（1307 年），刻汉武帝秋风辞石碑；同时建亭储藏该石碑，此亭位于后土庙后。

元朝以后，因都城迁移、路途遥远等，封建帝王不再亲自到汾阴祭祀后土，而是在京城外祭祀，后土祠逐渐被冷落，陷入萧条。

图 2-16　岱庙总剖面图

图 2-17 岱庙厚载门城墙水平剖面图

图 2-18 岱庙角楼立面图

第三节 明清：毁坏与重建时期

清光绪《荣河县志》记录了自明隆庆年以来秋风楼的兴废重建情况，并可略窥明代之后后土祠的庙貌变迁。根据县志与同治十三年（1874 年）戴汝珍立石之迁祠碑记的记载，可将历年兴废重建因革整理如下。

明隆庆四年（1570 年），河汾改道，元代所建之秋风亭与刻石皆没入汾河，但庙之大部仍尚存；隆庆洪灾过后沦没的秋风亭即得以重建，但汾阴脽坍陷的情况日益加剧，威胁庙宇，故而改秋风楼新址于庙前部；明万历末年，由于汾水护堤倾剥，脽丘逐渐坍塌；清顺治十二年（1655 年），黄河水泛滥，后土祠“为所沦荡”。但县志言及“秋风楼及门殿尚存”，说明了秋风楼在明代中后期的重建情况并且其位置已移至庙前，与门殿毗邻。（见图 2-19、图 2-20）

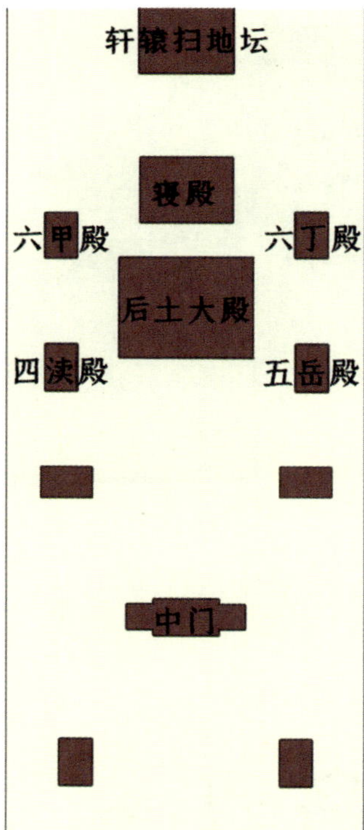

图 2-19 明隆庆至顺治年间庙貌推测图

（来源：《清华大学建筑设计研究院后土庙保护规划》）

图 2-20 清光绪《荣河县志》中的后土祠图

康熙元年（1662 年），黄河再次决口，脽上旧迹及后土祠建筑全部被淹没，至少自元代以来使用沿用的庙址自此完全废弃，后于庙前镇向北移地重建。(见图 2-21)

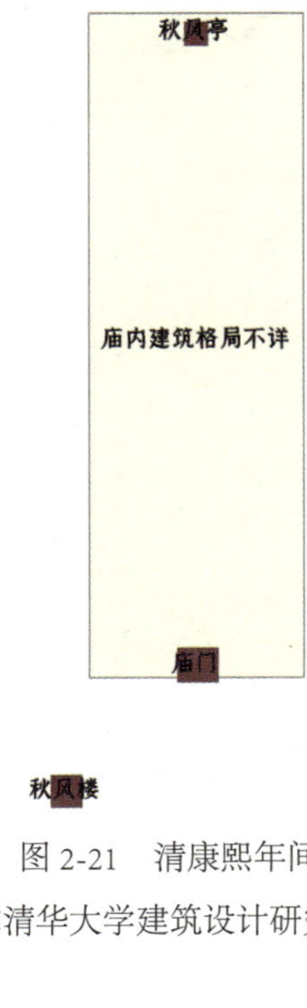

图 2-21 清康熙年间庙貌推测图

（来源：《清华大学建筑设计研究院后土庙保护规划》）

第四节　现址后土祠建置沿革

现存后土祠坐北朝南，祠内建筑物基本为典型晚清做法，整座祠内现存建筑有山门、戏台、献殿、正殿、五岳殿、五虎殿、秋风楼等。祠内三座戏台前后连缀布列，形成“品”字形格局，国内罕见，具有很高的文物价值。“品”字形戏台的前面有一个戏台，俗称过路戏台，平时是山门，唱戏时在高处放上木板，就成为戏台。每年庙会时，同一本戏，同时用三种曲目来唱，很有特点。因为后土祠地处晋陕豫三省交界处，庙会时三省的百姓都会过来看戏。后土娘娘坐在正殿，不仅可以同时观看三台戏，还可看到她保佑的这些子民，更重要的是，透过打开的山门，她还可以看到她所管辖的一望无际的庄稼地。每逢庙会，台上唱戏，台下走人。祠内的献殿、正殿建筑精美，木雕精雕细刻，栩栩如生，是后土祠内建筑的典型代表。献殿与正殿之间有一个过亭。正殿前的柱础，有石雕五层，采用了浮雕、圆雕和平雕等不同的雕刻手法，灵动活泼。（见图 2-22 至图 2-24）

图 2-22　清光绪《荣河县志》中的秋风楼图

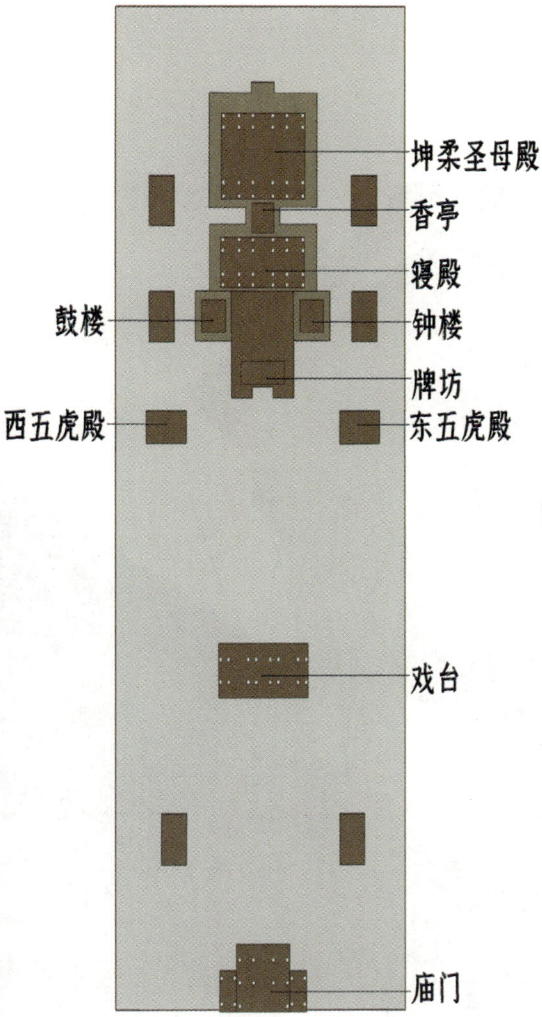

图 2-23　清同治年间庙貌复原图
（来源：《清华大学建筑设计研究院后土庙保护规划》）

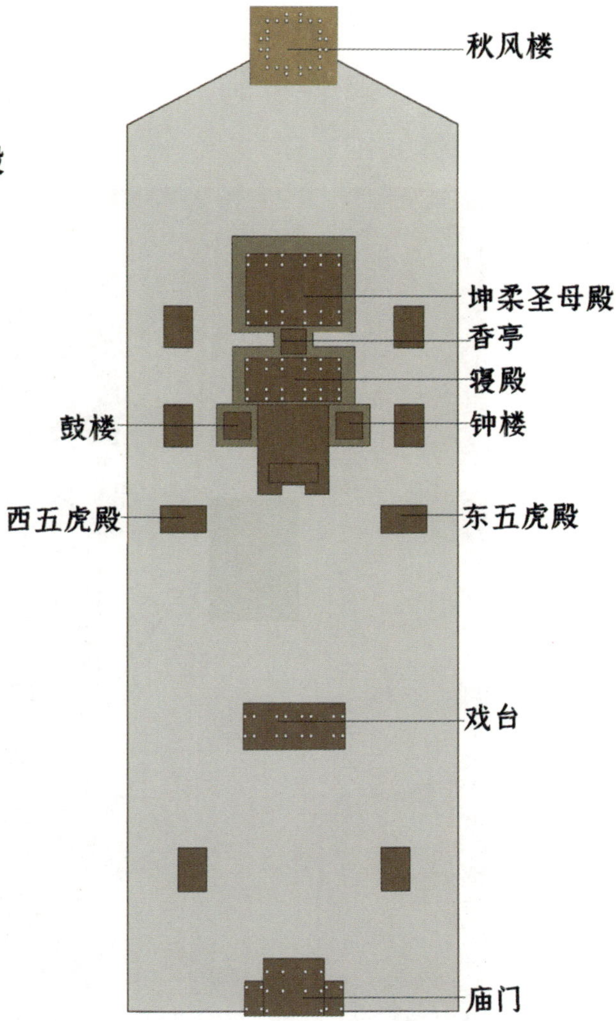

图 2-24　清光绪年间庙貌复原图
（来源：《清华大学建筑设计研究院后土庙保护规划》）

秋风楼位于正殿后面（见图 2-25），因汉武帝刘彻题写的《秋风辞》而得名，秋风楼始建时间不详。由于黄河泛滥，秋风楼被洪水冲毁，如今的秋风楼是清代同治九年（1870 年）第三次重建，建筑高 32.6 米，檐下斗拱结构古朴精巧，造型雄伟壮观，是现存古建筑中不可多得的瑰宝。后土祠整体规模虽已无法与唐宋时期的宏伟相媲美，但其设计依然简朴、完整、精练，是中国最具规模的祠庙之一。

清末民国初年，国家实行平民教育，后土祠、关帝庙等一些庙宇被用来开办学堂。1917 年，后土祠被改造为庙前村初级小学校，庙内建筑被改造为学校教室，并建有篮球场，建筑内部塑像也逐渐被毁。在一张荣河县庙前学区 1949 年的照片中可以看到，当时的后土祠建造布局比现在的后土祠相对完整。（见图 2-26、图 2-27）

图 2-25　秋风楼位于正殿后面

图 2-26　1944 年后土祠献殿前的学校篮球场，钟鼓楼和牌楼都位于献殿前

（来源：万荣后土祠景区管理委员会）

图 2-27　1949 年的后土祠

（来源：万荣县文旅局）

献殿前建有一座高低错落的牌楼，牌楼采用硬山顶形式，四柱三门，中间牌楼高，两边牌楼低，每一座牌楼匾额上都写着几个大字：最左边的牌楼匾额上可看到“苍天”二字，中间最高的牌楼上写着“校训 做学教合一”，右边的牌楼匾额上写着“保赤子”三个大字。钟楼和鼓楼位于献殿两旁，其位置与现在后土祠钟楼和鼓楼的所处位置不同。因被牌楼遮挡，照片上仅能看到右侧的钟楼，钟楼高两层，建筑形式为十字重檐歇山顶。为防止黄河水泛滥冲积，牌坊建于一座高台基之上，钟鼓楼下的台基单独建立，面积较大，呈方形，高一人余。

1962—1963 年，人们在城市修建时，从淤积于泥沙的宝鼎县老城遗址中发掘出来“汾阴二圣配飨铭”（即宋真宗御碑），于 1965 年立于后土祠内修建的碑亭之中。20 世纪七八十年代，献殿正前方的三间牌楼及两侧配立的钟鼓楼损毁，配殿损毁。在最晚一张 1974 年庙前七年制学校毕业生合影照片中，还能看到钟鼓楼仍在，但不见牌楼。（见图 2-28）

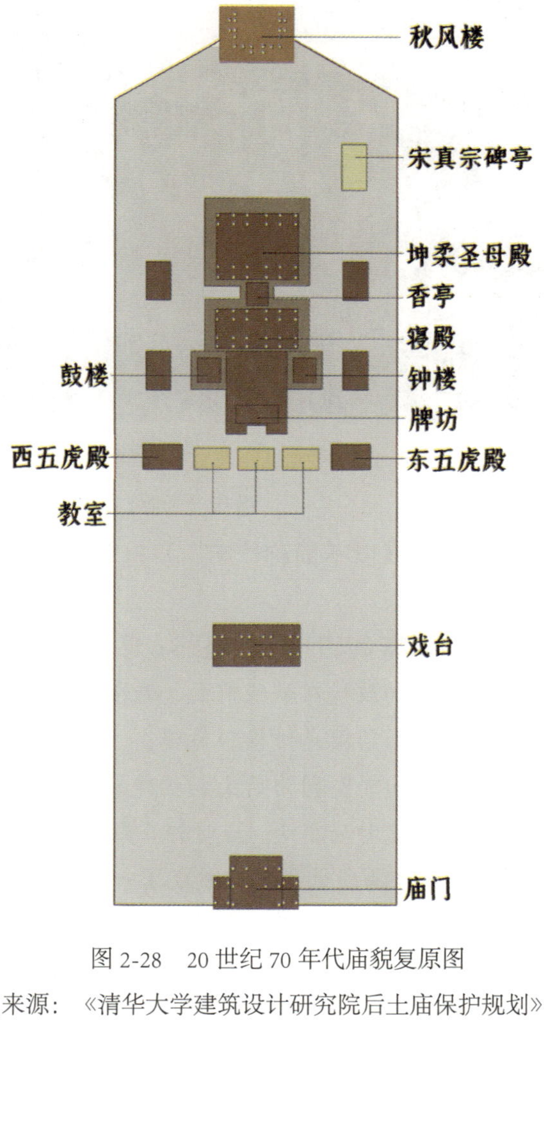

图 2-28 20 世纪 70 年代庙貌复原图

（来源：《清华大学建筑设计研究院后土庙保护规划》）

据此推测，钟鼓楼大概在 20 世纪 70 年代中晚期被毁，晚于牌楼被毁的时间。编纂小组成员韦丽在与庙前村人 72 岁的潘新杰所作的口述访谈中，这一推测也得到了证实。（见图 2-29）

图 2-29 在 1974 年元旦庙前七年制学校七年级和五年级毕业生留影照片中，钟鼓楼仍在（来源：万荣县文旅局）

韦丽（以下简称“韦”）：您上学的时候，后土祠的建筑与现在有差别吗?

潘新杰（以下简称“潘”）：现在后土祠整个的建筑都是原来那个建筑。原来钟楼和鼓楼在献殿前面，现在移到了“品”字台后面，也就是最前面。以前刚进山门就是钟楼、鼓楼，一般不应该是这样子。以前钟楼、鼓楼为什么在后面呢？因为后土祠扩建的时候，非常艰难，资金非常紧张。后土祠刚开始建时庙很小，当时把正殿、献殿盖好以后，接着盖的就是钟鼓楼。后期，那个山门很简单地盖成了一个门楼。随后有钱了，又盖了“品”字台，两个舞台；然后又盖了前面的这个山门。这个山门和献殿的建筑上面都有这个木头板，上面那个木头板上写着哪一年建的。整个这个庙（后土祠）建了 11 年多。

韦：有一张后土祠的老照片，就是后土祠当时做小学的时候，献殿前除有钟楼和鼓楼外，它还有一个牌楼?

潘：对对，那张老照片就是后土祠原来的样子。原来只有一个牌楼，还没有山门。原来建时没有先建山门，整个庙最后建成的时候才有的山门。后土祠到现在不是有 180 多年了嘛，就是说在它 170 年的时候——就是建了 10 年了嘛——才有的山门，大体它是先建的正殿、献殿、钟鼓楼，最后才盖的山门、品字台，大体是这样的。刚盖的时候，庙还没有盖成，那儿有一个牌楼。到我们上小学的时候就都拆了，就没有了，也是年久失修，自己就损坏了，再也没有建起来。

韦：您记忆当中那个牌楼损毁的时间大概是哪年？

潘：我不记得有牌楼了，因为我上学的时候牌楼就没有了，但我们上一辈，就是我们老人那辈上学的时候，那个牌楼可能还在。钟楼、鼓楼一直是有的。

韦：钟楼、鼓楼什么时候坍塌的？

潘：大概是 70 年代初。钟鼓楼恢复重建也没几年，应该是 2014 年才盖起来的。

20 世纪 70 年代末到 2003 年，万荣后土祠恢复了寺庙功能。据潘新杰介绍，2003 年以前，后土祠是他们当地的庙前学校，开发后土祠后学校从里面搬了出来。修复前，整个后土祠因年久失修，建筑破烂不堪，进庙前的通道还是崎岖不平的土坡道（见图 2-30），每逢下雨，道路便泥泞不堪，寸步难行。

图 2-30　2003 年后土祠修缮前，山门前的通道仍是土坡道
（来源：万荣后土祠景区管理委员会）

2003年，当地政府决定修缮后土祠，发扬宣传后土文化，万荣县政府拨专款修缮了后土祠现存文物建筑。后土祠在原来的面积基础上，往外扩展了14米，即后土祠左右两边各增加了7米，并新建了围墙、接待中心、厕所、停车场、上山步道等相关设施。现在的后土祠规模是2003年修缮以后的，与之前相比，整个后土祠庙貌焕然一新。

第三章
建筑特征

第一节　平面布局

万荣后土祠位于庙前村中北部，东依峨嵋岭，西、北两面分别紧临黄河、汾河，依山傍水，地势开阔。后土祠规模庞大，可分为祠内、祠外两个部分。2003 年，为加强后土祠景区基础设施建设，改善景区生态环境，展示其历史和人文底蕴，当地政府于后土祠山门外修建后土祠庙前的五色土广场，使后土祠的庙前环境得以整体提升，并与后土祠祠内建筑形成一体。

后土祠庙前的五色土广场由中国建筑北京设计研究院（西安）进行规划设计，共有后土祠山门外台基、太极道、承天门、慈恩亭、宝鼎院的太宁门、宝鼎台、岩雕、碑亭、朝阳门、护坡、公厕，以及太宁门外的金水桥、棂星门、照壁和广场等 15 处基础设施和建筑。照壁、棂星门、承天门和金水桥为石结构，广场采用花岗岩板材墁地。除碑亭和厕所采用砼木结构外，其他建筑均为砖木结构，以唐宋风格为主。（见图 3-1 至图 3-3）

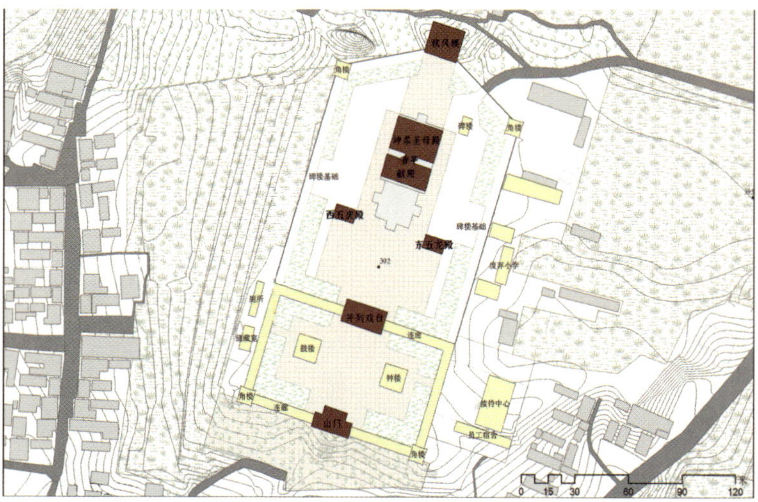

图 3-1　土祠平面图

轴线立面图 1：600

图 3-2 后土祠轴立面图

图 3-3 后土祠庙前的五色土广场全貌

沿祭道而上，便进入后土祠高大的山门。依中国古建筑的规制，祠内建筑沿中轴线依次分布，形成了层层递进、层层高起的建筑格局，并巧妙地借助地势的高起，结合建筑的宗教属性来选址，以满足信众内心仰望神灵的诉求。后土祠的祭道与众不同，极为讲究，暗含阴阳、天地、节律、气候等内容，祭道呈太极图样，是阴阳鱼交线的 S 形，所以又叫“太极道”。在太极道起点石栏端立有一对龙形靠山兽，代表的是炎黄二帝，为圣母守门。祭道前端建有慈恩亭，用以纪念慈母生育之恩。慈恩亭状似天坛，北京天坛即源于后土祠。明代以前，历史上先后有 8 位皇帝 24 次来到后土祠祭祀祈福。明成祖时，因北京距离后土祠较远，往来不便，便在北京建了天地坛，后又建地坛，天地坛也改为天坛。慈恩亭面阔、进深各一间，平面呈方形，为重檐屋顶，下为四角攒尖顶，上为圆攒尖顶，有天圆地方之意。亭前贴有楹联一副，上写“慈爱弥天地，恩德润子孙”。从慈恩亭到山门前，设九组石台阶，暗喻“九重天”，每组台阶十二层，共 108 阶，暗含十二个月、二十四节气、七十二物候，可谓“阶阶高升”“步步吉祥”。第六组和第七组之间建石门一座，称为“承天门”。

承天门前六组石台阶，共七十二层，代表地府七十二司；门里三组台阶，共三十六层，取三十六天罡、七十二地煞之意。

后土祠东西宽 105 米，南北长 240 米，占地面积 25286 平方米。祠内现存建筑有山门、戏台、献殿、香亭、正殿、东西五虎殿、秋风楼等，均为清代后期古建筑的典型代表。整个建筑群规模宏大，布局严谨，结构合理，疏朗有秩。它严格按照中轴线左右对称的布局形式分列，中轴线从南向北延伸，长度大约为 150 米，充分体现出中国传统儒家文化中的等级制度，形成庄重大气的院落建筑群格局，表现出了中国传统建筑组合之美。

后土祠的山门为戏台式山门，又称“过路戏台”，山门后木板可拆装，甬道，加装木板后即成戏台；钟、鼓楼位于山门至戏台的东西两侧。再往前走数步，便是后土祠的二连戏台，因与山门戏台呈“品”字形分布，又并称“品字台”。由二连戏台向北，是分列在中轴线东西两侧的两殿，分别称为“五岳殿”“五虎殿”；再往北步行数步，是献殿、香亭、正殿和秋风楼，几座重要建筑都在中轴线上，均建于高台之上；秋风楼在最北侧，也是整个建筑群的最后一栋建筑。（见图 3-4）

图 3-4　后土祠鸟瞰图

第二节　山门、戏台

一、山门

后土祠的山门由正门和东、西两个偏门组成。（见图 3-5）宋代以前，山门正门只为帝王开放；清同治以后，正门只在庙会时开放。山门建造较为独特，呈虎头状，是戏台式山门。（见图 3-6 至图 3-14）山门面阔三间，进深四椽，平面呈方形，重檐歇山顶，五架梁分心三柱，中设板门。山门南北檐各出廊。南檐出廊，为挑廊，作眺台之用。廊柱立于石础之上，中间两个石柱础造型精致，采用复合式柱础形式，石雕图案丰富，底座刻着祥云，柱础腰部四面都刻着“福”“寿”等圆形石字雕刻。石柱础顶端是莲花底座，上置圆鼓，鼓身上雕刻着宝鼎、花瓶等。圆鼓下方则雕刻着石狮，或卧或蹲，或躺或立，造型各异。（见图 3-15 至图 3-18）北檐出廊，为戏台主要表演区，平时人们进入后土祠，只从东西两扇侧门进入，正门进出时会把戏台台板卸掉。每逢庙会唱戏，就把台板架在预留的榫眼上，上面唱戏，下面照常过人。山墙外又砌八字影壁，两侧建歇山顶侧门，东侧门门额刻有“麟趾呈祥”四个大字（见图 3-19），西侧门额刻有“螽斯衍庆”四个大字（见图 3-20）。麒麟自古被看作祥瑞神兽，相传贵子皆由后土娘娘遣麒麟护送降生。螽斯则为一种产卵极多极快的昆虫，“螽斯衍庆”寓意生命繁衍不息，多祝人子孙众多，喜庆多福。东西偏门两块匾额以寓意富贵吉祥、多子多孙的成语作为额文，与后土圣母主生育、送子之职能有密切关系。

图 3-5　后土祠山门全貌

图 3-6 后土祠的山门入口

砖雕匾额：
"鑫斯衍庆"
八字影壁
戗脊
垂脊
重檐歇山顶
西侧门
方砖十字缝
檐柱
金柱

图 3-7 后土祠山门剖面图

过亭台

图 3-8　山门北檐为过路戏台

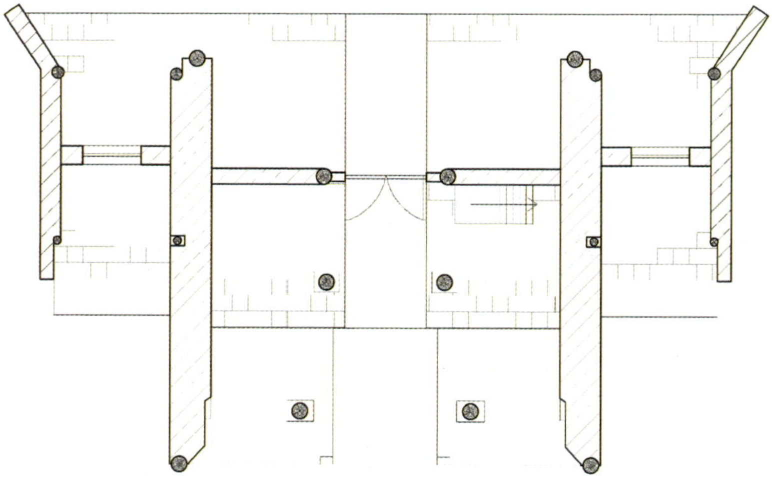

图 3-9　山门一层平面图

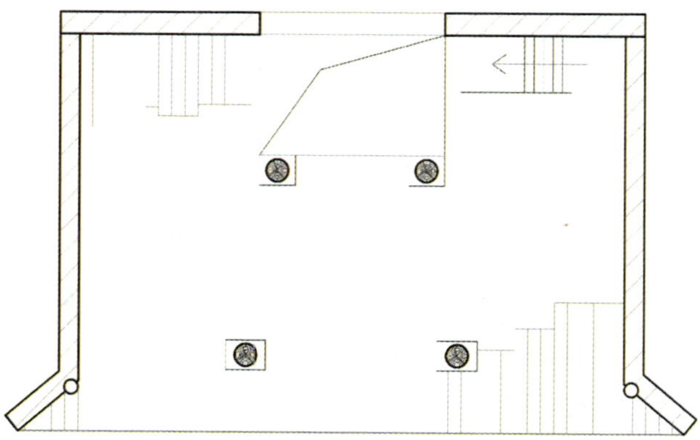

图 3-10　山门二层平面图

图 3-11　山门南立面图

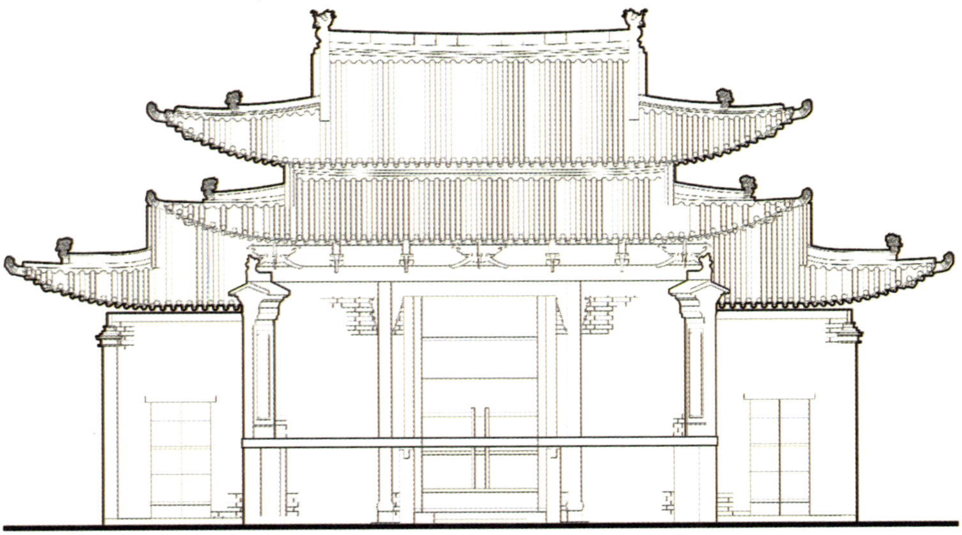

图 3-12　山门北立面图

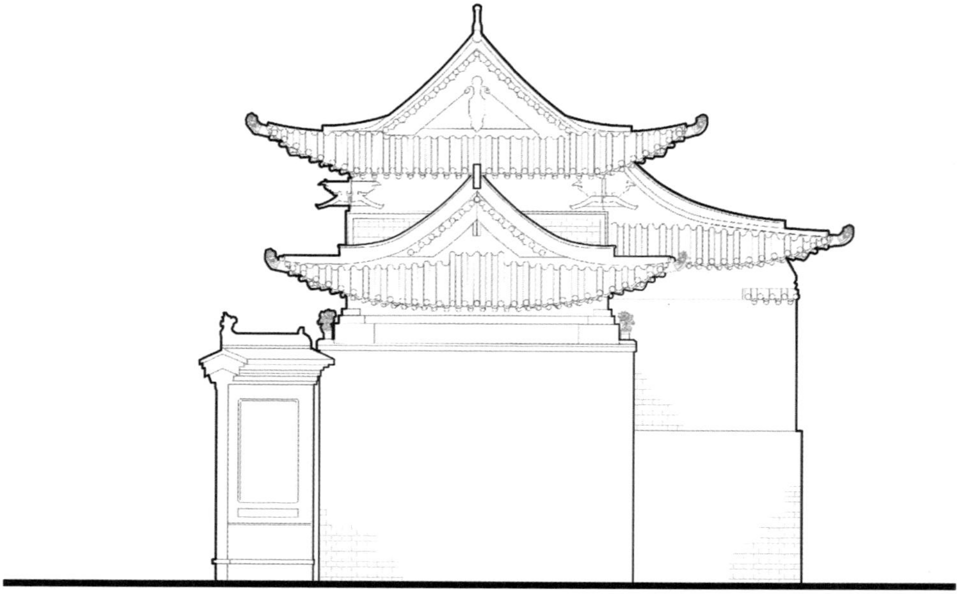

图 3-13　山门东立面图

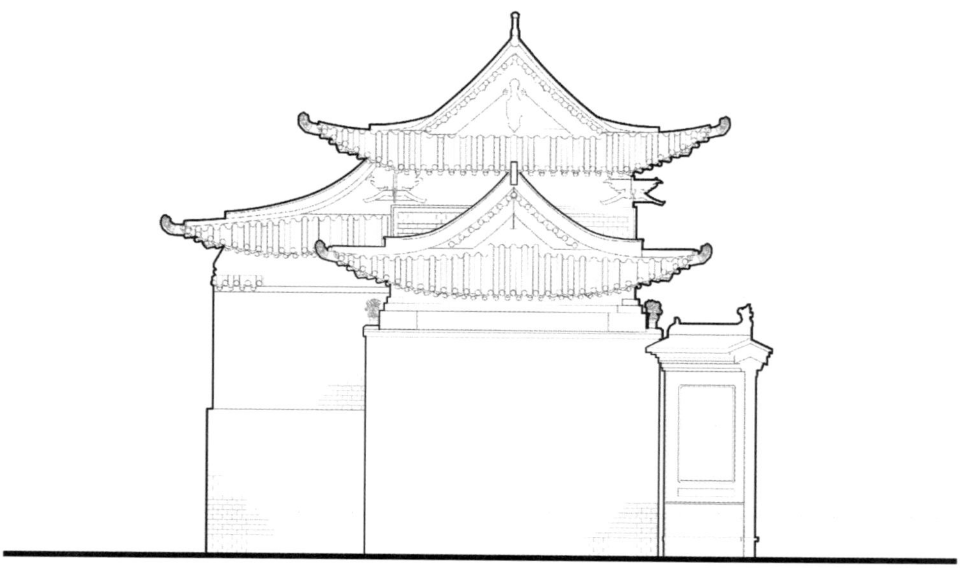

图 3-14　山门西立面图

图 3-15 山门前廊檐下的石柱础之一

图 3-16 山门前廊檐下的石柱础之二

图 3-17 山门前廊檐下的石柱础之三

图 3-18 山门前廊檐下的石柱础之四

图 3-19 “麟趾呈祥”砖雕

图 3-20 “螽斯衍庆”砖雕

后土祠山门南檐出廊，四根廊柱立于石础之上。山门前刻有两副楹联，一副刻于前廊檐柱上，楹文为“河汾涌浪，浪浪推波朝圣母；日月生辉，辉辉泛彩绕脽丘”。另一副刻于山门两侧的门柱上，楹文为“圣祠立本，化演飞龙，问天下谁堪媲美；华裔朝宗，激扬鸣凤，看世间我最称雄”。（见图 3-21）

山门北檐廊四根木柱立于石础之上，中间两根平柱两旁又立二石柱，柱头开榫眼，插楞木，左右山墙及山门分心墙腰线处分别开榫眼，插楞木，支撑戏台木板。山墙外砌八字影壁，影壁上刻有精美细腻的砖雕菱形图案，左右对称，几近一致（见图 3-22、图 3-23）。影壁的壁顶部分和房屋屋顶一样，采用硬山屋顶形式，屋脊、屋顶面、屋檐以及檐下的椽头一应俱全，壁顶屋脊两侧也装饰着龙头吻兽。与房屋屋顶不同的是，影壁的壁顶全部由砖材制作而成，不使用木材。山门前后檐额上均以木雕装饰，图案丰富多样。（见图 3-24）

图 3-21　井山门楹联

图 3-22　过亭台八字影壁之一

图 3-23　过亭台八字影壁之二

图 3-24　山门上的木雕

二、二连戏台

山门向北 44 米处有两座并列但不相连的三开间戏台，又称“二连戏台”。(见图 3-25 至图 3-31)，二连戏台建于同治七年（1868 年），相连的两台俗称“东台”和“西台”。东台宣扬佛教，西台宣扬道教，而山门后的戏台则宣扬儒教，整体布局形成一个“品”字，共称“品字台”，在全国范围内仅此一家。据中华梨园学研究会会长李尤白考证，这种布局的戏台在中国乃至全世界都极为罕见，可与颐和园的三层戏台媲美。

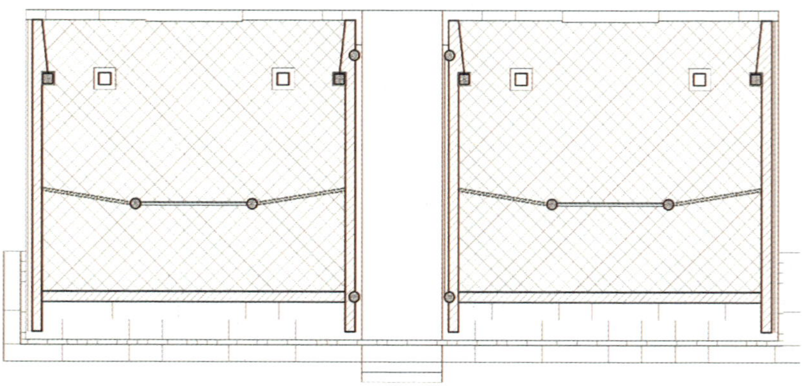

图 3-25　二连戏台平面图

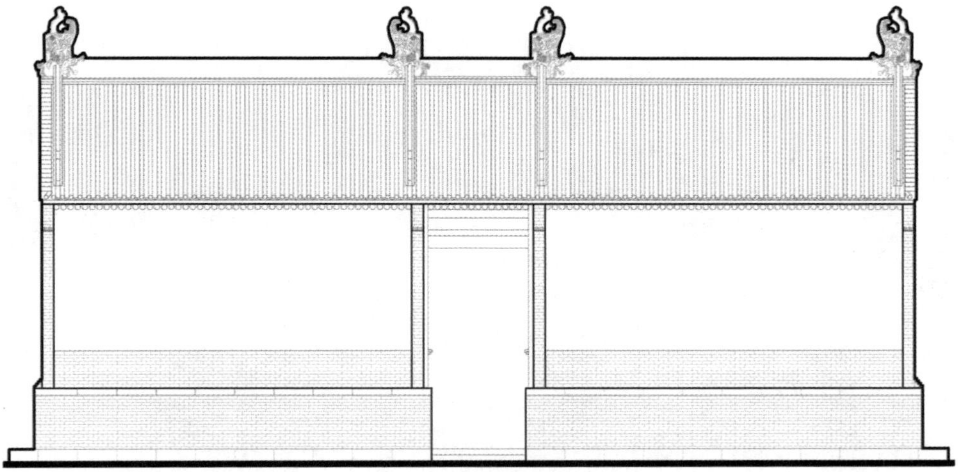

图 3-26 二连戏台南立面图

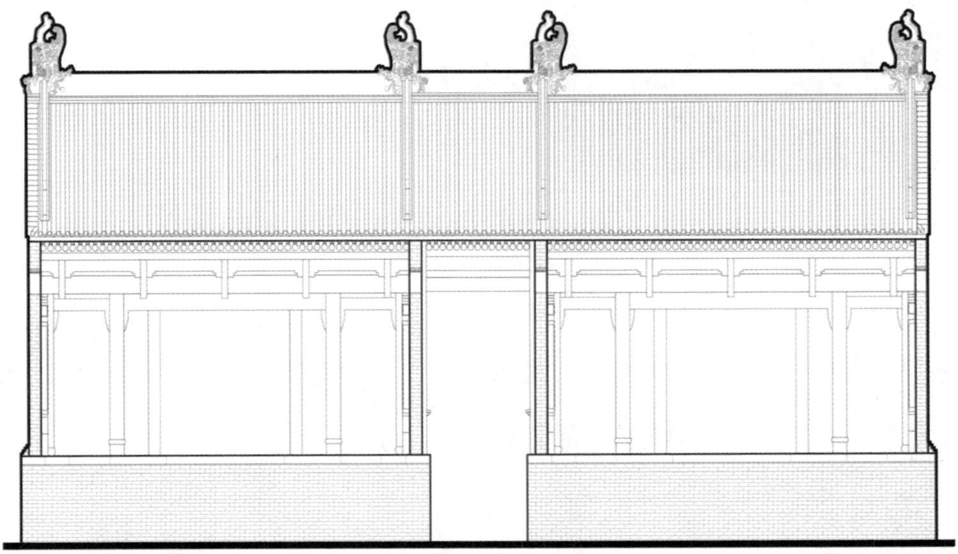

图 3-27 二连戏台北立面图

图 3-28 由北向南依次为戏台、山门，整体形成一个“品”字

出將
入相

图 3-29 二连戏台全貌

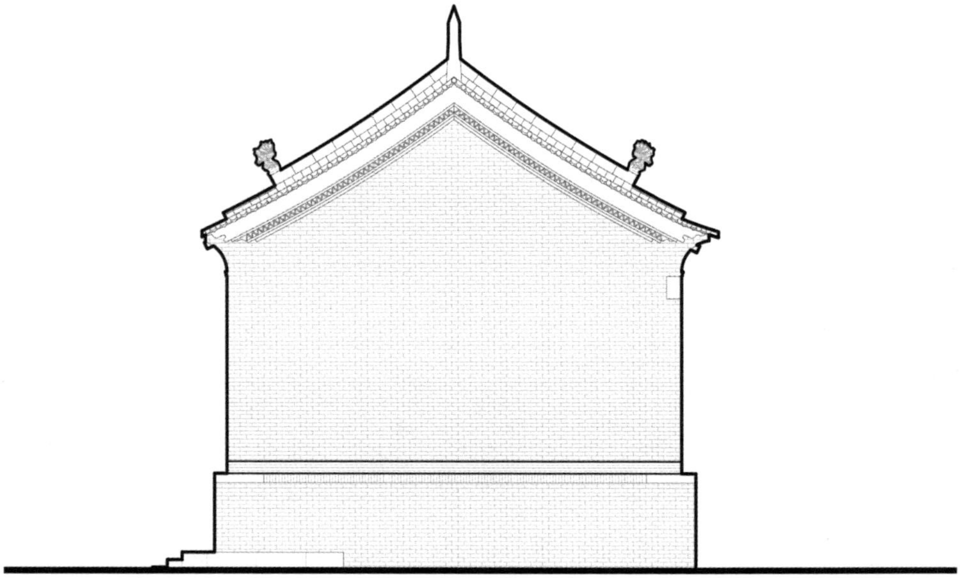

图 3-30　二连戏台东立面图

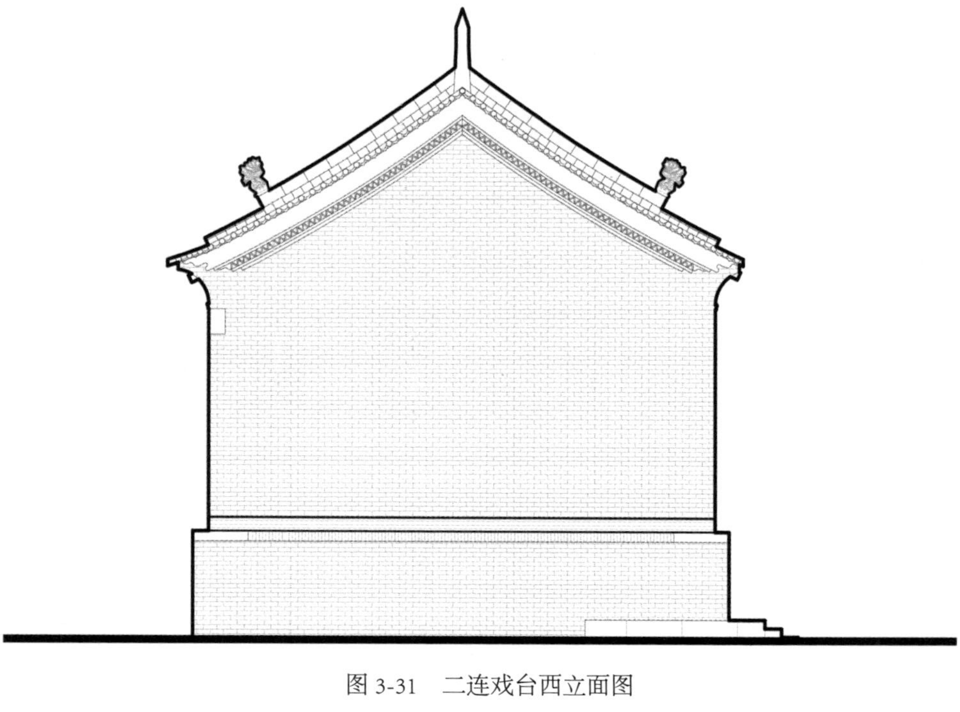

图 3-31　二连戏台西立面图

二连戏台建于砖混结构的高台基之上，台基高 2 米左右。两座戏台坐南朝北，面阔三间，进深四椽，硬山顶，筒瓦屋面，面阔 8.05 米，进深 6.90 米，前四架梁对后单步梁三柱，戏台北侧空地为观众区。两座戏台相距 2.4 米，二台中间由屋顶连接，下为通道。正脊两侧装饰砖雕龙头鸱吻兽，整条正脊以花纹砖雕装饰，屋面上共有八条垂脊，脊身为花纹砖雕，各个垂脊脊端又分别置砖雕龙头鸱吻。（见图 3-32）

二连戏台平柱外移，大额枋承接大梁，额枋下置四根廊柱，两侧檐墙处两根木柱立于鼓形石础上；中间两根廊柱为方形长条石柱，石柱顶端开榫眼，与挂落相插接，石柱造型可分为三部分：上半部分为石刻楹联，中间为石雕花卉装饰，下端为柱础。（见图 3-33）石柱下端的柱础形式一般是正方形柱础样式，底座为方形，四周雕有回形纹；腰身处以三角巾样式装饰，三角巾上又刻花卉图案；础顶为圆鼓形式，四周分别雕刻着用彩带缠绕的琴、棋、书、画造型。石柱中间以石雕花瓶和花卉装饰，两座戏台石柱中间的石雕图案在雕刻手法上存在不同：东戏台为线刻手法，简洁大方，图案为花瓶内插盛开的菊花（见图 3-34）；西戏台为浮雕手法，造型更为细腻逼真，图案为花瓶内插莲花（见图 3-35）。

二连戏台山墙外各砌八字影壁，两面的雕刻图案基本呈对称状态，影壁基座壁心刻龟背纹，四周以花边装饰，上面两角处各雕刻一朵花卉浮雕。影壁顶造型简洁，采用平顶式，下用方框和花卉装饰。（见图 3-36 至图 3-39）二连戏台木雕工艺极为精湛，其中额枋木雕工艺最为精美，造型烦琐复杂。圆柱檩条下以斗拱加固，斗拱造型别致，斗拱下分大额枋、小额枋和挂落。大额枋以整条木取材制作而成，大额枋与斗拱相接处雕刻着花团锦簇的高浮雕花卉，共有五组图案，花卉以牡丹花为主，每组花卉图案造型不一，但都呈现出枝繁叶茂、灿烂怒放之态。五组图案中，尤其以第二组图案最为生动有趣，除含苞怒放的花卉外，还有一头生动逼真的狮子和两个人物形象，极富生活色彩。大额枋下的挂落整体采用透雕手法，图案以飞龙祥云和寿形图案为主。圆形的垂花柱多为倒悬的垂莲花雕饰，方形的垂花柱四面贴“鬼脸”。大小额枋上除木雕外，还依稀可见彩绘图画，因日久彩绘仅可看到几个可爱的孩童头像。小额枋下方的挂落蟠龙缠枝，花团锦簇，正中有一只活灵活现的金猴，手捧仙桃，寓意“金猴拜寿”。（见图 3-40 至图 3-44）

匾额：
“镜花”
金柱
匾额：
“春雪台”
匾额：
“水月”
五架梁
三架梁
檐柱

图 3-32　二连戏台剖面图

图 3-33　二连戏台上的石柱

图 3-34
东戏台石柱上的菊花图案

图 3-35
西戏台石柱上的莲花图案

图 3-36 二连戏台上的八字影壁之一

图 3-37 二连戏台上的八字影壁之二

图 3-38 二连戏台上的八字影壁之三

图 3-39 二连戏台上的八字影壁之四

图 3-40 “品”字戏台上由一整块木头雕刻的挂落

图 3-41 “品”字戏台上的木雕

图 3-42 垂花柱上的莲花木雕

图 3-43 “品”字戏台上的斗拱木雕

图 3-44 二连戏台上的“金猴拜寿”木雕

二连戏台又称为“道家台”和“佛家台”。东台为道家台，东台匾题“春雪台”，意思就是舞台上表演的唱歌、舞蹈皆为高雅艺术。二连戏台檐廊下的两根石柱正面刻有一副楹联，东台前石柱所刻楹联为“前缓声后缓声善哉歌也，大垂手小垂手轩乎舞之”。上联中的“缓声”指古代的缓声歌，有前缓声、后缓声的形式，都是美好的；下联的“大垂手”“小垂手”则是戏剧中旦角的表演形式，意思是大垂手、小垂手表演出来的都是气度不凡的舞姿。台内木柱上楹联为“金榜题名功成名就虚富贵，洞房花烛男婚女配假姻缘”。左右演员上下场门的门额上方各书“镜花”和“水月”。西台为佛家台，匾题“歌舞楼”，匾额两侧又分绘人物形象。西台前石柱刻楹联一副：“空即色色即空我闻如是，画中人人中画于意云何。”上联的“空即色，色即空”出自佛教经典《般若波罗蜜多心经》，空和色是佛家的专有名词，分别指虚和实。下联的“画中人”指戏，“人中画”指现实生活，也是一虚一实；“于意云何”是讲经的谦逊口吻，结合后联的内容，意思就是人生在世如梦一场，不必太在乎世间的事物与人间的情感，体现了佛家思想的高等境界，寓意深刻，耐人寻味。台内木柱上又刻楹联：“世事总归空，何必以空为实事；人情都是戏，不妨将戏作真情。”两副对联，一深一浅，有虚有实，巧妙地向世人传授了佛家的思想。单从联文来看，立意、用典、遣词、技巧都令人赞叹。左右演员上下场门门额上方各书“古往”和“今来”，字的左右两旁又分别绘有舞姿轻盈、衣袂飞舞的舞女形象。（见图 3-45 至图 3-48）

图 3-45　东台北立面

图 3-46 东台后台木隔断，将空间一分为二

图 3-47 西台后台木隔断

后土祠的“品”字台，是后土祠建筑群的标志性建筑之一，这三座戏台都是坐南向北，前一后二，结构独特，布局精妙。并连戏台面向献殿和正殿，可给后土娘娘表演。传说农历三月十八日是后土娘娘的诞辰，这一天后土祠会举行大型庙会活动，也会有戏班在戏台上演唱。庙会时，同一本戏要用三个剧种

图 3-48　西台北立面

来唱，同唱三台戏，这个独特的风俗，源于后土祠所处的特殊的地理位置。因后土祠处于秦、晋、豫三省交界地带，汾河、黄河与渭河又形成三河交汇之势，将华北、西北和中原三大地域彼此连接。庙会时，三省百姓都会蜂拥而至，祭拜后土娘娘。代表着各自地域特色的三种地方戏——蒲剧、豫剧和秦腔，自然也要在后土祠这一神圣祭祀空间里一展风采，表达对后土娘娘的虔诚之心。三座戏台满足了附近秦、晋、豫三省十八乡村民的喜好，台上鼓乐齐鸣，台下香客如织。“人中画画中人于意云何？”此情此景浑然一体，如临仙境。只有在后土祠这种特定环境里，才能享受到这种特殊的乐趣。

清代古汾阴沿河一带，各村社每年庙会和重大节日的戏剧演出活动非常活跃。后土祠也是如此，每年正月十五元宵节和农历三月十八、十月初五为后土祠的庙会，由汤元（现已无人居住）、西头、斜口、庙前、闫村、大用、仓里、北中和、南中和、志范等十村组成的六社轮流主办。通常请两个戏班，在东西两台同时演出，演出三天四夜七场，称为“对台戏”。

“品”字戏台在剧种的选择上更是别具特色。过去每台戏演唱何种剧种，都是有讲究的。二连戏台中的东戏台邻近山西，唱的是蒲剧；西戏台邻近陕西，唱的是秦腔；山门的过亭台邻近河南，唱的是豫剧。后土祠的双台戏主要在二连戏台上演出，它讲究“东起西落火炮戏”，“东起”就是东台先开始，“西落”就是西台后落幕。开戏前以炮为号，互相联络，双方都做好演出准备；开戏后，所有行当相继出场，在锣鼓的伴奏下，先后在舞台中央亮相，而后回到后台，“火炮戏”结束。正戏开演时，一般是三个本戏一个折子戏，两台戏一整夜不能停，风雨无阻，一直要唱到第二天早上。[1]

“三台戏”同时上演仅在后土祠戏剧文化最鼎盛时期出现过，这是中国戏剧史上光辉的一页，可惜一闪即逝，近一百年中后土祠未再上演。据庙前村老人介绍，自建祠以来，只在清末演出过一次。当时，在山门舞台演出的是著名的蒲州（山西永济）“寡妇班”（演员主要是寡妇），东西两台戏班名称已不详。“三台戏”有先后顺序，山门舞台先开始，然后依次是东台和西台。2003年万荣县于农历五月十三日举行了全民公祭后土的活动，公祭仪式后，又再现了“三台戏”，剧目为《三娘教子》，演出团体为：山门舞台是万荣县蒲剧团，东台是运城市青年蒲剧团，西台是河南省三门峡评剧团。

在后土祠演出过的剧种，有蒲剧、眉户、秦腔和豫剧等。现在也上演一些

---

1 参见李文：《山西万荣后土祠戏台及演剧习俗考略》，《中华戏曲》2004 年第 2 期。

其他剧种，如2003年公祭时就有评剧。蒲剧的剧目有南路、西路24本戏，而《黄鹤楼》《龙凤配》是必演剧目。一般剧团若无这两本戏，也就不能接后土祠的台口。

《黄鹤楼》一剧成为后土祠的祭戏，每逢庙会首夜，先由十村六社的社家（当地对社首之称）和民众烧香进献，然后按山门过路台、东台、西台的顺序依次演出《黄鹤楼》。至凌晨两三点，祭祀完毕，三个戏台才能换演其他剧目。

本戏《龙凤配》，京剧、秦腔等剧种称之为《龙凤呈祥》，是逢年过节、祝福贺寿的喜庆戏，讲的是三国时刘备东吴招亲的故事。东吴孙权、周瑜为了夺回荆州，假许公主孙尚香与刘备为亲，欲待刘备过江扣为人质。但诸葛亮识破其计谋，要刘过江后先拜见乔阁老，再拜吴国太，使孙权甘露寺阴谋败露，弄假成真。最后刘、孙二人结为夫妻，渡江回到荆州。这富有戏剧性的爱情故事，既符合广大民众的审美需求，也激发了对后土娘娘和伏羲婚配这一远古神话的遐想（万荣人认为，后土娘娘即女娲），认为后土娘娘也最爱看此剧。这样，《龙凤配》就成了后土祠庙会的必演剧目。

《无影簪》在后土祠是被禁止出演的。《无影簪》说的是商纣时期，适逢三月十五圣母的生日，纣王坐朝，商容出班启奏："陛下，女娲曾炼石补天，拯救万民，请陛下前往女娲宫降香，一求风调雨顺，二求国泰民安，三求江山永久。"于是，纣王带领群臣前往女娲宫烧香祭奠。祭祀完毕，忽然一阵大风，卷起幔帐，现出了女娲像。纣王一见女娲像，不由神魂飘荡，淫心顿生，题诗一首："凤鸾宝帐景非常，尽是泥金巧样妆。曲曲远山飞翠色，翩翩舞袖映霞裳。梨花带雨争娇艳，芍药笼烟骋媚妆。但得妖娆能举动，取回长乐侍君王。"女娲娘娘一看大怒，即命九尾狐狸、玉石琵琶、九头雉鸡三妖下凡，并赐九尾狐狸无影簪一支，蛊惑纣王。以致后来妲己乱朝，商纣灭亡。

后土祠演剧更是非常讲究，因为观众对此要求严格，十分挑剔，各戏班及演员均要小心对待。每次演出，社家专门请一些能说会道、有身份、有地位、懂戏的人前来观剧。演员一旦唱错，他们就认为是对后土娘娘不恭，马上就会让监台（庙会时专门负责维持秩序之人）揭席，使戏停演。据庙前村老乡介绍，有一年庙会，东台一位演员不知何故，上场时错穿了衣服，台下观众让监台上台揭席，使戏停演。长期以来，戏剧演出奉行"宁穿破，不穿错"的铁律，也就是每个角色出场时必须依据一定的规范穿戴，即使这个角色的衣服已经破旧，但也绝不能以其他角色的代之。最后，班主请人说情，让这位演员跪在后土娘娘神像前磕头赔罪，罚戏班白银三十两，加演一场，这事才算过去。

“品”字形戏台有“一台两台人看，三台神看”的声学效应。[1]“一台两台人看”，是指“品”字形戏台可以分别进行单台戏、双台戏的演唱，这与其他地方的单台戏或双台戏表演并无明显区别，人们站在后土祠内的一定位置都可以观赏到戏台上的演出。“三台神看”，则指三座戏台同时演戏时，虽然主殿距离三座戏台位置较远，但因“品”字形戏台的独特设计，人们在中轴线上，可以同时观看并听清山门戏台和并连戏台上不同的戏剧表演和演唱。

后土祠之所以能产生“三台神看”如此神奇的声学效应，这与“品”字形戏台的建筑结构有密切关系。从建筑结构上分析，影响观众听觉效果的因素主要有台基、八字墙、西台与东台之间的过道以及祠内建筑等周边环境。就后土祠“品”字形戏台而言，在戏台上演戏时，声源位于2米左右的台基上再加上演员身高，在声音的传播过程中，这个高度超过观众的身高，观众不会阻挡声音的传播，从而减小了声音传播过程中的损耗，扩大了直达声的传播范围。[2]

除台基之外，后土祠“品”字形戏台上的声音之所以能传播较远，与戏台两侧的八字影壁墙也有很大关系。同戏台由平地到高台一样，戏台由最原始的四面观到后来的三面封闭一面敞口的建造形式，也经过了长期的演变。由于声音在传播过程中具有方向性，它受到声强、风向、反射、共鸣器等多种因素的影响，而在古代的戏剧舞台表演中，不像现代有可辅助提高音量的现代化音响设备。四面敞开或三面敞开的戏台，声音易于向四周扩散，传播距离有限，于是把四面观、三面观的戏台改为三面封闭一面敞口的形式，将声音聚拢，使声音传播具有了一定的方向性。

西台与东台之间的过道，对“品”字形戏台上的声音传播也起着重要作用。过道位于后土祠中轴线上，同山门戏台中轴线重合，山门戏台的声音通过毫无阻拦的过道时是直达声，声能损耗低；过道位于西台或东台的东面或西面，通过过道的声音不是并字台的直达声，属于并字台的衍射声。[3]“三台”通过如此精心的设计，实现了“三台同唱”却也能“三台同听”的奇妙声学效果。

1 参见李文：《山西万荣后土祠戏台及演剧习俗考略》，《中华戏曲》2004年第2期。

2 参见杨阳、高策、丁宏：《后土祠品字形戏台的声学效应初探》，《山西大学学报》(哲学社会科学版)2014年第3期。

3 参见杨阳、高策、丁宏：《后土祠品字形戏台的声学效应初探》，《山西大学学报》(哲学社会科学版)2014年第3期。

第三节 五岳殿、五虎殿、献殿、香亭、坤柔圣母殿

一、五岳殿、五虎殿

二连戏台与献殿之间，有五岳殿、五虎殿分列于东西两侧。两座祠殿建制相同，皆面阔三间，进深三椽，硬山顶，屋面覆筒瓦，透风雕花正脊，两端设有龙形鸱吻。东为五岳殿，殿堂不大，供奉着五岳大帝，分别为：东岳大帝黄飞虎，掌人间赏罚、贵贱、冥司之事；西岳大帝蒋雄，掌五金、冶铸，羽禽飞鸟之事；南岳大帝崇黑虎，掌江河、湖海、走兽；中岳大帝闻聘，掌土地、山川、林木；北岳大帝崔英，掌星辰分野。殿内木柱上刻楹联：“岳府称大帝，雎宫为御林。”五岳殿檐廊下立有两根蟠龙石柱，两条虬龙缠绕在石柱之上，一龙戏珠，一龙腾云，活灵活现，生动逼真。蟠龙石柱为明正德年间所立，其中一根石柱上还留有石匠的信息——“石匠河津县百底里董孝董振”。（见图3-49至图3-58）

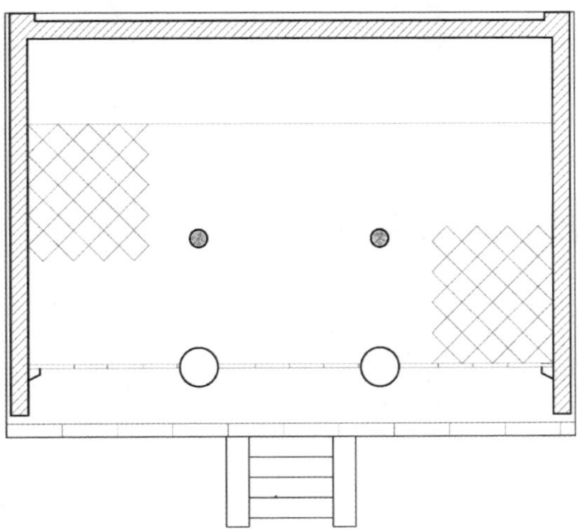

图 3-49 五岳殿平面图

五嶽殿
后土祠

图 3-50 五岳殿全景

图 3-51　东五岳殿南立面

注：
东岳大帝黄飞虎
南岳大帝崇黑虎
中岳大帝闻聘
西岳大帝蒋雄
北岳大帝崔英

图 3-52 五岳殿剖面图

图 3-53　五岳殿内的五岳神

图 3-54　五岳殿南立面图

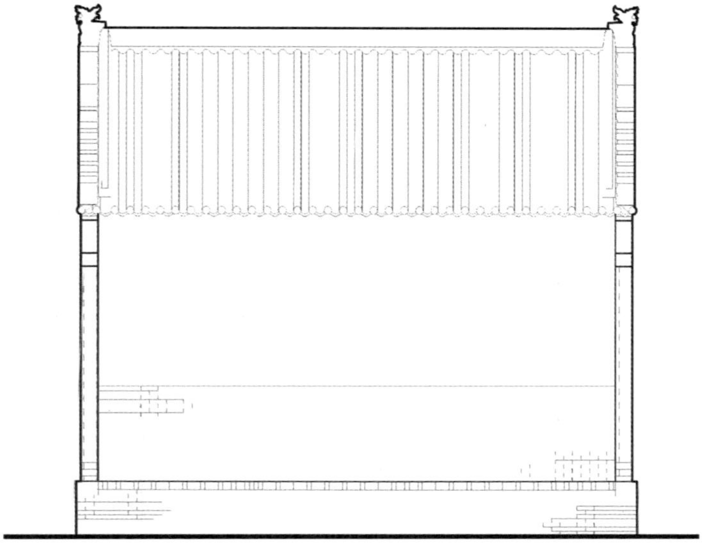

图 3-55　五岳殿北立面图

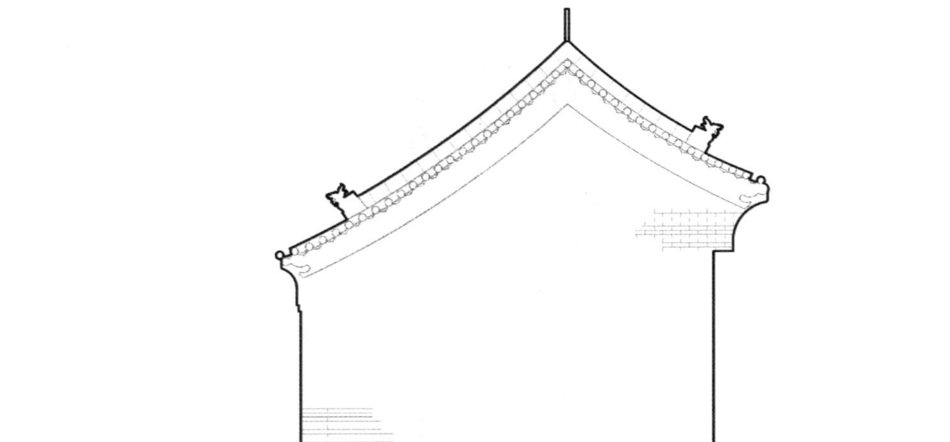

图 3-56　五岳殿东立面图

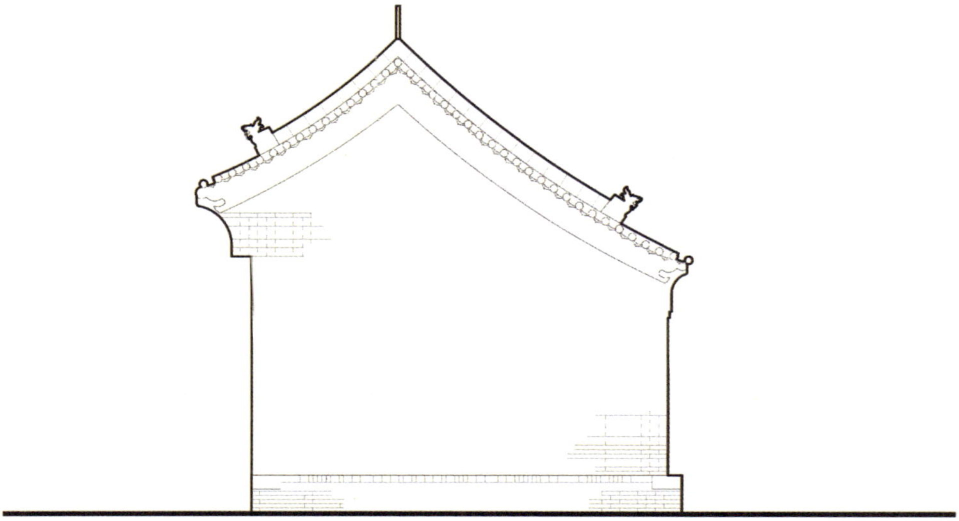

图 3-57　五岳殿西立面图

图 3-58　蟠石龙柱

五虎殿供奉的是三国时蜀国的五虎上将，分别是关羽、张飞、赵云、马超、黄忠。殿堂的楹联为“在世扶蜀五虎将，归天护雎一殿神”。与五岳殿廊檐柱不同的是，西五虎殿的廊檐柱一根为石柱，一根为木柱。（见图 3-59 至图 3-67）

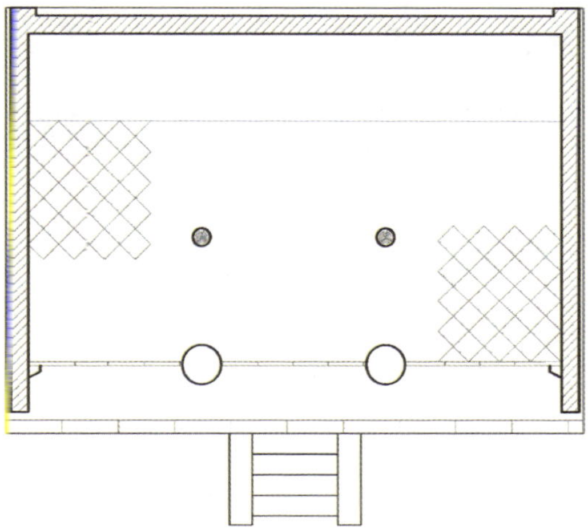

图 3-59　五虎殿平面图

图 3-60　五虎殿内的五虎上将

图 3-61　五虎殿全景

图 3-62　西五虎殿南立面

注：西五虎殿供奉的是三国时蜀国的五虎上将，分别是关羽、张飞、赵云、马超、黄忠。

图 3-63 五虎殿剖面图

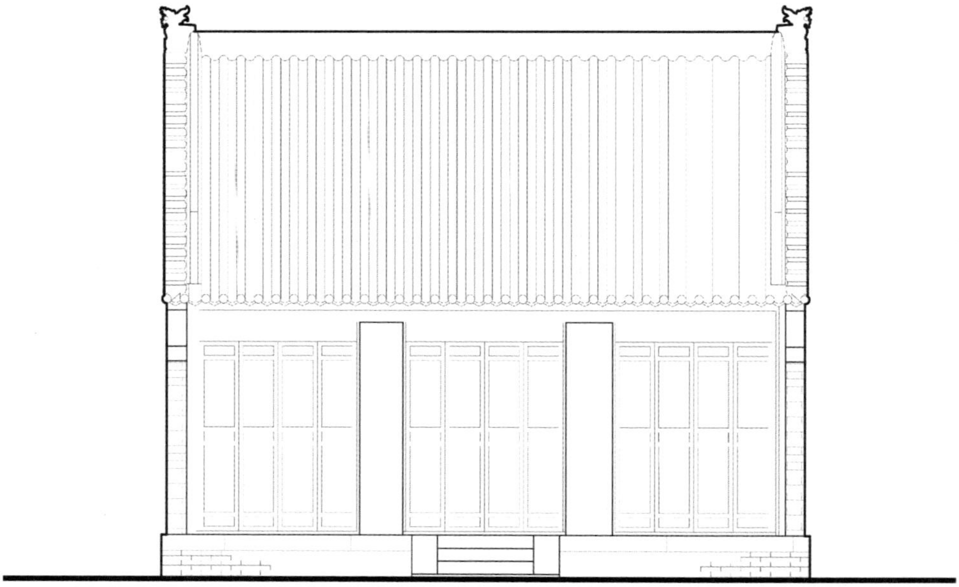

图 3-64　五虎殿南立面图

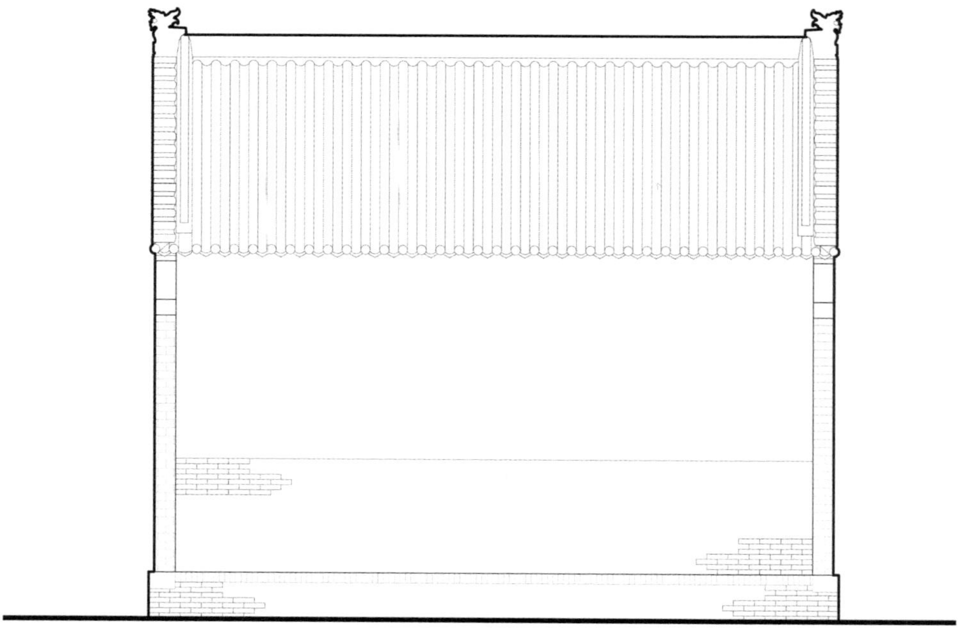

图 3-65　五虎殿北立面图

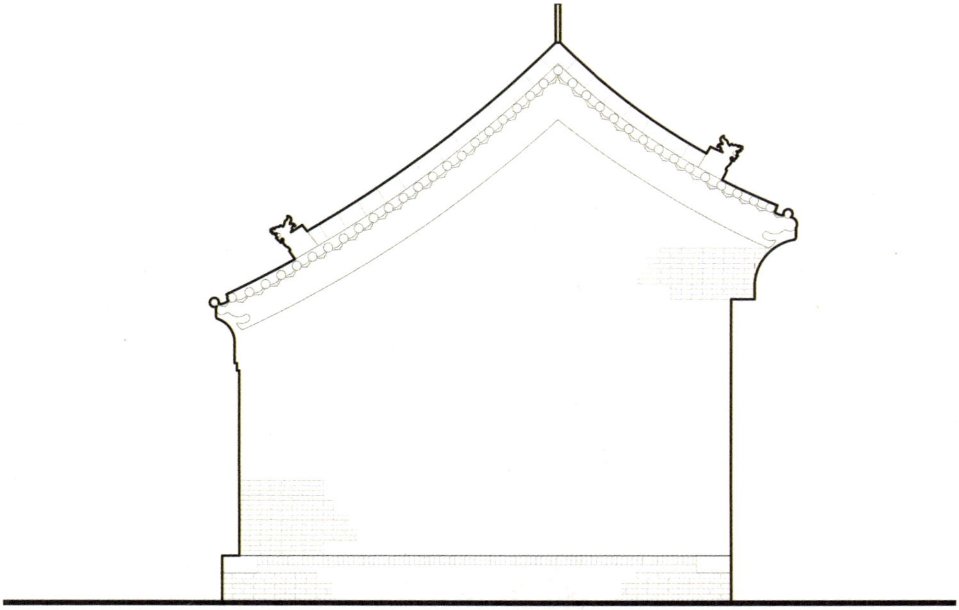

图 3-66 五虎殿东立面图

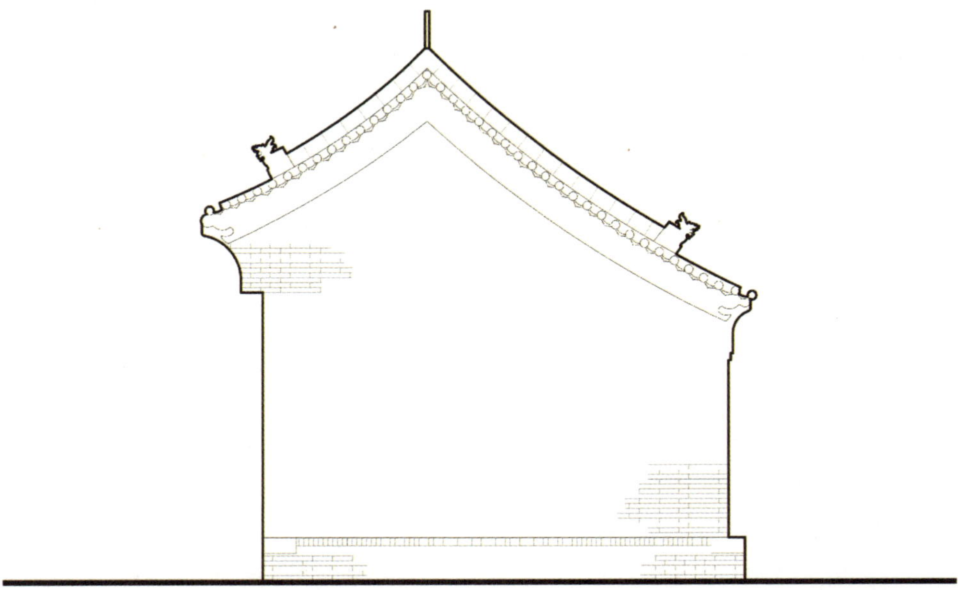

图 3-67 五虎殿西立面图

在五虎殿东西山墙上还保留着残损的壁画，壁画边框为黑色，壁画内容均是古代武将马上交战厮杀的场景。两幅壁画破损较为严重，但人物形象尚可辨清。（见图 3-68 至图 3-71）

图 3-68　五虎殿内的壁画之一

图 3-69　五虎殿内的壁画之二

图 3-70　五虎殿内的壁画之三

图 3-71　五虎殿内的壁画之四

二、献殿

献殿为硬山顶式建筑，面阔七间，进深四椽，南北通透，通面阔约 17.4 米，明间 3.9 米，次间 3.37 米，进深 8.65 米。立有二十四根圆柱，檐椽出挑，檐下木雕技艺精湛，图案精美。脊部垫板上有“大清同治十三岁次——立柱”的题记。献殿房顶雕梁画栋，采用榫卯结构，错综交替又严格有序，梁柱上不仅有彩绘图案，还镶嵌着精美的牡丹造型的铁艺装饰，盛开的牡丹花朵朵舒展怒放，铁艺花瓣片片疏密有致，又紧密相连，逼真生动。在献殿屋檐下，还装饰着精美的狮子造型的铁艺图案，铁狮子栩栩如生，狮首上以卷曲的铁丝作鬃毛，双眼圆鼓凸出，狮嘴张开，身上和尾部的狮毛根根分明，狮尾弯曲翘起。献殿正脊正中的“三山聚顶”上端亦有铁艺装饰。在献殿殿前木柱上挂着一副楹联：“香烟漫绕，切祈浩浩神恩远；俎豆杂陈，诚愿悠悠福日长。”献殿前的月台为长方形，宽 15 米，长 20 米，面积开阔，在 20 世纪 70 年代的老照片中尚能看到献殿前的月台上建有牌楼和钟鼓楼，如今牌楼和钟鼓楼早已不复存在，只剩下开阔的月台。（见图 3-72 至图 3-84）

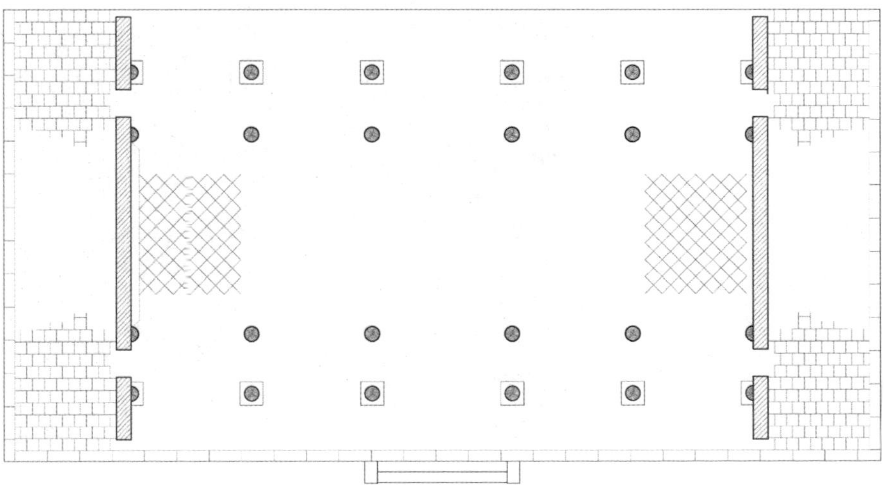

图 3-72　献殿平面图

图 3-73 献殿正立面全貌

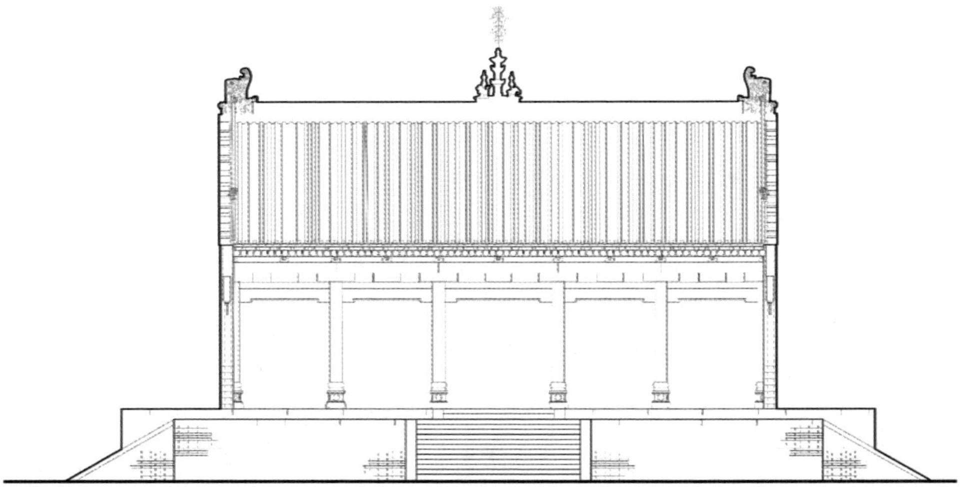

图 3-74　献殿南立面图

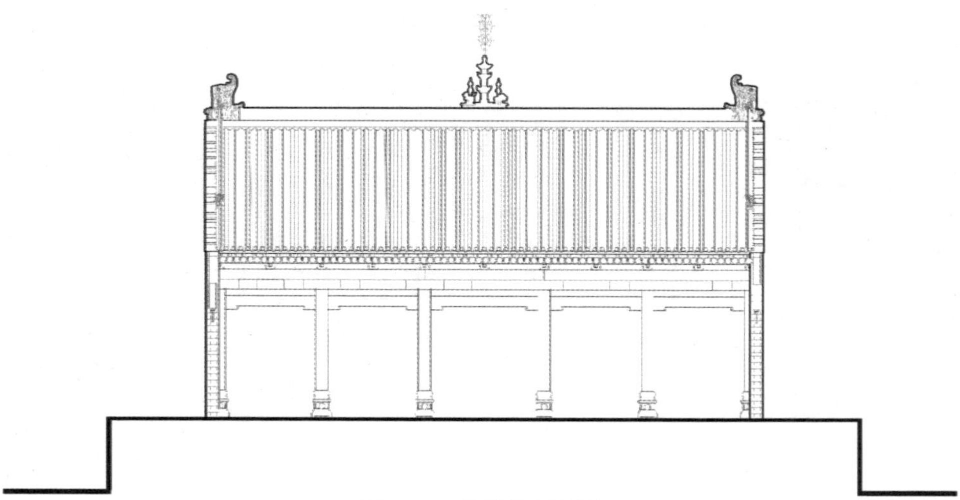

图 3-75　献殿北立面图

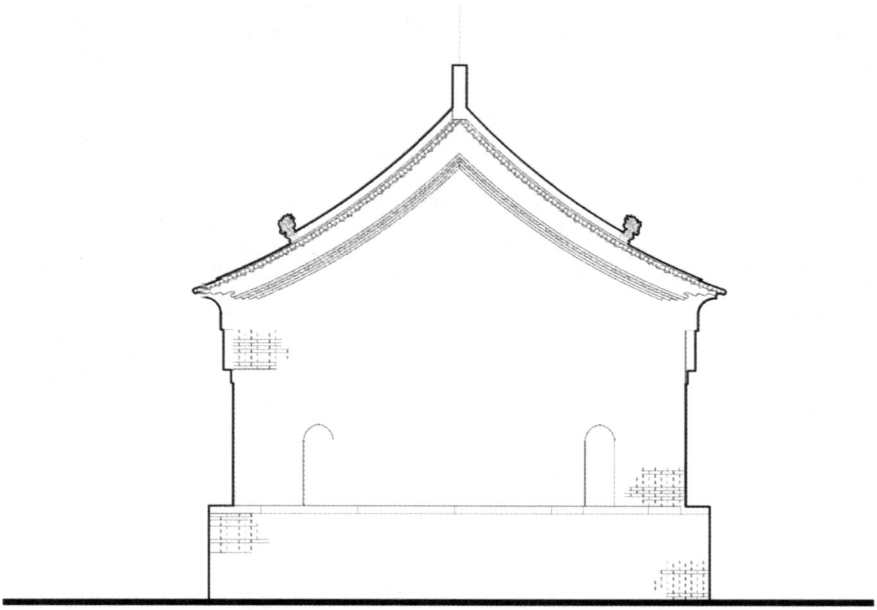

图 3-76 献殿东立面图

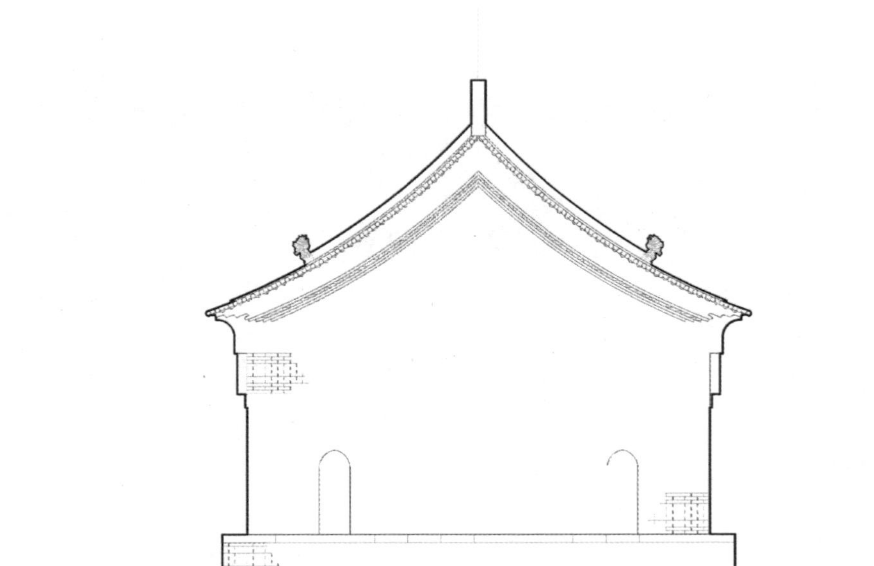

图 3-77 献殿西立面图

图 3-78　献殿内房顶构造

图 3-79　献殿内房顶构件细部

图 3-80 献殿下的圆柱

图 3-81 献殿梁柱上的牡丹铁艺雕饰

图 3-82 献殿屋檐下的狮子铁艺雕饰之一

图 3-83 献殿屋檐下的狮子铁艺雕饰之二

图 3-84　献殿正脊铁艺装饰

献殿前后檐廊东西各开两个门洞，门洞上方各刻砖雕字样，分别是“履中”、“蹈和”（见图 3-85）、“寅畏”、“虔恭”（见图 3-86）。这八个字寓意深刻，富含哲理，说出了人们祭祀后土圣母时应有的心态，也指出了为人处世应遵循的准则。“履中”，要走正道，公平处事；“蹈和”，要以和为贵，对亲人友邻要友善亲睦；“寅畏”，指出做人要怀有敬畏之心，要敬畏天地、敬畏生命、敬畏大自然；“虔恭”，指出做人要低调，对人对事要虔诚恭敬，不可骄傲自满。

图 3-85　献殿檐廊东门洞及砖雕刻字

图 3-86　献殿檐廊西门洞及砖雕刻字

献殿上的木雕和石雕是该建筑的一大特色。其柱础雕刻是整个后土祠建筑群中石雕技艺的优秀代表作，一般采用基座式，柱础下端为须弥座，束腰明显，上端为鼓形。柱础上的石雕装饰极为烦琐精美，主要有草龙、喜鹊、植物、祥纹、狮子等吉祥饰物组成的不同图案。特别是石狮更为独特精致，献殿石柱础上共雕有神态各异的石狮子 48 只，石质的柱础加以人工雕凿，以狮子为主要题材，组成了有吉祥意义的各种图案。凶猛恐怖的野兽在匠师的刀笔之下也变得温顺可爱，顽皮活泼，并带给了我们各种美好的祝福，比如："狮子滚绣球"喻"好事在后头"，"狮子披缎带"喻"好事不断"，"两只狮子"即"事事如意"，"狮子抱花瓶"即"事事平安"。这些石狮造型各异，个个被雕刻得活灵活现，形态逼真。（见图 3-87、图 3-88）

图 3-87　献殿柱上的础石雕

图 3-88　献殿柱础上的"狮子滚绣球"石雕

对于石作中的石柱础的形制和装饰，在宋代《营造法式》“石作”部分，就有详细规定：“造柱础之制，其方倍柱之径……若造覆盆，每方一尺，覆盆高一寸；每覆盆高一寸，盆唇厚一分。如仰覆莲华，其高加覆盆一倍。”而宋时对柱础的形制技术亦进行了严格规定，以保证下方柱础可将木柱承受之重均匀传导至地面，减轻木柱的负荷。而柱础的使用可以使木柱不接触地面，减少雨水侵蚀，延长使用寿命。谈及柱础的装饰，《营造法式》中对此也作了规定：“其所造华文制度有十一品：一曰海石榴华；二曰宝相华；三曰牡丹华；四曰蕙草；五曰云文；六曰水浪；七曰宝山；八曰宝阶；九曰铺地莲华；十曰仰覆莲华；十一曰宝装莲华。或于华文之内，间以龙凤狮兽及化生之类者，随其所宜，分布用之。”从元、明、清留存的大量古代建筑的柱础看，《营造法式》中谈及的柱础样式和装饰内容都有不同程度的体现，而且柱础形式较前更复杂化。后土祠建筑中所用的柱础对其形式和装饰内容也都有很好的表达和呈现。

献殿上的木雕技艺也极为精湛，线条流畅细腻，图案鲜活，带有民俗风情。献殿檐部的木雕刀笔到位，画面优美，充分展示了匠师的高超技艺。（见图 3-89、图 3-92）

图 3-89　献殿檐下木雕

除木雕和石雕特色显著外，献殿内墙面上还绘有大幅壁画。壁画因年久失修，大部分已残损，仔细分辨仍可看出是一幅后土圣母宫殿图。

献殿前廊檐下左右两边各立有一通石碑，皆为清光绪九年（1883年）所立，记录了荣河县知县戴儒珍和合县村庄以及对面陕西韩城县知县程逢春及各村庄捐献银两数。左边的石碑为大清光绪九年三月吉日刻石，碑文为："前知韩城县事程公逢春捐银伍拾两，韩城合县二十里捐银伍佰壹拾肆两伍钱捌分。"右边碑刻为大清光绪九年三月吉日刊石，碑文为："前知荣河县事戴公儒珍捐银伍拾两，荣河合县村庄捐银壹仟叁佰捌拾叁两陆钱柒分。"（见图3-90、图3-91）

图3-90　献殿左侧光绪捐资碑

图3-91　献殿右侧光绪捐资碑

图 3-92 献殿木雕全貌

三、香亭

香亭面宽进深各一间，卷棚顶，连接献殿与坤柔圣母殿，三座建筑呈“工”字形布局，这里曾作为进香之所，因而得名“香亭”。从建筑布局来看，香亭是一个进入正殿前的过渡空间，通过这个空间的营造，可起到一定的心理暗示作用，如审视自我虔诚之心等。相比正殿和献殿，香亭在装饰、结构上都相对简单，符合“强—弱—强”这一抑扬顿挫的节律。（见图 3-93 至图 3-102）

图 3-93　香亭北立面图

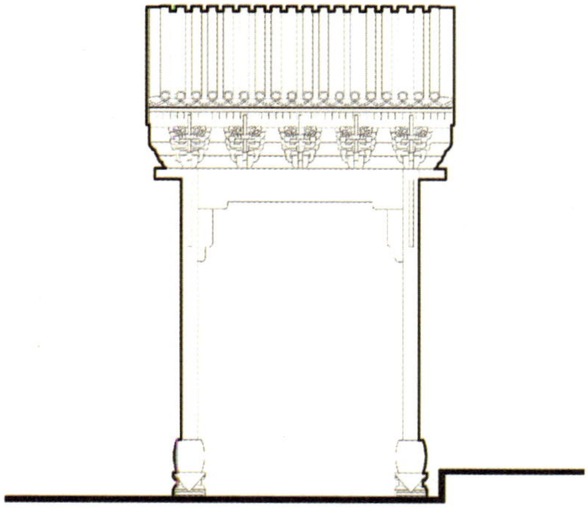

图 3-94　香亭西立面图

图 3-95　香亭正面图

图 3-96　香亭木雕

图 3-97 香亭全貌

图 3-98 香亭侧面图

图 3-99 正殿与献殿通过香亭连接

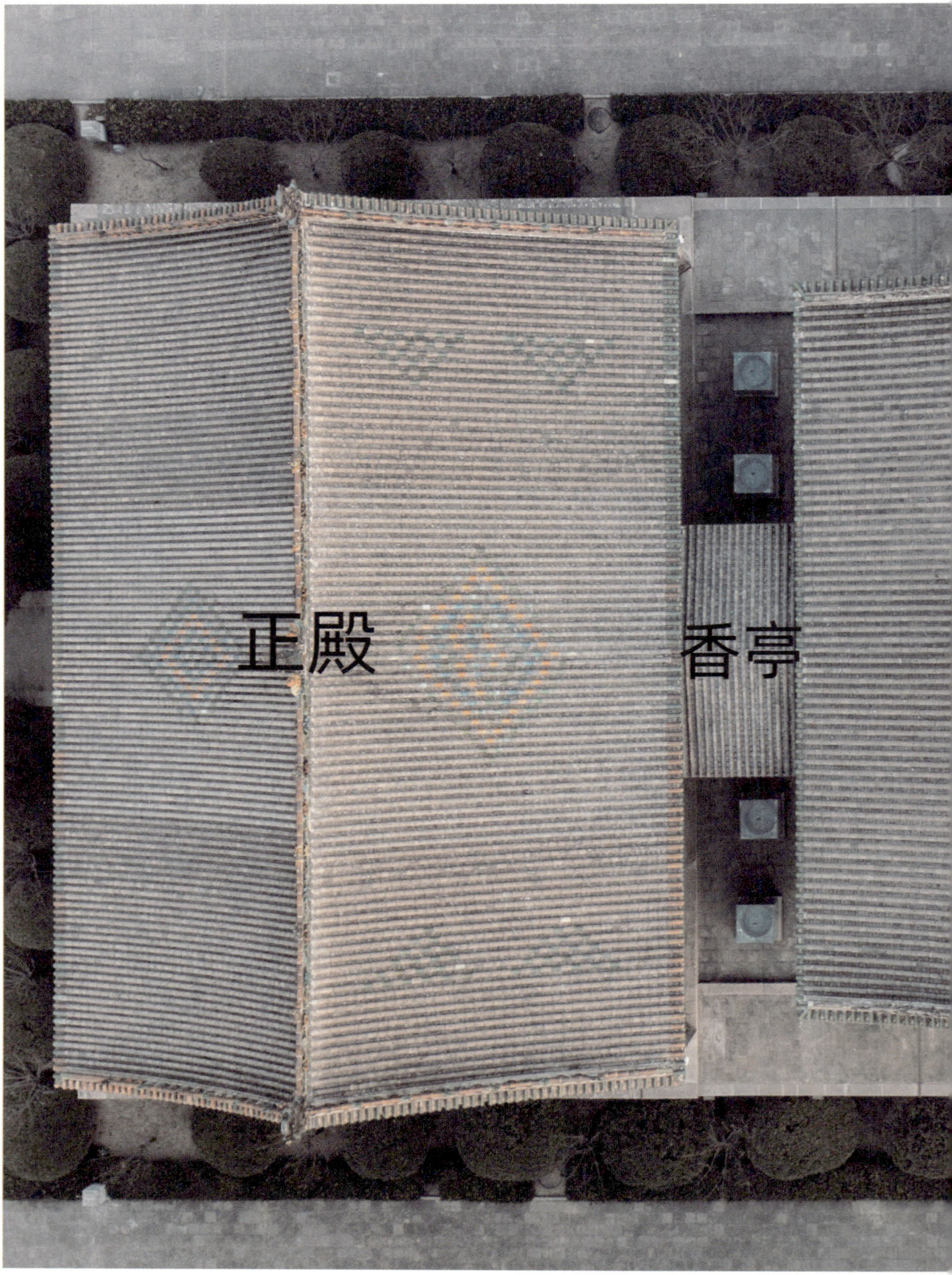
正殿
香亭

图 3-100 献殿、香亭、正殿建筑布局俯拍

硬山顶
三架梁
脊瓜柱
壁画：
《圣母宫殿图》
匾额：
“崇义乾坤”
卷棚
檐柱
献殿
明代：
《后土皇地祇庙像图》
（庙貌图碑）
西门洞①
金柱
明代
《轩辕扫地坛碑》
西门洞②
香亭

图 3-101　献殿、香亭、正殿剖面图

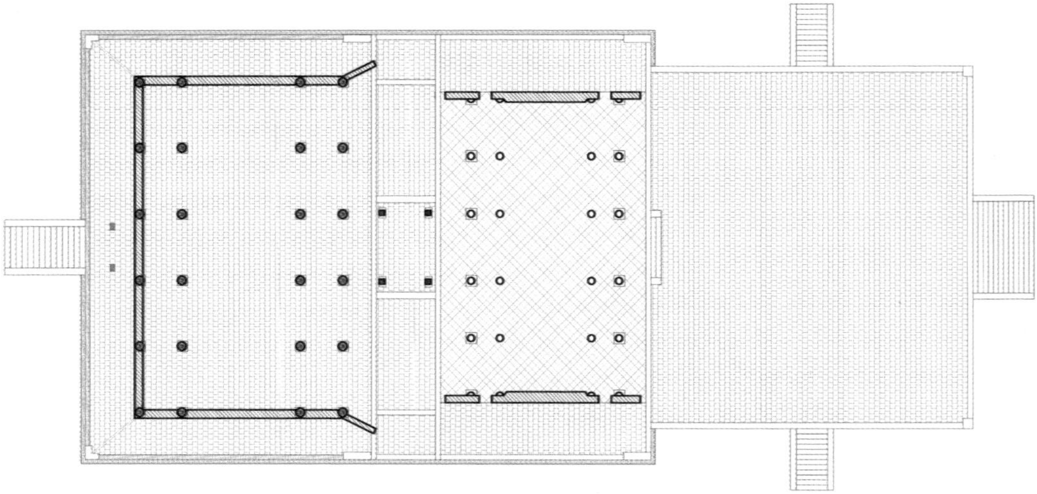

图 3-102　台基平面图

香亭屋面上覆灰色琉璃瓦，顶端为圆形带饕餮纹。东西两侧的木质挂罩上的木雕造型简洁，透雕、浅浮雕兼有。香亭正面木雕装饰华丽，图案丰富，由花卉、狮子、祥云等组合而成，手法繁复，以透雕为主。

四、坤柔圣母殿

坤柔圣母殿是后土祠的核心建筑，也称“正殿”。建在高台之上，其形象高大且庄严，位于整个建筑群的次北端。该殿建成于同治九年（1870 年），面宽五间，进深六椽，五架梁前后搭牵，悬山顶，举折平缓，筒瓦琉璃剪边。前面有廊檐，廊檐下立六根圆木柱，明间两根廊柱木质坚硬，有明显的山形纹。正殿门前有楹联一副：“千秋共颂神德千古神恩千古，万众同尊后土万荣后世万荣。”坤柔圣母殿东西山墙顶端为五花山墙的做法，山墙砌成阶梯状，梁架暴露在外。梁架间的三角形空当又被称为“象眼”，每个象眼用木板封堵，称为“象眼板”。正殿的五花山墙是悬山顶建筑所独有的建造形式，它不仅可以使正殿木构架透风防腐，而且带有层级感的阶梯状样式改变了普通山墙立面平板单调的枯燥外形，使其具有美观性和审美性。正殿山墙上端覆盖着两块稍宽的“人”字形木板，此木板又称为“博风板”或“封山板”，也是古代悬山顶建筑常见的形式。博风板伸出山墙之外，既可以遮挡檩头，也起到避风雨、防腐蚀的作用。在两块博风板相交处，又悬挂铁艺制作的悬鱼。悬鱼不仅具有装饰性，也增强了山墙博风板的整体性，使之更加牢固耐用。(见图 3-103 至图 3-112)

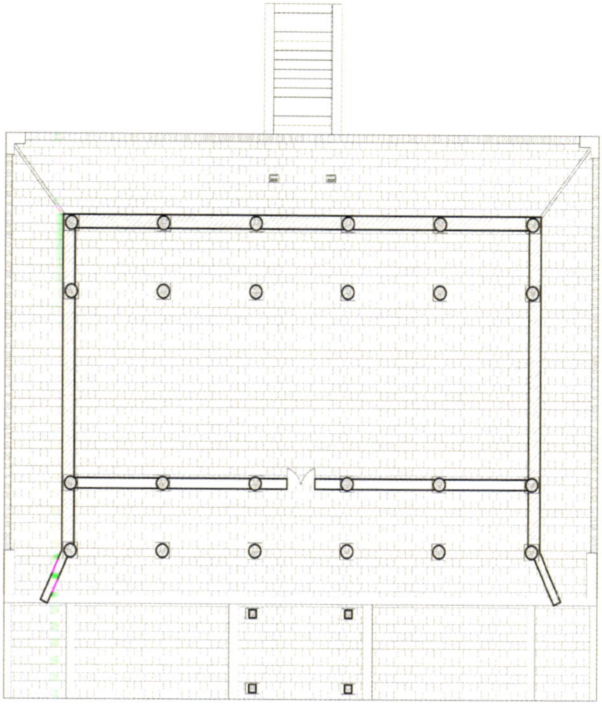

图 3-103　坤柔圣母殿平面图

图 3-104　坤柔圣母殿南立面图

五
丰

图 3-105 坤柔圣母殿

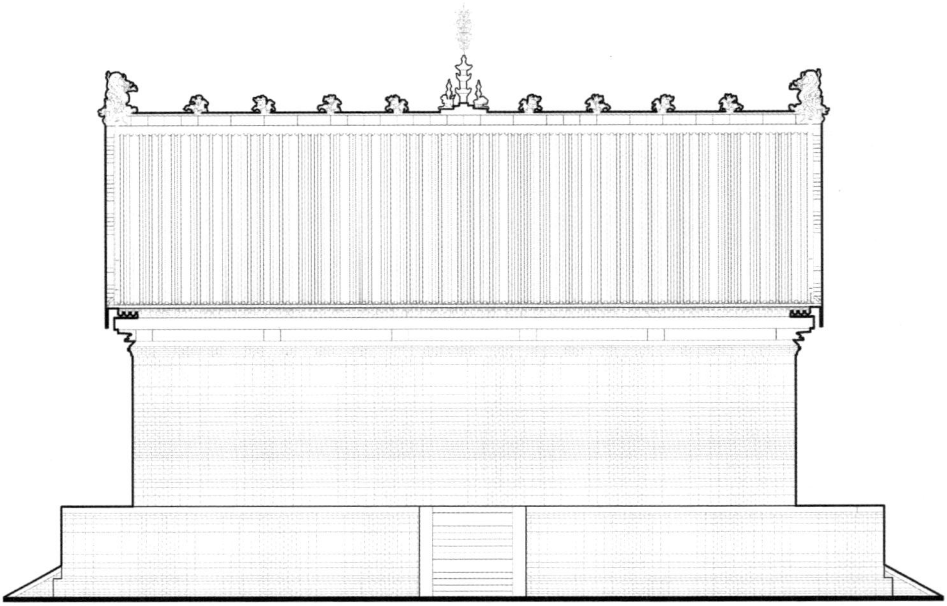

图 3-106　坤柔圣母殿北立面图

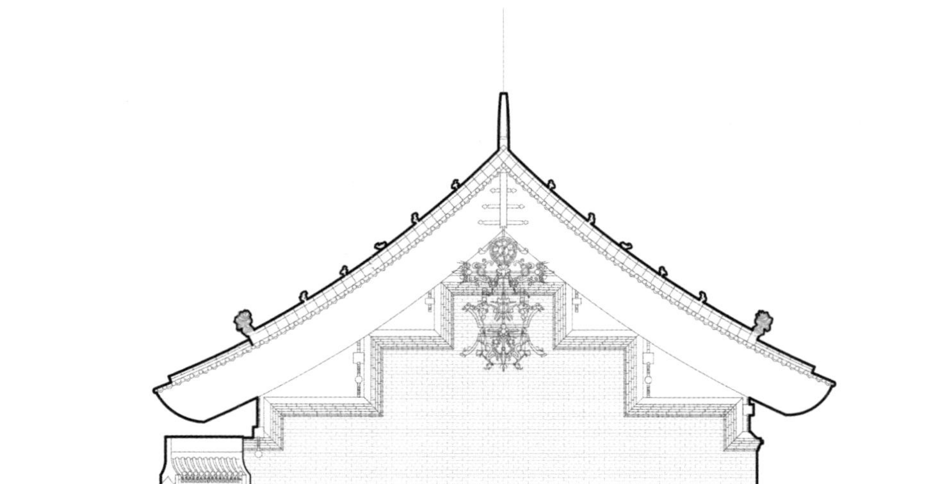

图 3-107　坤柔圣母殿东立面图

图 3-108 坤柔圣母殿西立面图

图 3-109 坤柔圣母殿梁架结构

博风板相交处的悬鱼有很多造型，正殿山墙博风板上的悬鱼可谓精品，它由铁线制作而成，图案丰富多样，造型别致。最上端是太极八卦图，八卦图下由牡丹花作底衬托，牡丹下端又雕饰“五蝠捧寿”图案，再接着下面部分则是由牡丹和龙凤组成的“龙凤呈祥”图案，最底端又置以倒挂的宝葫芦。悬鱼上、

图 3-11C　坤柔圣母殿五花山墙形式

图 3-111　坤柔圣母殿廊檐

图 3-112　坤柔圣母殿上的铁艺悬鱼

中、下三部分图案周围又以祥云纹饰和花卉点缀衬托，整个铁艺悬鱼造型粗细疏密结合，舒展有度，线条细腻流畅，如行云流水，温婉柔美。

正殿内是三台一坛祭献香供。神龛中央供奉的便是端庄凝重、沉稳慈祥的后土娘娘真身像。后土与皇天相配，同为中国最早之神。道教以后土为“三清四御”之一，称为“承天效法后土皇地祇”。旅居他乡要故土相伴，山盟海誓要后土为证，洞房花烛要先拜天地，逝后仍要入土为安。后土掌阴阳，育万物，被称为“大地之母”。后土娘娘神像前又立着两位男性神像，是后土娘娘的侍官。后土娘娘左边的神像是送子娘娘，怀中抱有一子，稚嫩可爱；右边的神像是送药娘娘，持钵needs丸，主掌赐药治病。传说送子娘娘和送药娘娘都是后土娘娘的化身，三神一体。为帮助人类繁衍生息，后土娘娘便化身为送子娘娘，为祈祷生育的女子送来孩子；为帮助人类摆脱病痛折磨，便化身为送药娘娘，为人们解除病痛。后土娘娘神龛前有楹联一副：“后配六合之天至上至尊圣德自应崇代代，土为万物之母资生资育世人所以称娘娘。”（见图 3-113）

坤柔圣母殿上的木雕极具特色，正殿前廊檐下额枋、柱头和挂落上的木雕刀工精湛，画面丰富优美，寓意深刻，充分展示了工匠们的审美情趣，具有极高的艺术观赏价值。正殿前檐上的木雕以透雕技艺为主，细腻流畅的刀工，使整个画面表现出极强的立体感、层次感和质感，极富视觉冲击力。（见图 3-114）

图 3-113　坤柔圣母殿内景

图 3-114　坤柔圣母殿檐廊下层层叠叠的木雕

木雕装饰以植物曲藤组成画面主体，又选取麒麟、牡丹、梅花等动植物和孩童人物形象作为饰物，将其进行变化组合，形成一幅幅“麒麟送子”“喜上眉梢”“五子登科”等内容丰富的木雕画面，尤其是挂落正中，是一幅长长的生活画卷，它被誉为木雕版的《清明上河图》。正殿前檐的木雕有四层之多，静中有动，动静结合，既强调局部美观、细致，又达到整体和谐统一的效果。有的木雕由流传已久的民间故事组成，如西侧有一长须道长，名为“赤松黄大仙”，道长旁有几只羊，这源于“叱石成羊”的典故。据《金华府志》载：黄大仙即晋代道士黄初平，浙江金华人，他的法术十分有名。他与哥哥黄初起在金华山头相见，当场叱石成羊，其后哥哥也得道成仙，云游四方。

从这些精美绝伦、细致入微的作品中，我们可以清楚地看到古代劳动人民的智慧和匠师们炉火纯青的技艺，它们在中国的建筑装饰中堪称一绝，表达了人们对美好生活的追求与向往。

第四节 秋风楼

秋风楼（见图 3-115 至图 3-146）位于正殿之后、后土祠的最北端，是后土祠中最为高大壮观的建筑。元鼎四年（前 113 年），汉武帝刘彻祭祀后土时正值晚秋，他泛舟汾河，大宴群臣，看到汾河两岸美景，慷慨高歌，写下《秋风辞》：“秋风起兮白云飞，草木黄落兮雁南归……”秋风楼也因楼上藏有汉武帝《秋风辞》的碑而得名，成为一座先有辞赋后有楼的代表建筑。由于后土祠易受黄河泛滥影响，多次被冲毁重建，以至于秋风楼最早出现在何时现在已不易考证。目前后土祠里的秋风楼，为清同治九年（1870 年）重建，但有研究者认为秋风楼有明代风格，属清代迁建。清光绪二十八年（1902 年），秋风楼被整修，当时的荣河知县章同筹集资金，将秋风楼用油漆彩绘重饰一新，并增修楼梯，人们才得以登上秋风楼。凭栏远眺，可北瞻龙门，南望潼关，俯视黄河，波涛汹涌，尽收眼底。全楼比例适度，檐下斗拱简洁，结构精美古朴，形制壮观劲秀，为河东现存古建筑中之精品。1996 年，秋风楼被国务院确定为全国重点文物保护单位。

秋风楼楼体可分为两部分：上面为楼身部分，斗拱密布，精美绝伦；下部筑有高大的方形台基，台基南面开门，门内正对墙上有一小龛，上题“扫地坛”，

图 3-115 秋风楼大气瑰丽，台基底部东西贯通

图 3-116 秋风楼全景图

图 3-117 秋风楼全木结构楼身

图 3-118 楼三层正面“秋风楼”匾额

图 3-119　秋风楼内部构造及木质楼梯

图 3-120　秋风楼檐下斗拱及垂花木雕

图 3-121　秋风楼细部

图 3-122　秋风楼登楼正门

这可能是轩辕黄帝最早扫地为坛祭祀后土的遗迹，也是后土祠在雏形阶段的遗迹。整个建筑为砖木混合结构，高 32.6 米，造型美观，大气瑰丽。墙体砌筑严密坚固，周围砖砌花栏，台基底部东西穿通。东门雕刻着“瞻鲁”二字，西门雕刻着“望秦”二字；楼三层正面悬挂匾额一块，上书“秋风楼”三个大字，

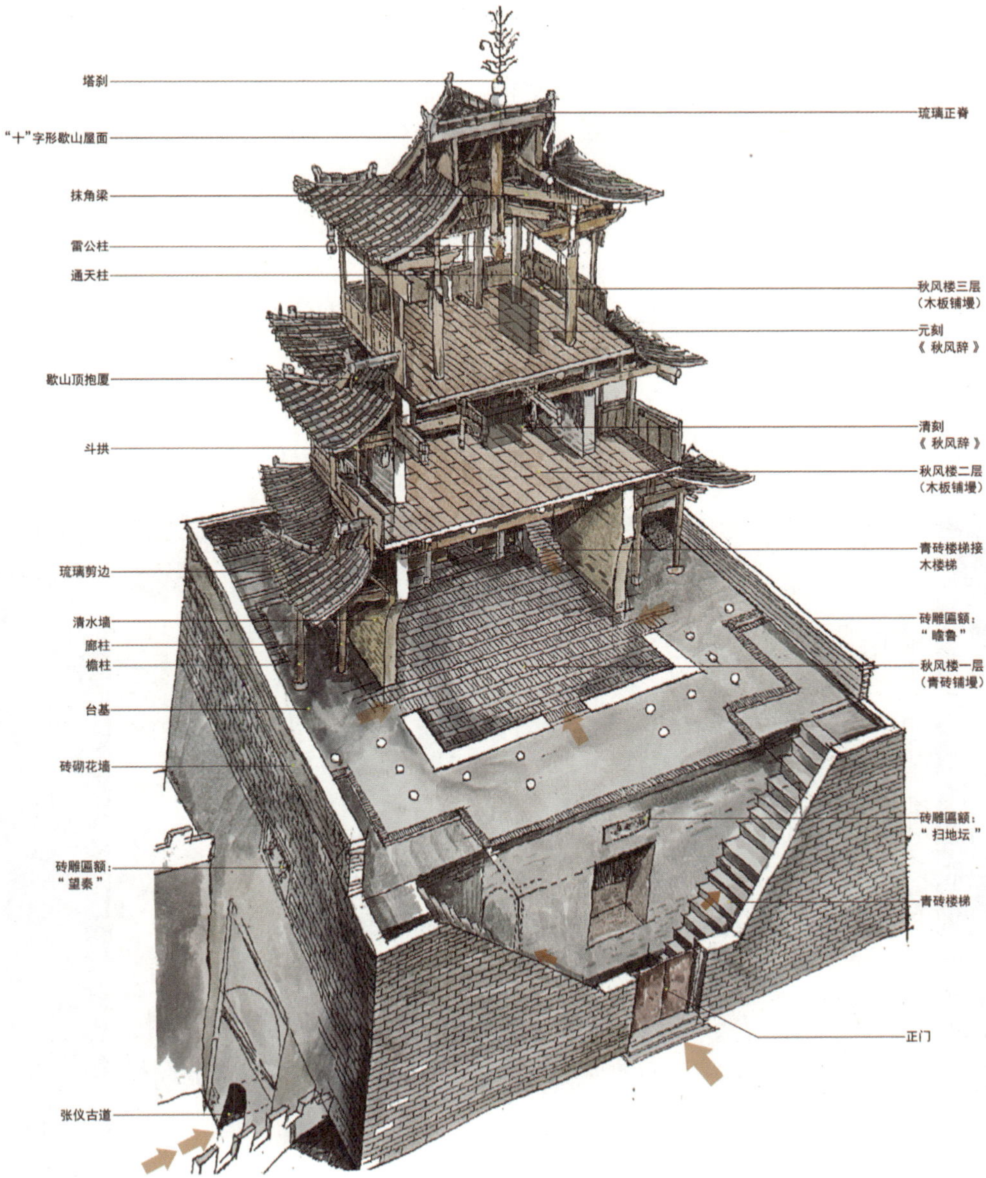

图 3-123　秋风楼剖切图

字体苍健浑厚，是陕西省书法家协会会长赵望进所写。南面为登楼正门，正面门额嵌有“汉武帝得鼎”和“宋真宗祈祠”石刻。这幅石刻作品仿汉画像石的“减地平面线刻”技法，线条流畅，人物清晰，画面的两部分均以秋风楼为背景，画面中武将凶猛彪悍、文官温文尔雅、帝王神态虔诚，再现了当年汉武帝祭祀后土时喜得宝鼎、宋真宗祭祀后土并“祈嗣”的场面。据《汉书》记载，汉武帝元鼎四年（前 113 年）来汾阴祀后土，在黄河岸边喜得宝鼎，此鼎大而异于其他鼎，遍体文字和花纹都难以辨认。汉武帝当时非常高兴，他认为黄河屡屡泛滥，五谷数年不丰收，得鼎乃祥瑞之兆，于是改当年的“元狩年”为“元鼎年”，改“汾阴县”为“宝鼎县”，从此将祭祀后土列为国家大事。

秋风楼立面为三层三檐，十字歇山顶，正腰缠平座，明三暗五，即明有三层，实为五层：明一层、暗二层、明二层、暗四层、明三层。其中暗二、暗四层为夹层，如竹节一般，既有结构加固的作用，也使得楼梯的坡度不致过于陡峭。秋风楼明一、明二层四面各出歇山顶抱厦，上部为木构楼身，面宽、进深均为五间；屋面覆盖灰筒瓦，檐边用黄绿色琉璃进行装饰；下部筑以高大的台基，台基平面呈方形，周围砖砌花栏，台基底部东西贯通，主干由檐柱与内柱两周围合而成。南面即正立面，为登楼之正门，其内部构造较为复杂，承重体系为

图 3-124　秋风楼歇山顶抱厦

图 3-125 秋风楼琉璃屋檐

图 3-126 秋风楼廊下木柱

图 3-127 秋风楼三层内部构造

图 3-128　十字歇山顶屋面以及琉璃瓦剪边

木构。除明三层外，楼身均砌筑青砖墙体，其上开有方形门洞和圆形窗洞。明一层楼身东北角设木楼梯，西向；四周设有围廊，廊下木柱林立，共有 32 根之多，中间四根为通天柱，直达顶层；檐柱和抱厦柱共 28 根，据传代表着汉武帝的云台二十八将，这些木柱共同起到承重作用。明一、明二层楼身四面又

图 3-129　各层檐下斗拱结构精妙

图 3-130　十字歇山顶内部构造

图 3-131　秋风楼挑角

图 3-132　秋风楼挑角处的武将之一

图 3-133　秋风楼挑角处的武将之二

图 3-134 秋风楼挑角处的武将之三

图 3-135 秋风楼挑角处的武将之四

各出抱厦一间，平面呈十字形，抱厦屋顶为十字歇山式，楼顶覆十字形歇山屋面，上筑琉璃瓦顶，山花向前。明二、三层廊下，设矮柱架额枋及斗拱制成平座，其间以额枋、平板枋联结成井筒式构架。内部梁架与各层抱厦、围廊的梁枋联结成一个整体。秋风楼楼体四角施以永定柱造，各层檐柱内收，立于下层楞木梁之上。各层檐下所设斗拱结构多样，用材相近。

图 3-136 登上秋风楼远眺，景色尽收眼底

图 3-137　秋风楼背立面图

廊间以单步头梁联络，各层柱脚以脚梁联络，结构严谨。秋风楼的楼顶为十字歇山顶，结构独特，中间有一根悬柱，四周梁架呈 45° 向上撑起整个楼面，楼面共有 36 个挑角，每个挑角屋面上都有武将形象，共 108 个，取“梁山一百单八将”之意。秋风楼全部采用榫卯结构，其建造技艺之精湛实属罕见。

清光绪年间，知县章同增修楼梯时，看到水面壮阔、浩浩荡荡的黄河，感慨壮美，遂亲书四字“大河西横”。该匾原挂于秋风楼西侧，现已佚失。沿楼内陡峭的木楼梯登上秋风楼顶楼，于回廊下东望，则是层层山峦上的庄稼和村落，西看则是滔滔黄河和对面陕西的黄土高坡，景色尽收眼底，令人心旷神怡。

图 3-138 “瞻鲁”砖雕

图 3-139 “望秦”砖雕

图 3-140 秋风楼俯视图

图 3-141　秋风楼结构俯视平面图

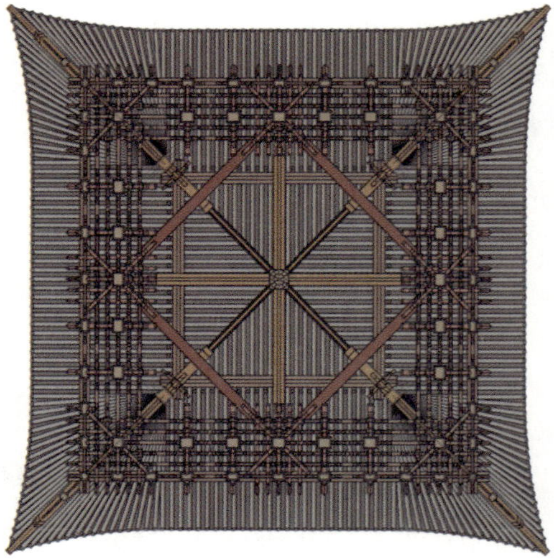

图 3-142　秋风楼结构仰视平面图

图 3-143　秋风楼内部梁枋、斗拱紧密结合

图 3-144 秋风楼剖面图之一

图 3-145　秋风楼剖面图之二

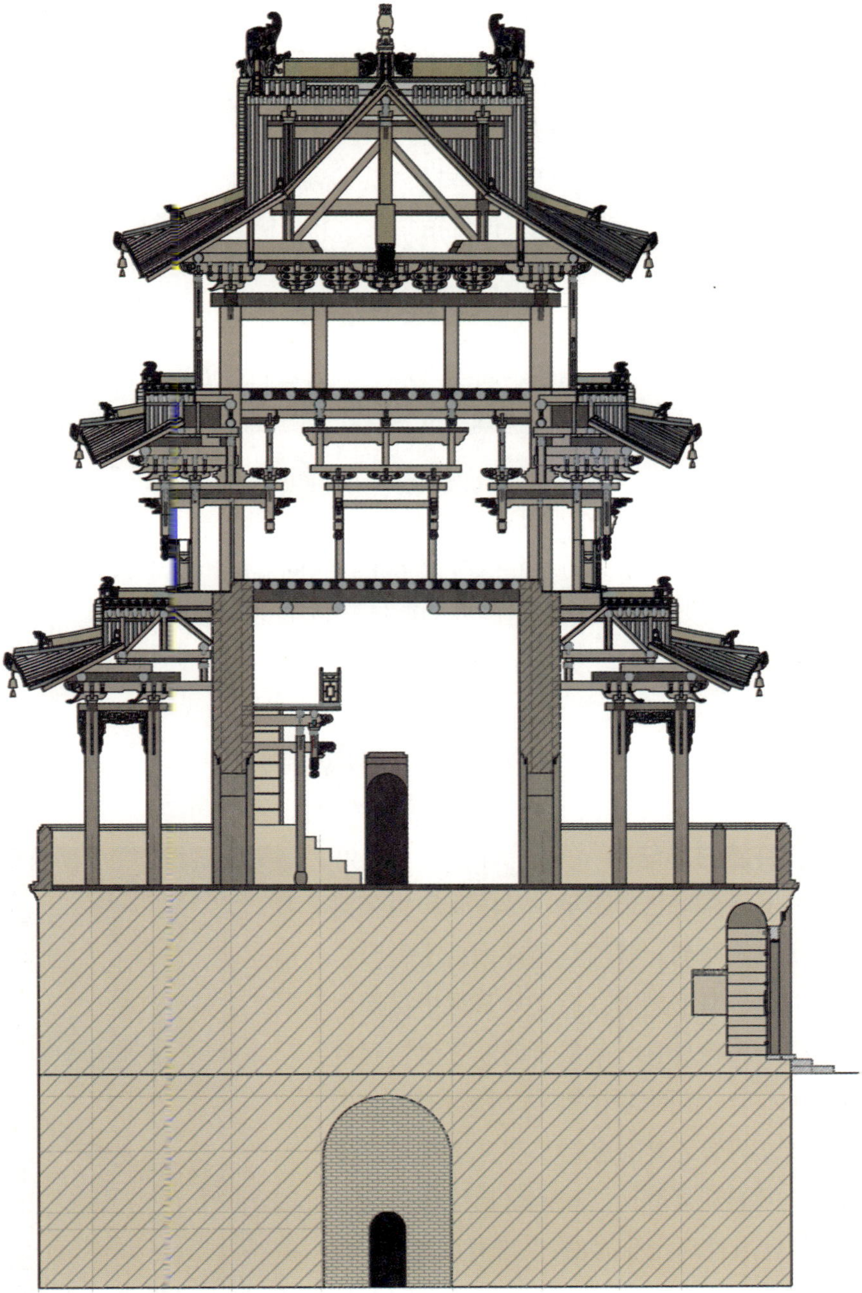

图 3-146　秋风楼剖面图之三

秋风楼背立面台基上部分与其他立面并无造型上的不同，立面最为简洁，一层四周设墙。

在秋风楼东西两侧墙体上各有一个砖雕横匾，东为“瞻鲁”，西为“望秦”。横匾下是贯通东西的深沟古道，被称为“张仪古道”。

俯视秋风楼，可看到三层屋顶举折，顶层构架于斗拱之上，设抹角梁承老角梁，之上设井口檩、枋，之上再设抹角梁，井口枋之上设斜戗承雷公柱，并脊间枋穿插稳固雷公柱，脊檩十字交叉形成十字歇山顶，屋顶以灰布瓦琉璃剪边进行装饰。

从内部仰视秋风楼，三层平面呈方形，面宽三间，进深三间。明间宽 3.07 米，次间宽 2.09 米，通面宽、深均为 7.25 米，建筑面积 52.56 平方米。三层外设围廊，围廊面宽五间、进深五间，明间宽 2.07 米，次间宽 1.84 米，尽间宽 1.50 米，三层总建筑面积 76.56 平方米。

三层下部设矮柱架额枋及斗拱制成平座，其间以额枋、平板枋联结成井筒式构架；内部梁架与各层抱厦、围廊的梁枋联结成一个整体。

第五节　附属文物

一、轩辕扫地坛碑（见图 3-147）

该碑于明嘉靖二十四年（1545 年）由荣河知县侯祁命人雕刻。黄河泛滥冲塌后土祠时，该碑刻也沉于河水之中，后又从黄河中打捞出立于献殿内。碑身有一条斜着的断裂纹，碑身下端残缺不全，正面居中镌刻“轩辕扫地之坛”六个大字，两旁还刻有多行小字，字迹虽已残缺不全，但依稀可辨：“扫地坛相传在荣河县后土神祠秋风楼后汾脽之曲。”碑背面刻有“龙马负图之处”六个大字。据传是伏羲根据龙马身上的纹路，绘出八卦图。《荣河县志》记载：“旧城南十里河岸上有龙马负图处，上设白马

图 3-147　轩辕扫地坛碑

庙，明邑令侯祁题碑。”作为河洛文明的龙马负图，出现在万荣后土祠这块土地之上，毫无违和之感。黄河文明是华夏文明的源头，早在远古时期，先祖就在这片广袤的土地上开垦荒蛮，播种文明，足迹所至，每个后裔子民都会以此为荣，弘扬史迹。明嘉靖年间，汾阴脽渐没于河，时任知县侯祁恐千年之后，后人不知此地为轩辕黄帝扫地祭祀之处，故立此碑，以铭念。

二、后土皇地祇庙像图碑（庙貌图碑）（见图 3-148、图 3-149）

献殿东侧有一石碑，是明仿金代所刻的庙像图碑。它是祠里现存的最为珍贵的一件碑刻，不仅记载了后土祠最鼎盛时期的庙貌，并以文字的形式记载了从轩辕黄帝到宋真宗 8 位帝王 20 多次祭祀后土的经过。碑方形，高 140 厘米，宽 110 厘米，刊刻于金天会十五年（1137 年），分别于明嘉靖三十五年（1556 年）、天启三年（1623 年）重刻，现存献殿东。该碑的存在为了解后土祠的变迁以及历代帝王祭祀后土的情况提供了形象且翔实的资料。

该碑全名“蒲州荣河县创立承天效法厚德光大后土皇地祇庙像图石”，现存碑刻为明代嘉靖三十五年（1556 年）由荣河知县侯祁命人重刻的。碑正面为宋真宗时期后土祠的庙貌图。碑刻记载，当时的后土祠“南北长 732 步，东西宽 320 步”，经测算面积可达到 999 亩（约 0.666 平方千米）。祠内建筑布

图 3-148 后土皇地祇庙像图碑

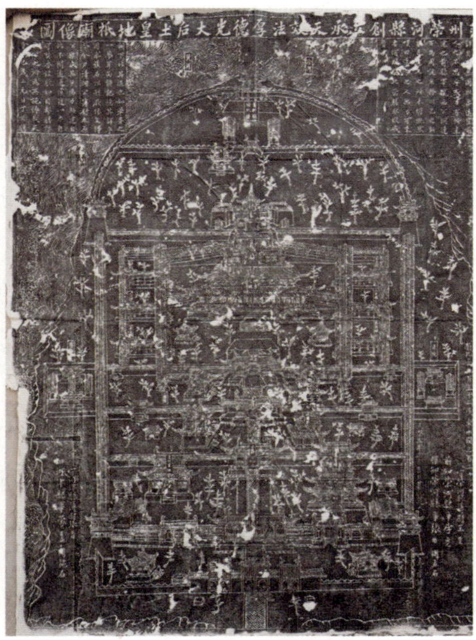

图 3-149 后土皇地祇庙像图碑拓片

局森严，十进院落四周回廊，北圆南方，共有30多座建筑，四角筑有角楼，等级“如同王室”。占地近千亩的宫殿式建筑，规模宏伟壮观，也代表中国祭祀建筑的最高等级，使得后土祠成为“海内祠庙之冠”。但金元以后由于建都北京，祠地遥远，祭祀不便，帝王不再亲祭，而是指派重要官员祭祀。明永乐十八年（1420年），明成祖朱棣在北京筑天地坛祭祀。明嘉靖九年（1530年），又专门筑方泽坛（地坛）用来祭地，天地坛改为天坛，用来祭天。如此说来，北京的天坛、地坛与我们的汾阴后土祠是有着必然的渊源关系，今日的天坛已成为驰名中外的旅游胜地，去过天坛的人都知道天坛有座圜丘坛，却很少有人知道这圜丘坛指的就是后土祠的旧址“泽中圜丘”，天坛的根深深地扎在山西万荣的后土祠里。

碑背面是《历朝立庙致祠实迹》文，26行，行25字，详细记载了自轩辕氏经尧舜、夏商周至汉唐宋历代帝王亲祀后土祠的史实。碑文记载：后土祠始建于汉武帝元狩二年（前121年）。汉武帝并于元狩二年、元鼎四年（前113年）、元封二年（前109年）、元封四年（前107年）、元封六年（前105年）、太初元年（前104年）、太初二年（前103年）、天汉元年（前100年）共8次亲临祭祀，之后汉宣帝于神爵元年（前61年）、五凤元年（前57年）、甘露二年（前52年）共3次，汉元帝于初元四年（前45年）、永光元年（前43年）、建昭二年（前37年）共3次，汉成帝于永始四年（前13年），汉哀帝于建平三年（前4年），光武帝于建武十八年（42年），唐玄宗于开元十一年（723年）、开元十二年（724年）、开元二十年（732年）共3次，宋真宗于大中祥符四年（1011年）亲临汾阴祭祀后土。

《史记·孝武本纪十二》：“十二月，甲午朔，上亲禅高里。”说的是太初元年（前104年）汉武帝于十二月祀后土是在山东高里（泰安嵩里山）。除此太初元年（前104年）祭祀记载有异外，碑文的其余记载大抵与《汉书》《后汉书》《资治通鉴》等史书中各本纪的记载相同。宋真宗以后，再也没有帝王亲临后土祠来祭祀后土。明代以来，后土的祭祀变为纯粹的民间祭祀。

综上，庙貌图碑为后世提供了比较翔实且具象的资料，是研究后土祠变迁和后土祭祀的重要依据。《历朝立庙致祠实迹》一文更是研究后土祭祀的重要史料，它不仅较客观地记述了历代帝王祭祀后土的情况，也为梳理历代后土的祭祀和演变提供了非常直接的资料。

碑文如下：

轩辕氏祀地祇扫地为坛于脽上。二帝八员有司，三王方泽岁举。

汉文帝十六年，诏更以明年为元年，治汾阴庙。方士新垣平言，周鼎在泗水中，今河决通于泗，而汾阴有金宝气，意鼎出乎？于是治庙汾阴，欲祀出鼎。

武帝元狩二年郊雍。帝曰："今上帝亲郊，而后土无祀，则礼不答也。"于是东行汾阴，见汾旁有光如绛，遂立后土祠于汾阴脽上，亲拜如上帝礼。元鼎四年六月，汾阴民巫锦得大鼎于祠旁，言于吏，河东守滕胜以闻，诏验问无诈，乃以礼迎至甘泉，荐之郊庙，群臣皆贺。冬十一月，上亲祀后土。元封二年，祀后土，赐二县及杨民无出今年租赋。元封四年三月，祀后土，诏曰："朕躬祭后土，光集灵坛，一夜三烛，其赦汾阴。"元封六年三月，行幸河东，祀后土。太初元年十二月，祀后土。二年三月，幸河东，祀后土，有光应。天汉元年三月，幸河东，祀后土，顾视帝京，欣然中流赋诗。宣帝神爵元年三月，幸河东，祀后土，天气清朗，神鱼舞河。五凤元年三月，幸河东，祀后土。甘露二年三月，幸河东，祀后土，神光耀烛斋宫。元帝初元四年三月，幸河东，祀后土。永光元年，幸河东，祀后土。建昭二年，幸河东，祀后土。成帝建始元年冬，罢汾阴祀。二年三月，始祀后土于北郊。永始三年冬十月，复汾阴祠。初，帝用匡衡议，罢甘露泰畤，其日大风，坏甘露竹宫。折拔畤中树木十围以上百余。帝异之，以问刘向。对曰："家人尚不欲绝种祠，况于国之神宝旧畤？且其始立，皆有神祇感应，诚未易动。"上意恨之。又以久无继嗣，白太后令诏有司复甘泉泰畤，汾阴后土如故。四年春正月，帝如河东祀后土。哀帝建平三年冬十一月，祀汾阴。世祖建武十八年三月，帝如河东祀后土。

唐玄宗开元十一年二月，祭后土于汾阴。初，上将幸晋阳。张说言于上，曰："汾阴脽上有汉后土祠，其礼久废，陛下宜因巡幸修复之，为农祈谷。"上从之。开元十二年冬十一月，祀后土于汾阴脽上。太史奏荣光出河，休气四塞，祥风绕坛，日炀其光。开元二十年冬十一月，祀后土于汾阴。十二月，帝还西京。初，萧嵩奏："自祀后土以来，年谷屡丰，宜因还京赛祠。"上从之，礼毕，上为文刻石。

宋真宗大中祥符四年春二月，帝祭后土于汾阴，大赦。三月，驻跸西京，诏脽上后土庙宜上额为"太宁正殿"。先是三年六月癸丑，河中府进士薛南等请祀后土。十月辛丑，群臣上表复请。八月丁未朔，诏以来年春有事于汾阴。上曰："冀民获丰穰，于朕躬固无所惮。"戊申，以王旦兼汾阴大礼使，王钦若为礼仪使，陈尧叟为经度使，李宗谔副之。庚戌，命翰林晁迥、杨亿、杜镐、陈彭年、王曾与礼院详定祀汾阴仪注。辛未，内出脽上后土庙图，命陈尧叟量加修饰。九月甲午，命宰臣王旦撰《祀汾阴坛颂》，知枢密院王钦若撰《朝觐坛颂》。十月甲子，晁迥上祀汾阴乐章十首。十二月二十六日，诏进蔬食，群臣继请御常膳。己巳，帝制《奉天庇民述》，以示王旦等。四年正月，帝习仪于崇德殿。丁酉，奉天书，发京师，出潼关，渡河，次河中府。甲寅，以冯起为考制度使，赵湘副之。丁巳，至宝鼎县，奉祇宫有黄云随天书辇。戊午，斋穆清殿。庚申二鼓，上乘金辂，法驾继进，至脽坛，夹道设燎，周以黄麾下杖。辛酉，上服衮冕，登坛祀后土地祇。奉天书于左次，以太祖太宗配侑，亲封玉册玉匮。少顷，服通天绛纱，乘辇至庙，设登歌奠献。司天监言黄气绕坛，月重轮，大角光明。群臣拜舞称贺，诏改奉祇宫曰太宁。壬戌，御朝觐坛，受朝贺，大赦，赐天下脯三日，大宴群臣于穆清殿，御制《汾阴二圣配飨》，建宝鼎为庆成军，给复三年。乙丑，丁谓而下以礼成，献歌颂者四十二人，付史馆。丙寅，制汾阴礼成诗，赐百官。四月甲午，至京师。丁未，制西巡还京歌。己未，诏脽上后土庙上额为“太宁正殿”，周设栏。壬戌，增葺宫庙。六年八月丁丑，参政丁谓上《新修祀汾阴记》五十卷，诏褒之。七年十一月壬辰，陈尧叟上《汾阴补记》三卷。

以上俱见《通鉴纲目》及《文献通考》。

三、汾阴二圣配飨之铭碑（宋真宗御碑）（见图 3-150 至图 3-151）

该碑于大中祥符四年（1011 年）由宋真宗亲自书写刻制而成，立于坤柔圣母殿外东北侧院落碑楼中，与唐明皇碑楼并列。该碑于 1962—1963 年从淤积于泥沙的宝鼎县老城遗址中发掘出来，于 1965 年立在后土祠内修建的碑房中。

汾阴二圣配飨之铭碑（即萧墙碑），碑高 2.52 米，宽 7.14 米，楷书篆额，系北宋大中祥符四年（1011 年）宋真宗赵恒御制御书并篆额。该碑共有五块，紧密连接在一起，碑文共 1365 字，顶端为碑额“汾阴二圣配飨之铭”。大中祥符三年（1010 年），宋真宗命人维修祠中彩绘，第二年春天登祠祭祀并为后土祠撰写了这篇文章。碑文主要记述了宋真宗继先代帝王“祀郊封禅”之先例，略述应汾阴当地官员士绅及百姓之吁请，亲率百官来到汾阴祭祀后土，并拨重金，将后土祠坛进行一番整修，使庙貌焕然一新的全过程。文中盛赞了宋太祖赵匡胤和宋太宗赵炅的丰功伟绩，并将他们尊为“二圣”，配飨于后土祠受祀，取其“功高德隆，配享天地”之意。碑中有治国安邦的道理在其中，说

图 3-150 汾阴二圣配飨之铭碑

图 3-151 放置汾阴二圣配飨之铭碑的碑房

明他认识到了祭祀的重要性。此碑原立于宋真宗宝鼎行宫之外，由于是御制御书，官员觐见帝王时要在碑前整理衣冠及面圣之言语，故又称“萧墙碑”，也意在要求臣民对碑要像对皇帝一样尊敬。此碑虽然记录的是封建帝王歌功颂德的文字，但因是皇帝亲作并书丹，距今 1000 余年的它，已成为山西省名碑之一，亦是万荣后土祠镇祠之宝。

图 3-152　汾阴二圣配飨之铭碑局部

碑文如下：

汾阴二圣配飨之铭

编制御书并篆额

朕缅观旧史，历览前王，莫不事天明，事地察。以明察之志，格天地之休。在乎祇畏于神灵，严恭于祭祀。诚明昭感，坠典由是咸修；祉福来同，蒸民以之交泰。乃知萧乡之焉，方岳之巡，礼莫大于兹，文其何以阙。矧复安贞之理，博厚之功，窍以山川，丽乎草木。《书》云刚克，乾健是承；《易》曰无疆，资生攸在。岂止属事于北正，同礼于泰坛乎？脽上者，汾水之曲，巨河之滨，故魏之国都，旧晋之疆土。其俗富庶，接秦雍之郊；其民忠淳，被虞夏之教。地形诡异，神道依凭，中断洪流，揭成高阜。俯联修壤，崛起而崔嵬；下望平皋，斗绝而盘郁。故得传于简册，降厥祯祺。汉武采方丘之仪，视泰畤之制，因兹吉土，祀乎坤元。绛光烛坛，始彰厥应；黄云覆鼎，复启其祥。是以百谷蕃滋，本枝茂盛。绵载祀而虽久，瞻兆域而尚存。唐玄宗回兴于洛师，省方于冀野，视灵场之未泯，思多稼之能祈。洁粢丰盛，亲飨者再致。景风甘雨大有者累年。斯又精意感通，珍符丕显。既琬琰之斯刻，亦栋宇之云兴。国家眷命俯临，丕基肇建。太祖启运立极，英武圣文神德玄功大孝皇帝迫天意，顺人心，察璇玑，麾金钺，挹让以开国，征伐以济民。天下书文，自斯而一；域中黎献，由是而稣。合于上玄，佑乎率土。太宗至仁应道神功圣德文武大明广孝皇帝，承大统，恢至神，御萝图，调玉烛。武戢定而不杀，文经纬而化成。三代典刑，从兹而复；四方风俗，因此而同。醇化滂流，丕功尽善。顾惟眇质，嗣守鸿猷。虽曰继明，未能烛理；徒云涉道，罔获知方。常用战兢，靡思逸豫。惟祖宗之积庆，暨穹壤之降祥。政得其宜，人无其怨。九德咸事，四表来宾。中夏太宁，聊存于尉侯；殊方一贯，已息于橐犍。予且何功，神实垂佑！曩者，从傒望，答秘文，东狩以观民，上封而纪号。盛礼斯举，先志绍成。陟配岱宗，孝思克展。归格艺祖，庆赐方周。内顾之怀，弥深于若厉；盛德之事，岂暇于荐兴。而蒲坂之民，河东之守，咸言坤载，茂育群生，寔有方坛，备存旧址。囊封奏御，遐达于众情；玄冕接神，期观于巨礼。眷惟寡昧，何敢窃当！始诏公车，俾从拒绝。岂期庶尹，复贡佥谋。以为答玄休，祈繁祉，后辟之职也，蒸黎之愿也。止之，则谦尊之德在于一人；行之，则纷委之禧，集于兆姓。念固辞而靡获，乃增惕而勉从。由是，发至诚，告有位，充于祀事，畏乎俭而勿畏乎丰；奉于朕躬，戒乎繁而勿戒乎简。盖以达精意，非以振休声。上下克谐，人神交畅。役不愆素，工靡告劳。厥日惟良，厥仪斯备。临遣上宰，柴告于圜丘；祗率百官，祼献于清庙。既而整羽卫，驾车舆，不喧不哗，以涉乎夷路；有严有翼，爰届乎名区。用复揆灵辰，具嘉荐。惟精惟一，以奉乎苾芬；必躬必亲，如观乎仿佛。并配二后，昭累盛之基；咸秩五方，报嘉生之惠。序图篆，遵介丘之规；用牺牲，若北郊之度。八成而来格，三献而肃祇。乃命三公累石，以封信祝；乃驱五辂，执爵以谒严祠。将达至虔，岂循常度。诚恐行之不及，罔有知而弗为。既而考弥文，颁渥泽，朝群后，抚庶民，存问耆年，观览旧俗，加隆于先哲，增重于明神。固不足慰来休之谣，亦庶几协时巡之典。噫！结绳以降，垂衣而上，商周之前，莫能缕述；汉唐之际，可得详言。元鼎之隆，开元之盛，咸驻跸于郑上，并奠玉于泽中。今予冲人，踵兹盛则，何以追美于二代，交欢于三神。惟当竭寅畏之心，增乾巩之志。事明祇而如在，视黔首而如伤。居安思危，无忘于斋僳；守成如始，常冀于和平。一以继庆灵，一以达眷佑。至若刊乐石，镂信辞，亦明昭锡类之仁，传乎不朽；奉持盈之训，保乎益恭。铭曰：博哉厚哉，至矣柔祇。穹旻比大，生植攸资。乃育嘉谷，以食蒸黎。盛德必报，明祠在斯。瞻言脽上，允居汾曲。赤伏应符，黄灵受篆。咸著辉景，并昭祉福。肇建灵坛，式陈嘉玉。旧域虽在，盛礼莫陈。洪惟先后，俾乂兆民。实开丕绪，以暨冲人。徽猷仰继，阙典咸伸。初毕元封，方增惕厉。河潼之民，搢绅之士，篌望何劳，奏章叠至。愿举巡方，期观明祠。坚辞靡获，众望俯从。乃奉宝箓，言驾时龙。亲陟坛埤，并配祖宗。式申昭荐，庶达寅恭。既展至诚，爰颁巨庆。祐降两仪，功归二圣。祇答丕休，励精庶政。刻镂贞珉，发挥骏命。

大中祥符四年二月十七日，敕模荆石。

四、元刻秋风辞碑（见图 3-153）

元刻汉武帝《秋风辞》石碑，立于秋风楼内，碑高 0.58 米，宽 0.73 米。行书，阴刻，笔画凝重，体态端庄。据说是元代秋风亭始建时的原碑，碑身现已残损，可见明显裂纹，缺左上角，木架镶嵌。碑石正面书《秋风辞》，署有“大德丁未中秋日”款识及跋文，为元大德十一年（1307 年）所刻。

碑石正面《秋风辞》文：

秋风起兮白云飞，草木黄落兮雁南归。
兰有秀兮菊有芳，携佳人兮不能忘。
泛楼船兮济汾河，横中流兮扬素波。
箫鼓鸣兮发棹歌，欢乐极兮哀情多。
少壮几时兮奈老何！

五、清刻秋风辞碑（迁祠碑记）（见图 3-154）

该碑系清同治十三年（1874 年）八月所立，藏于秋风楼二楼。碑高 0.82 米，长 1.87 米，篆体阴刻，嵌在楼内北壁上，碑体完整：刻石内容分两部分，前为《秋风辞》全文，小篆，洪洞王轩篆，后为荣河知县戴儒珍跋语，楷书，叙述了刻石的经过和意义。

六、清同治迁兴后土祠名册碑（见图 3-155 至图 3-163）

该碑嵌在二连戏台建筑中央过道檐下墙内。

图 3-153　元刻秋风辞碑

图 3-154　清刻秋风辞碑

图 3-155　清同治迁兴后土祠名册碑之一

图 3-156　清同治迁兴后土祠名册碑之二

图 3-157　清同治迁兴后土祠名册碑之三

图 3-158　清同治迁兴后土祠名册碑之四

图 3-159 清同治迁兴后土祠名册碑之五

图 3-160 清同治迁兴后土祠名册碑之六

图 3-161 清同治迁兴后土祠名册碑之七

图 3-162　清同治迁兴后土祠名册碑之八

图 3-163　清同治迁兴后土祠名册碑之九

七、同治十二年至光绪六年迁建后土祠总账清单碑记（见图 3-164）

该碑嵌在山门建筑西侧檐下墙内。

八、宣统三年捐资碑（见图 3-165）

该碑嵌在山门建筑东侧檐下墙内。

九、光绪捐银碑（见图 3-166）

该碑系清光绪九年立于献殿两侧台基之上。

十、日月石旗杆（见图 3-167、图 3-168）

后土祠二连戏台南侧立着两根日月石旗杆，日月旗杆每根原有三截，下端为方形石礅，每截旗杆连接处为一方形平台。现旗杆只剩一截。古时见此旗杆，文官下轿，武官下马。日月旗杆上雕刻有联文："调元德普神恩远，保赤功巍惠泽流。"调元，意指后土娘娘在天地混沌之时，为人类创造了良好的生存环境。保赤，意指后土圣母有佑护孩子平安出生、健康成长之功德。

十一、金代铁缸（见图 3-169、图 3-170）

四个铁缸制于金代泰和年间，保存于坤柔圣母殿与献殿之间。

图 3-164　同治十二年至光绪六年迁建后土祠总账清单碑记碑

图 3-165　宣统三年捐资碑

图 3-166　光绪捐银碑

图 3-167　日月石旗杆之一

图 3-168　日月石旗杆之二

图 3-169　金代铁缸

图 3-170　铁缸上的龙形图案

第四章
建筑艺术

山西是我国古建筑存量最多、体量最大的地区，素有“中国地上古建筑博物馆”之称。依附于山西古建筑的木雕、砖雕、石雕、铁艺、琉璃等随着不同历史时期古建筑的发展和演进，得到大力发展，呈现出精彩绝伦的技艺和特色。

后土祠的建筑特色不仅体现在建造质量的精良上，更体现在生动逼真的装饰艺术上。这些装饰艺术以石雕、木雕、砖雕、琉璃、铁艺、绘画等不同形式展示。而砖石木雕以及铁艺绘画等，又以动植物、人物或色彩等进行内容上的丰富。如在山门、并连戏台、坤柔圣母殿、献殿、秋风楼等建筑上，都雕绘着形态各异的由不同动物、植物和人物组合而成的丰富多样的图案，赋予了建筑与众不同的艺术内涵。

万荣后土祠砖石木雕以及铁艺绘画等的发展，与山西地理环境、历史因素、经济发展等息息相关。山西地处黄土高原东部，华北平原西部，黄河中游，因大部分区域位于太行山以西、吕梁山和黄河故道以东而得名。[1]山西地区四季分明，夏季炎热少雨，冬季较为寒冷干燥，且有风沙侵袭，针对此自然条件，山西地区建筑需要具备防寒、保暖、防风沙的功能，因而山区常见窑洞，其他地域砖木结构的房屋比较多见。多种建筑材料的运用为砖石木雕的发展奠定了基础。

在古建筑学者眼中，山西是一片神奇的土地，这与山西的气候环境有密不可分的关系。山西气候干燥，具有古代木构建筑得天独厚的保存条件。更重要的是，也许正是山高谷深、地势多变的自然环境，导致山西部分地区在历史上相对封闭，使得这些珍贵的古建筑大多未受战火摧毁以及现代化建设的过度干扰，这一建筑宝库故而得以保存至今。据统计，中国元代以前的木构建筑，约有 80% 幸存于山西，而长治、晋城两市构成的晋东南地区，又在古建之林中独领风骚，无论数量还是密度，皆冠三晋。

---

1 参见王金平、徐强、韩为成：《山西民居》，中国建筑工业出版 2009 年版。

经济的发展促进了建筑、文化的发展，山西古建筑装饰的繁复，与晋商的活跃有密切关系。晋商的繁荣不是一蹴而就的，经过几轮经济发展的高潮，晋商积累了雄厚的资本，而传统的恋乡情结促使富商大贾在故乡修建豪宅大院，于是集建筑、文化、艺术于一体的大院在三晋大地建成。这些大院规模大、装饰巧、造价高，凝结了中华传统建筑的精华，在一定程度上影响着山西古建筑建造、装饰的发展。

建筑文化的发展依托于地域文化、民俗文化的发展，山西的地域文化受北方游牧文化和中原农耕文化的影响，两种文化的交融碰撞使得山西地域文化具有多样性。民俗文化流传于民间，在群众中代代相传、约定俗成，是人们进行生活、生产的重要精神依托。从图腾崇拜、自然崇拜，发展到成熟的佛、道、儒等宗教信仰和宗族价值观，极大地影响着山西古建筑三雕装饰的题材、形式等。[1]同时，山西是戏曲的发源地之一，戏曲也丰富了山西古建筑装饰艺术的形式、内容甚至是建筑格局，例如万荣后土祠在建筑装饰方面就受到了蒲剧的影响。

第一节 木雕

山西木雕是北方木雕的代表，实现了实用性与审美性、技术性与艺术性的完美融合与统一。历史上，山西木雕以其形神兼备、大气磅礴、古韵沧桑的特征曾风光一时，是华夏木雕不可缺少的部分。[2]后土祠的木雕在三雕艺术中占比较大，使用较多，无论在内容的表达上，还是技艺手法的运用上，都体现着山西当地浓郁的地方特色和文化特征。综观后土祠的木雕装饰，可谓比比皆是，每一栋建筑上都有木雕技艺。如在山门、戏台、献殿、坤柔圣母殿和秋风楼等各个建筑上，其木梁圆柱、屋椽斗拱、门楣挂落、栏杆、垂花、雀替等部位，都以木雕技艺进行营造和装饰，有的建筑部位的木雕具有古朴典雅、雍容华丽的格调，使后土祠建筑呈现出宏伟大气、富丽高贵的规模和气质，也凸显了木雕艺术在古建筑中所独具的装饰作用。

一、后土祠建筑上的木雕装饰内容

后土祠建筑上的木雕装饰内容题材广泛，内容丰富，通过借用不同的人物

---

1 参见冯巢：《浅谈西吉回族木雕艺术的社会文化背景及传承保护》，《大众文艺》2015 年第 13 期。

2 参见冯永荣：《山西民居木雕装饰图案研究》，山西师范大学硕士学位论文，2013 年。

和动植物形象，如孩童、仙人、龙、狮子、老虎、蝙蝠、喜鹊、凤凰、牡丹、梅花等，组成一幅幅生动逼真、图案鲜明的木雕图画。木雕装饰所展现的内容大致可分为吉祥寓意类、传说故事类、风俗民情类三大类别。

吉祥寓意类，如龙凤呈祥、金猴拜寿、喜鹊闹梅、凤戏牡丹、双龙戏珠等，表达吉祥寓意时，大都借用象征、谐音、表号等表现手法，借物抒情，借物隐喻，表达出人们对吉祥安泰、平安幸福生活的追求与向往。

传说故事类，主要有药神赐药、天官祈福、三清论道、五子登科等传说题材，反映了人们对延年益寿、生活安康、求吉避难、步步高升的美好夙愿和祈求。

风俗民情类，主要有耍狮、牧童、琴棋书画、当地人日常生活场景等，表现了晋南人民的社会生活和风俗习尚，这些木雕图案内容显示了当地人们对生活的热爱。

在后土祠传统建筑所展现的木雕装饰图案中，可以发现，几乎生活中所能见到的物象都可以成为木雕饰物。其中比较常见的木雕饰物大致可分为人物、动物、植物、器物、几何纹、字符纹等类别。植物类一般以牡丹、松树、莲花、葡萄、兰花等为主，这些植物因寓意吉祥，往往代表着人们对美好生活的祈愿。动物类的有龙、喜鹊、仙鹤、狮子等，它们在建筑装饰上，或单独呈现，或与其他动物、植物、人物等组成带有深层寓意的图画。如仙鹤与松树组合，具有“松鹤延年”的内涵；凤凰与龙组合，称为“龙凤呈祥”；鹿与梅花、寿星组合，称为“梅鹿寿星”，寓意福寿吉祥。这些吉鸟瑞兽在后土祠建筑木雕装饰中，主要用在额枋斗拱、雀替、挂落等不同建筑构件上。人物类的吉祥图案在后土祠的木雕装饰中极为常见，且取材广泛，主要有传说中的诸位神灵，如八仙、寿星、财神等，还包括戏剧故事中的人物形象以及日常生活场景。器物类的主要有宝鼎、宝瓶、香炉、供桌等。

这些饰物的表达运用，在后土祠不同建筑上各有侧重，山门上的木雕以花草和瑞兽为主，表现形式多样，给人耳目一新之感。山门匾额下的挂落是一块以回形纹为底、三种瑞兽对称分布的木雕。居中为一麒麟（见图 4-1），仰首回望，四爪腾空，爪下各踩一片祥云，尾部鬃毛随风而起，整个麒麟呈现灵动的翱翔之势。有诗云：“麒麟踏祥云，人间百难消。”由此可见麒麟有平安吉祥的寓意。麒麟作为中国传统瑞兽之一，除平安吉祥的寓意外，还有能为人带来子嗣的说法。民间普遍认为，求拜麒麟可以生育得子，故在民间也有“喜得麟儿”的说法。

图 4-1　山门匾额下的挂落木雕（上）及线描图（下）

麒麟木雕左右两侧各有一凤凰，凤凰展翅高飞，颈羽与尾羽随风飞舞，喙张开似在鸣叫。自古以来人们便认为，凤凰是百鸟之王，民间有凤凰浴火重生的传说，寓意永生不死。总体来说，凤凰是祥瑞，是爱情、高贵、永生的象征，凝结了原始先民对太阳的崇拜和鸟图腾的融合神化。

山门额枋上的木雕（见图 4-2）主体是正面龙首，其图案形式与东台檐下的龙非常相似，但龙的气质、形态存在较大不同。山门上龙首下颌宽阔，嘴角上挑，眉尾向下弯曲，整体的神态给人以和善之感。而东台前檐廊下的挂落木雕（见图 4-3）面容严肃，不怒自威，神秘而又庄严。山门上龙首木雕周围的花草纹样以柔和的曲线进行构图，且两侧牡丹花图案占比较大，从而弱化了龙首的存在感。而东台前檐廊下的挂落木雕中龙周围的装饰有明确的指向性，在花草纹饰的衬托下，中央的龙形象得到了强调。

图 4-2　山门额枋上的木雕（上）及线描图（下）

图 4-3　东台前檐廊下的挂落木雕

回形纹是中国传统图案之一，象征着源远流长、生生不息。其构成类似于横竖折绕而成的“回”字，因此被称为“回字纹”或“回形纹”。山门额枋上的木雕为龙与香炉的图案组合，在形式上与传统的回形纹类似，两条龙相背而驰，却又连接不断，龙身的装饰也与回形纹类似，是方形回环的样式。香炉的外形写实，器首、颈、腹、腿等结构十分明晰，为了使画面和谐，雕刻者在图案内部的装饰上采用了统一的卷曲线条。此块木雕如同铺陈展开的画卷，也有如书法般笔断意连的意境。（见图 4-4）

图 4-4 山门额枋上的木雕（上）及线描图（下）

山门斗拱多采用多层透雕、浮雕的雕刻手法，图案或结构间体现出一种似连非连、模糊的意趣之美。斗拱结构方面，多以花草纹样加以美化，两端以整朵盛开的牡丹为主体，其余部位饰以卷曲的花草图案。通过运用重复、对称等平面设计手法，使图案达到重心稳定、视觉舒适的目的。在卷曲的花叶之间，有的以鸟兽点缀其间，这种写实的表现手法，体现了以自然素材为雕刻元素的创作思想，反映出中国传统艺术受道家思想的影响，以自然之美为追求的艺术境界。（见图 4-5 至图 4-9）

图 4-5 山门斗拱线描图

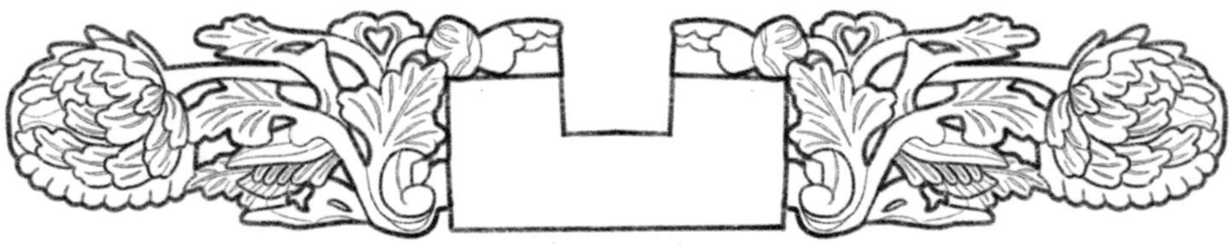

图 4-6　山门斗拱线描图之一

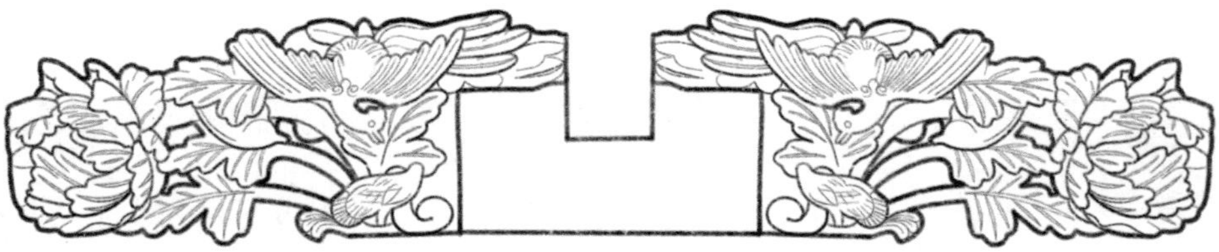

图 4-7　山门斗拱线描图之二

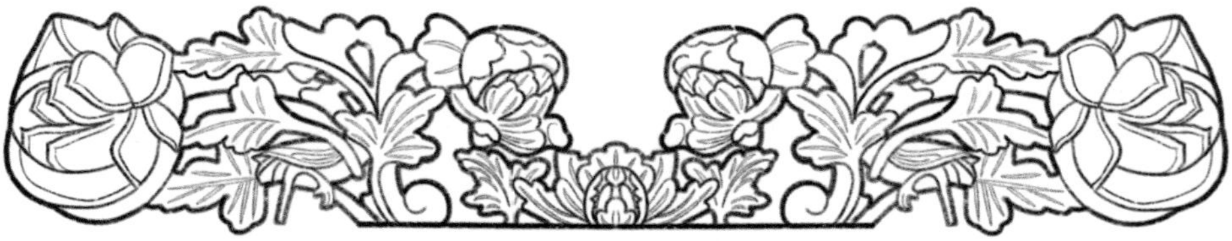

图 4-8　山门斗拱线描图之三

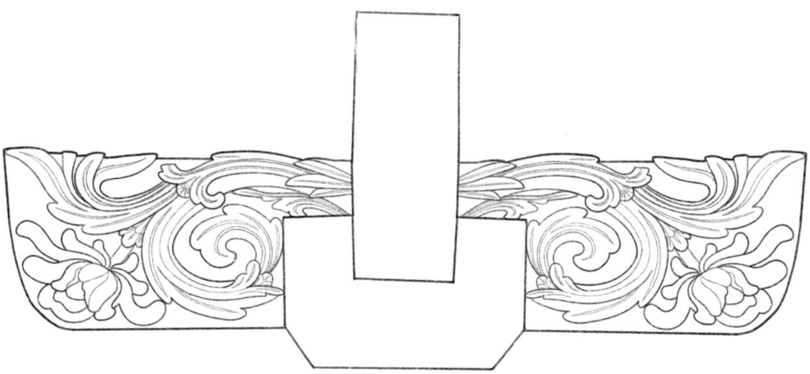

图 4-9　山门斗拱线描图之四

牡丹是花草图案中最常见的品种之一，被誉为“百花之王”，它有丰富的花色，不同的花色有不同的寓意。与牡丹相关的词语，如国色天香、雍容端庄、富贵吉祥等，皆因牡丹花型大而饱满、花色丰富艳丽之故。牡丹因其形状、香气给人一种优雅、高洁的感觉，也因以上特点，牡丹常常代表女性，久而久之，国色天香、雍容端庄等词成为形容女性样貌、气质的通用词语。总之，牡丹是富贵、圆满、高洁的象征。

在这些木雕中，常常会将不同形态的花朵造型相结合，例如盛开的花朵与花苞相配，视觉主体是盛放的花朵，为了主题的统一和画面的和谐，配合以花苞或草本植物，既不会喧宾夺主，又能使图案呈现立体的层次变化。山门斗拱木雕中，还会有鸟兽形象点缀其中，这样的组合更贴近自然，体现着广大劳动人民将自然事物提炼凝结为装饰图案素材的智慧。花鸟草木是生活中随处可见的事物，将其运用到建筑装饰中，是劳动人民生活的真实表达，也蕴含着他们对美好事物的向往。

山门穿插枋下的雀替也是以花草为主题雕刻的，与后土祠其他建筑上的雀替题材都不同。花草图案常常以卷草纹的样式出现。卷草纹是中国传统图案之一，图案一般以兰花、忍冬、荷花、牡丹等花草为原型，用艺术化的手法进行曲线化的处理。处理后的花草造型圆润卷曲，所以统称为“卷草纹”。

山门这两处雀替采用平直线构图形式，木雕上的图案自由舒展，花草向一侧伸展，体现出植物生长欣欣向荣的状态。因所用木材较薄，所以图案也只采用单一的透雕、浮雕等雕刻手法在一面雕刻。木雕上的花朵采用较为写实的手法，花瓣层次感、立体感交代得清楚明了，给人感觉更自然、真实。木雕的图案在花朵形体上添加祥云般的卷曲线条，使得整个图案更有审美艺术性。（见图 4-10、图 4-11）

图 4-10　山门上的雀替线描图之一

图 4-11　山门上的雀替线描图之二

山门北面的过亭台与并联戏台构成“品”字形戏台，过亭台额枋下的木雕外轮廓根据木雕图案分布和走向发生变化，木匠师傅将其处理得极为生动。木雕中的图案呈轴对称分布，画面中骑着麒麟的人物形象好似相对而行。与后土祠其他木雕中的麒麟形象相同，过亭台此块木雕上的麒麟张口而啸，爪下祥云飞动，带起鬃毛飞扬。麒麟脚下的祥云与身后的花草交织，图案过渡十分自然。花草掩映之间，有鸟兽怡然自乐，整个画面呈现和谐之美。（见图 4-12）

图 4-12　过亭台额枋下的木雕（上）及线描图（中、下）

位于山门北面过亭台柱头部位的木雕，在构件连接处起到装饰作用。正中为一凤凰展开双翅俯冲向花叶之间，兽首向一侧偏转，画面灵动富有变化。凤凰的翎羽由上而下分成五层，雕刻细腻真实，生动传神。羽翼两侧各有一朵莲花，莲花旁的莲蓬结了饱满的果实，一只鸟在花叶掩护下偷偷露出头来，啄食着莲蓬中的莲子。木雕两侧两朵大而饱满的花朵构成了画面的平衡点，这是后土祠木雕最常用的构图手法。(见图 4-13)

图 4-13 过亭台柱头的木雕（上）及线描图（下）

并连戏台的木雕以行龙、蕙草和花卉为主，一般用在民间寺庙、祠堂等公众类建筑上的龙的形象，多以变异的草龙形态出现。并连戏台东西两台前檐廊下的挂落图案栩栩如生，三爪草龙攀行于牡丹花丛中，矫健的龙身缠绕蜿蜒，龙鳞坚实细密，左爪犀利，与周围的牡丹花卉浑然一体，枝繁叶茂的牡丹花卉以枝蔓作为骨架，向上下、左右延伸，连绵不断，枝蔓之上左右两边还雕刻着两只展翅待飞的喜鹊。双条草龙之间，是一只栩栩如生的金猴木雕。金猴端坐于整幅图画中央，脚踏祥云，脸部轮廓、五官和表情雕刻得极其细腻生动。现存的金猴双臂已断，但从造型上仍依稀可辨一只手捧着硕大的寿桃，应为“灵猴献寿”。猴子敏捷机灵，是集智慧与勇气于一身的祥瑞动物，而“猴”与“侯”同音，也寄托了加官晋爵的美好愿望。桃子被人们视为福寿吉祥的象征，因此“灵猴献寿”有封官晋爵、健康长寿、幸福美满的寓意。（见图 4-14）

图 4-14　西台前檐廊下的挂落木雕（上）及线描图（下）

前檐廊下的整幅木雕图案雕刻线条流畅，节奏明快，层次分明。木雕图画象征着“生生不息”之意，寓意着吉庆祥瑞。挂落下的雀替为花卉图案和传说中的天官人物，天官头戴官帽，手持玉圭，虽面积不大，却也刻画得生动形象。天官衣袍上的褶皱雕刻细致入微，表情刻画惟妙惟肖，足以见得雕刻工匠技艺纯熟。（见图 4-15）

图 4-15 挂落下的花牙子

再往上，额枋上部的垂花之间的挂落仍以草龙图案为主，与下方挂落不同的是，上方挂落上龙的形象为草花龙，采用抽象的雕刻手法，龙头连着以卷草纹形式雕刻出龙须、龙身和龙尾，尤其龙尾处的卷草纹样更是形象生动，卷曲多变的线条流畅圆润，叶片卷曲舒展，饱满而富有弹性。草花龙同样采取左右对称的雕刻方式，两条龙中间是抽象的“寿”字形图案，形成“双龙祝寿”的吉祥寓意。

东台前檐廊下的挂落木雕装饰与西台基本相似，同样采用龙与牡丹花卉组图的形式，只是龙纹雕刻又大有不同，东台的龙形图案以回纹形为龙身，龙身高高弓起并弯曲，俗称“拐子龙”。图案正中亦是拐子龙形象，龙眼大睁，龙须飘逸，龙爪尖利有力，片片龙鳞细腻清晰，盛开的牡丹花簇拥周围，威严而高贵。拐子龙左右两侧各有一条龙相对而望，龙的身形灵活，爪下乘祥云，似要腾空而起。木雕两端刻有展翅的喜鹊，整个画面呈现出一片祥瑞之兆。（见图 4-16）

图 4-16　东台前檐廊下的挂落木雕（上）及线描图（下）

后土祠献殿上的木雕装饰以花卉、狮子、凤凰和人物雕刻见长；松、竹、梅、兰多具韵味。传说中的神仙组成具有故事性的图案。狮子威猛，可镇殿避邪。献殿前檐廊下木雕，图案丰富多样，雕刻极尽繁富，廊下斗拱、额枋、挂落和柱头上部，凡能装饰之处，都有精美的木雕图案。（见图 4-17、图 4-18）

图 4-17　献殿木雕装饰

图 4-18 献殿前廊下的木雕

献殿前廊共有五块挂落，每块挂落上的图案都由一整块核桃木雕刻而成，除正中间的挂落图案有丰富的情节内容外，其余四组挂落图案两两相同，呈左右对称分布。正中挂落图案由狮子、喜鹊、梅花和翠竹组成。三只狮子位于图案正中，嬉戏绣球，形态迥异：一只狮子口衔绸带，翘然回望，双腿后蹬；一只狮首前倾，追逐绣球；中间一只狮口怒张，回首而望，锋利的牙齿外露，长舌向外伸出，似听到狮吼声震彻长空。三只狮子被雕刻得细腻逼真，狮身和狮尾上的毛发根根分明，顺滑服帖。狮子周围是弯曲伸展的梅花，两只停憩在枝蔓上的喜鹊，神态悠闲，相向对望。挂落左右两端是雕刻的翠竹，左右对称。整幅图案内容活泼生动、吉祥喜庆。（见图 4-19）其余两两对称的挂落，以卷草纹和回形纹相组合，雕刻成花样烦琐的花卉图案，或者雕刻成变形的“寿”字纹。（见图 4-20）

图 4-19 献殿挂落上的狮子木雕（上）及线描图（下）

图 4-20 献殿前廊挂落上的卷草纹和回形纹木雕（上）及线描图（下）

在献殿前廊额枋上，分别刻着五组木雕图案，左右两端的两幅图案内容相同：中间有一个置于底座之上的三角鼎，上饰萱草纹，整个器形呈扁平状，鼎身宽远大于鼎高，因此三足鼎显得很稳，是整个画面的焦点。鼎置于莲花盘座上，三瓣肥硕的花瓣在前，两瓣隐隐在后，露出了一点尖角。莲花向来象征如君子一般的高尚品德，代表清正廉洁、纯洁无瑕。鼎的左右围绕着卷草纹样，整个画面呈现对称之美。（见图 4-21）其余三幅图案雕刻着民间木雕中常见的吉祥题材，如天官祈福、和合二仙、三清论道等。在献殿前廊额枋正中位置，雕刻着一组三清论道图（见图 4-22）。图画面正中是玉清元始天尊，左为上清灵宝天尊，右为太清道德天尊。这三位仙人峨冠博带，长须飘飘，或手拿芭蕉扇，或手持展开的卷轴，或手端放于胸前。三仙神态安详，作相互交谈状。三仙两侧各有一张桌几，桌边饰以方形云纹，上置花瓶、香炉等摆件。在桌几和仙人中间各有一龙头，胡须皆为方形纹饰，其身体与方形纹饰的背景相融合。

在献殿前廊额枋上，雕刻着两组天官赐福木雕，每幅图都由一块完整木板雕刻而成。虽然两组木雕的寓意相同，但人物形态各异，图案中所用的吉祥饰物也不同。右侧的木雕为天官祈福图（见图 4-23），天官同样为朝官装束，身后童子手拿掌扇，但天官面前雕刻着一只盛着莲花图样的竹篮，天官对着花篮双手作揖，意在为下界百姓祈福求平安。图中以松柏、仙鹤和瑞鸟装饰左右，尽显祥瑞。左侧为天官赐福图（见图 4-24），木雕中的天官为朝官装束，长须飘逸，慈眉善目。右手拿一个圆形的木盘，左手扬起，手指微合，欲将福瑞洒向人间。身后的童子手拿障扇，紧随其后，童子后是一只回首翘望的瑞鹿，周边又以松柏和梅花装饰。百姓认为天上福星高照，地上便会风调雨顺、一派祥

图 4-21 献殿前廊额枋上的木雕（上）及线描图（下）

图 4-22 “三清论道”木雕（上）及线描图（下）

和。人们敬奉福神，以祈求天官赐福、降福，带来好运。两组图案，一祈一赐，左右呼应，呈现了祈福消灾、福降天下的全过程。

图 4-23　“天官祈福”木雕

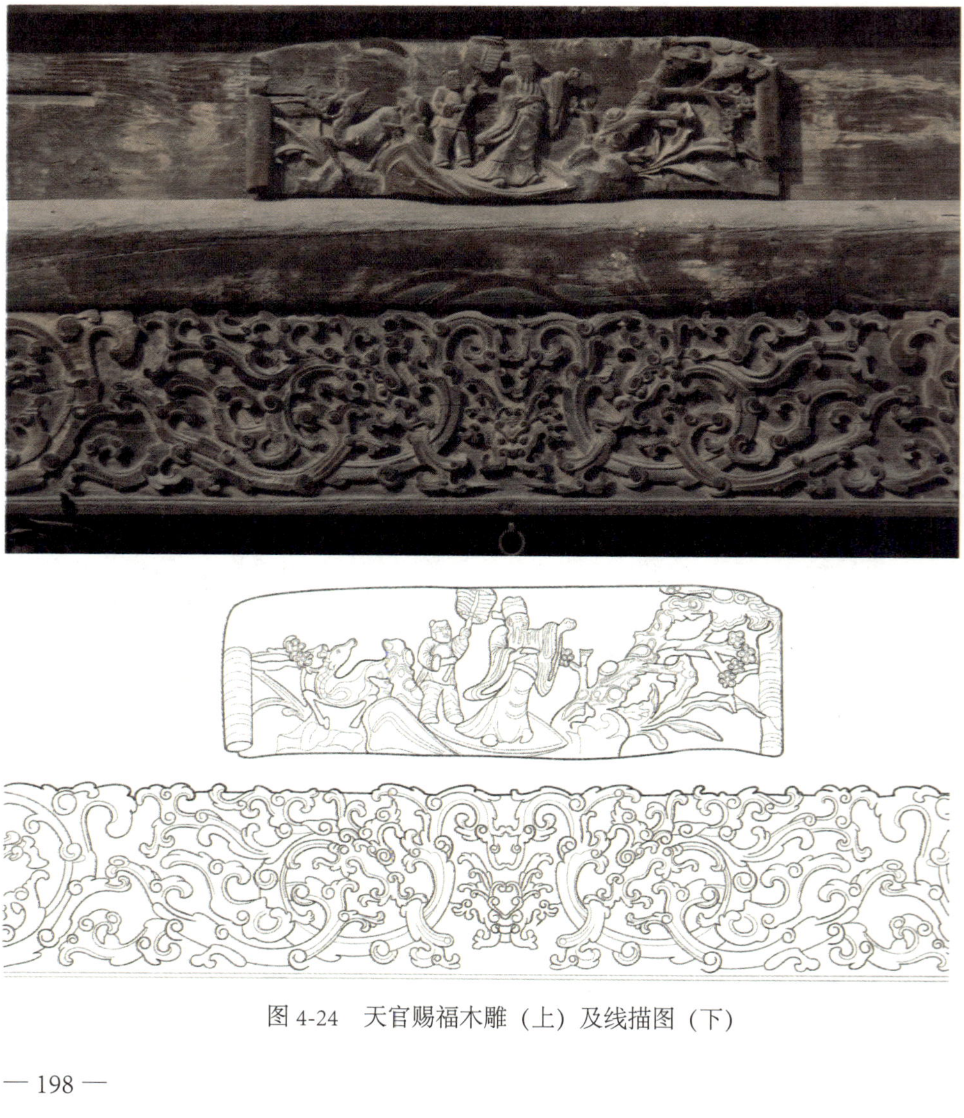

图 4-24　天官赐福木雕（上）及线描图（下）

在献殿和坤柔圣母殿前廊檐柱上，圆柱顶部都雕刻着柱头雕花，其雕刻图案精美细致。献殿前廊檐下共设有六根圆木立柱，每根柱头上部均有柱头雕花。因两侧的两根立柱置于墙体内一半，故柱头雕花也是以半图式呈现。其余四个柱头雕花图案相同，两两对称。柱头木雕的图案主要由脚踩绣球的狮子和盛开怒放的牡丹花组成，工匠们发挥艺术想象力，采取浪漫而神瑞化的方式，将狮子的威猛与牡丹的妖娆组合在一起，一刚一柔，形成鲜明对照。（见图 4-25）

图 4-25　献殿廊柱上的柱头木雕（上）及线描图（下）

狮子自古以来就是人们心中的瑞兽，因其极具威严，故有“百兽之王”的称号。在佛教认知中，狮子是文殊菩萨的坐骑，为驱邪之象征。绣球是常用在传统婚礼中的物品，颜色鲜艳，有吉祥喜庆、好事连连的寓意。因此，狮子滚绣球就寓意着消灾、驱邪，而好事马上就要降临，所以常言道："狮子滚绣球，好事在后头。"

香亭檐下的挂落木雕（见图 4-26）图案同样精美繁复，不同立面的挂落都刻着相异的图案。最繁复的当数香亭正面挂落图案（见图 4-27）。该挂落由孩童、麒麟、仙翁和枝叶组成。挂落正中下方是两个相互拥抱的孩童，挂落两侧是两位仙翁，仙翁长须飘飘，手托木盘，盘中放着一只瑞兔。与仙翁相邻处又各有一个骑着麒麟的孩童，孩童侧身回望，麒麟昂首张口呈奔跑状。挂落主体铺满牡丹枝叶，疏密相间，枝繁叶茂。整幅挂落尽显精致华丽。香亭侧立面挂落主体是盛开的莲花，兰草在莲花的周围蔓延展开，叶片末端采用了形态过渡的手法，叶片渐变为丝带般的图案，模糊了叶片形状的具体边界，这样的处理手法富含浪漫气息。

图 4-26　香亭檐下的挂落木雕（上）及线描图（下）

图 4-27　香亭正面挂落木雕

坤柔圣母殿木雕雕刻以浓郁的生活气息著称，其中以正殿挂落正中位置一组四层的镂空透雕（见图 4-28）最为出色，整个图案由一整块核桃木雕刻而成，雕刻手法极为细腻，线条流畅自然，图案丰富生动，真实地反映了明清时期后土祠一带的风俗人情。画面上的人物或相向而坐，或三人成群对话交谈，画中树木粗壮茂盛，房屋、凉亭、小桥一应俱全，整个画面十分悠闲自在，可以说是一幅木雕版的《清明上河图》。

图 4-28　正殿挂落正中位置的镂空透雕

在正殿前廊额枋上，还雕刻着五组木雕图案。正中一组图案中，雕刻着五个天真可爱的孩童，取“五子登科”之意，孩童两侧硕果累累的葡萄挂满枝头，寓意“多子多福”（见图 4-29）。画面中五个小童神态、动作各不相同。画面中央的小童梳着角髻，一手扶着铃铛，一手似在提醒、阻止身旁另一小童。他身旁这一小童梳着双髻，只见他手中拽着最左侧小童的发髻，脸上露出了俏皮可爱的表情。而被他抓住发髻的小童似是吃痛，张大嘴巴像在呼喊，又弯腰低头，似要将发髻从旁人手中挣出。这一画面让人忍俊不禁，深深感受到孩童的活泼、调皮。反观右侧两个小童，最右侧的显得怯生生，似要藏在同伴身后，又似要捉迷藏，与其他小童嬉戏。挡在他身前的小童也似要与其他小童玩闹，马上加入其中。这五个小童身后便是长得丰硕的葡萄和葡萄藤，几串硕大的葡萄挂在藤上，将贪吃的小兽引来，它们在左右两边相背而驰，口中各衔了一颗葡萄。向茂密的枝叶中看去，还有一只小兽悄悄探出了头，像立刻衔住了葡萄又马上钻回枝叶深处。木雕刻画细腻、精致，将孩童的天真烂漫表现得淋漓尽致。

“五子登科”木雕左侧的一组木雕是“踏雪寻梅”（见图 4-30）。图案采

图 4-29　“五子登科”木雕（上）及线描图（下）

取透雕手法，图画中一位老者峨冠博带，骑着驴子，悠然自得地踏雪赏梅归来，一童子手里拿着采摘的梅花，兴高采烈地跟在后头。过去的二匠师傅用“踏雪寻梅”（见图 4-30）为题材雕刻，不仅刻画出文人雅士赏景吟诗之情趣，也隐喻着“不畏风雪为寒香”的做事精神。图案周围用枝繁叶茂、硕果累累的桃树作衬托之物，整幅木雕景物比例适当，人物情态相呼应。

图 4-30　“踏雪寻梅”木雕（上）及线描图（下）

正殿额枋最外侧的一组图案亦采用透雕手法，图案中间放置着一个翘头案几，案几上面摆放着一个屏风，屏风上面雕刻着一只威风凛凛的麒麟，屏风两侧摆放着两只宝瓶，瓶口内各插着一块抽象的玉如意，寓意着“平安如意”。案几左右两侧各摆放着四个圆肚细颈宝瓶，两两相同并对称。其中有两个宝瓶的形状为鸟身形状，造型奇特。木雕图案四周用卷草纹样雕出较为抽象的四个龙首，各分布在上下两层，呈左右对称。整幅图案呈现出吉祥如意的主调。（见图 4-31）

正殿挂落上的木雕图案亦多以透雕手法雕刻。其中一组挂落图案雕刻着桌

图 4-31　正殿额枋上的木雕（上）及线描图（下）

几、花瓶、酒杯、铜镜等饰物，可以说是当地百姓屋内日常摆设之写照（见图 4-32）。图案正中是一张案几，案几之上供奉着一个鼎，鼎两旁各摆放着一个圆腹细长颈的宝瓶，寓意平平安安。案几左右两侧各雕刻有一个托盘，托盘上面摆放着两个木雕酒杯，其中一个杯子里有一个小人，一个是青铜爵，酒杯造型精巧奇特，寓意深刻，富含哲理。有小人的杯子叫“公道杯”，也叫“平心杯”，有人又称之为“永远倒不满的杯子”，意即喝酒时酒只能倒在小人胸脯位置，如果想偷偷地多倒一点，酒就会从杯底下的眼儿里漏走，喝不着。喝酒时不可多倒也不可倒满，以示公道、平心，其实它还寓意着人们做任何事情都要留有余地，不可做得过满，过犹不及。青铜爵，又叫“止酒杯”，两根小柱子除具有装饰作用外，还有一个重要的功能，即当人们喝酒时，酒杯倾斜到一定程度，两根小柱会顶住喝酒人的鼻子，让他不至于将酒一饮而尽。同时这也是在提示喝酒人，酒虽好，但不可过量，不可因饮酒过多而犯杀伤盗淫之过失。由于古代的酒杯多大于现代人所用酒杯，这种隐喻的劝酒方式，既精心又不失礼节，可谓煞费苦心。整幅木雕图案除日常生活常见装饰物外，周边还用卷草纹样进行装饰，同时又雕出一个草花龙首图样。

献殿北侧额枋上也有日常摆设类的木雕。画面正中有一案几，案几上的雕

图 4-32 正殿额枋上的木雕（上）及线描图（下）

刻十分细腻，可见莲花与波浪般的纹饰。在案几的上方又有一虎头探出。案几落在两个龙首上，在龙首与案几之间还有象征吉祥的如意雕刻。画面中共有四个龙首，每个龙首旁各有一宝瓶，居下的两个龙首头部托起宝瓶，居上的两个龙首张口与瓶嘴相对，似要将瓶中之物一饮而尽。龙首之间和宝瓶之间遥相呼应，使此木雕在构图上体现出均衡的美感。（见图 4-33）

正殿最外侧挂落上是一幅由宝鼎和花瓶组成的木雕装饰。画面正中有两只鼎上下叠加在一起，鼎的左右两旁各放置着一个细颈肚圆的宝瓶，瓶内插着盛开的梅花，右边宝瓶下角停留着一只静态安详的瑞鸟。最左右两边图案亦呈对称性雕刻，分别雕饰着鼎和宝瓶，只是年月日久，最外侧左右两边的图案都有不同程度的缺损。在宝瓶和鼎之间是线条流畅的卷草纹饰，连绵缠绕的线条将整幅图案完美地组合在一起，使整幅图案既简洁又美观。（见图 4-34）

坤柔圣母殿前廊檐下同样有六根圆木立柱，每根圆柱顶部都雕着柱头雕

图 4-33　日常摆设的木雕（上）及线描图（下）

图 4-34　正殿挂落的木雕（上）及线描图（下）

花。除最外侧的两组木雕因为圆柱嵌于墙体一半，呈半幅图案外，其余四组柱头雕花都是一幅完整图案。与献殿柱头雕花都是狮子牡丹图案不同的是，正殿上的柱头雕花每幅图案各不相同，除有花卉之外，还有人物、凤凰等饰物。

正殿前廊下的柱头雕花（见图 4-35）中是一长须老者带着随行小童，小童手持物品立侍老者之后的图画。背景为花草鸟兽组合的图案，两只喜鹊立于花枝上，喙微张似在鸣叫。在向往美好生活的劳动人民耳中，喜鹊的叫声与“喜事到家、喜事到家”类似，因此喜鹊被视为吉祥的象征，也寓意着喜事临门。

在后土祠建筑中，凤凰也成为装饰中必不可少的祥瑞之鸟。献殿和正殿木雕上所用的凤凰的形象主要出现在挂落、额枋、柱头等构件上，通常会与牡丹、

图 4-35 正殿前廊下的柱头木雕（上）及线描图（下）

龙等组成“凤戏牡丹”“龙凤祥瑞”等图案，寓意着高雅富贵。在工匠的刻刀下，凤凰的形象或简中有繁，或拙中见巧，姿态多变，如凤首回望、凤尾上翘、凤喙轻啄花叶等，皆栩栩如生，运线流畅。有的图案还会用卷草纹样雕刻出凤凰图样（见图 4-36），流畅婉转的卷草纹线条，雕刻成凤凰灵活的身体，双凤相背而对，两朵硕大的牡丹花镶嵌左右，寓意着吉祥富贵、好事成双。因凤凰有太平盛世、天降祥瑞的吉兆，所以用于后土祠建筑上的凤凰形象，也是古时建造者希冀国泰民安，一方百姓安居乐业的美好愿望。

秋风楼柱、枋、拱的木雕雕饰技法不同，风格各异，艺术造型与建筑本身堪称小木作之精品。

图 4-36 献殿上的双凤木雕（上）及线描图（下）

秋风楼二楼以上的建筑均是木质结构，与并连戏台、献殿和坤柔圣母殿上的木雕图案不同，秋风楼的木雕技艺更多地表现在其建造结构上，整个楼体的木质结构充分体现了那个年代的工匠技艺，它在吊柱、额枋、斗拱等不同构件上的木雕技艺和手法高超精妙，堪称中国木雕界的名楼之一。秋风楼楼体下方是精雕的吊柱，雕刻华丽，工艺尤为精湛。吊柱共 28 根，代表了汉光武帝的云台二十八将。秋风楼的木雕主要运用了浮雕、透雕和圆雕的手法，形式多样，建造讲究，工匠们运用精妙的榫卯结构，将柱、枋、拱巧妙插接，尽显秋风楼的巍峨壮观、沉稳庄重，也充分展示出匠人们的建造智慧。

秋风楼立柱上的花牙子采用透雕手法，所用木板雕刻图案一般有卷草纹、回形纹、牡丹花、夔龙纹等，用料轻巧，应用在立柱之上，使单调的立柱显得清雅活泼（见图 4-37、图 4-38）。秋风楼木雕，形式多样，圆雕、浮雕和透雕精美大气。斗拱拱头装饰各异，有方形或团状卷草纹图案装饰，或者直接浮雕植物、瓜果图案，也有扑云纹样图案装饰；额枋下挂落及两侧雀替也布满木雕装饰，浮雕或透雕雕刻各种植物、瓜果或鸟类，如仙鹤、鸳鸯等，有着硕果累累、多子多福的吉祥寓意。最上层内部顶上一圈放有多个起支撑作用的云墩，云墩上饰以祥云、植物和果实的图案。[1]

图 4-37 秋风楼立柱上的花牙子木雕（左）及线描图（右）之一

---

1 参见苗保军：《山西后土祠秋风楼建筑浅析》，《建筑与文化》2017 年第 12 期。

图 4-38　秋风楼立柱上的花牙子木雕（左）及线描图（右）之二

秋风楼上枋（见图 4-39）的图案，相较后土祠其他建筑的更为抽象，因此只能将这些图案看作是某一物体的延伸，如画面正中的图案与打结的绳索相似，绳索将上下不接触的两部分联系在一起。两侧转角处的图案类似于抽象化的龙，好似龙正张口而对。整个木雕中的图案首尾相接、似连非连，给人留下了非常丰富的想象空间。秋风楼内的斗拱（见图 4-40 至图 4-43）在形式上是相同的，皆为左右对称的图案。坐斗为蝙蝠展开双翅的形象，蝙蝠翼手抓住物体，好似

图 4-39 秋风楼上枋的木雕（上）及线描图（下）

攀于木雕下缘，寓意福到眼前。拱上的图案有龙、凤、梅、竹等。凤凰似在展翅飞翔，身下的祥云图案既丰富了画面，又使画面边缘清晰完整。工匠的又一巧思在于，凤尾与凤首的方向一致，而尾羽呈现自然舞动的幅度，既能使画面生动有趣，又能均衡画面构图，最后形成的画面效果符合斗拱上宽下窄的规律。龙的形象的构成与凤凰有异曲同工之妙，但与凤凰形象不同的是，龙的形象为龙首与草木图案的结合，为了与草木图案融合，龙角与耳朵部位修饰成叶子的式样，充满了意趣。

图 4-40　秋风楼内的斗拱（左）及线描图（右）之一

图 4-41　秋风楼内的斗拱（左）及线描图（右）之二

图 4-42　秋风楼内的斗拱（左）及线描图（右）之三

图 4-43 秋风楼内的斗拱（左）及线描图（右）之四

二、后土祠建筑上的木雕装饰技法与特点

1. 图案内容与寓意的相似性

后土祠木雕装饰图案包括植物图案、动物图案、人物图案等，样式丰富，这些图案所凝结成的木雕艺术作品，都寄托着人们对美好生活的向往和期盼。如龙凤、麒麟、蝙蝠、喜鹊等皆为祥瑞的化身，象征吉祥如意、福气绵延；梅、兰、竹、菊因其纯净、不屈的气质，向来代表着文人志士高洁的思想品德；寿桃、神龟、仙鹤、寿星等皆象征长寿，松树与仙鹤又称“松鹤延年”，神龟与仙鹤又称“龟鹤同寿”；灵猴、鲤鱼等形象有着升官、飞黄腾达的寓意。由此看来，这些图案内容的寓意具有某种相似性。

2. 木雕图案的对称性

后土祠的木雕内容十分丰富，构成形式复杂多样，这也造就了后土祠木雕精美繁富的景象。虽然每一块木雕的表现手法不同，但在图案的构成形式方面呈现出有章可循的规律。对称性是后土祠木雕乃至山西木雕的显著特点。后土祠的木雕中图案对称分布的占比很大，究其原因，对称性是中国传统建筑遵循的美学原则，无论是建筑平面布局还是装饰图案的设计，对称性这一原则无处不在。采用对称的布局方法使得画面整体的中心平衡，给人以舒适的视觉感受。当表现的形式、内容与感官的舒适相结合，便有了规律、和谐、庄重的感觉。后土祠建筑上的木雕基本为左右对称的形式，这种对称性形式基于建筑构件本身的结构走向，如木雕装饰较多的屋椽斗拱、门楣挂落等处，皆为左右尺寸大于上下尺寸的构件，为了舒适的视觉感受，木雕的图案分布向左右两侧延长。除了木雕本身结构、图案左右对称，木雕与木雕间也呈对称分布，如图 4-44 所示秋风楼内部构件，呈左右对称分布。

完全对称也许会显得死板、刻意，于是在后土祠建筑的木雕中我们可以看见统一中存在着变化。木雕的整体构图是对称的，如同一图案在左右两侧的占比是均衡的，图案的走向、人物的动态一致向中心靠拢，因此整块木雕重心稳定，观赏舒适。正殿挂落下的木雕符合上述特征，但细节处左右两侧的图案又各有特点，这类木雕是以结构对称的方式呈现的。结构匀称的木雕差异存在于各个元素之间，各个元素各不相同却存在着某种关联，使得图案的各个成分之间有内在的呼应关系，因而在整体结构上仍然呈现对称形式的秩序美。[1]

图 4-44　秋风楼内部构件

第二节　砖雕

在我国源远流长的历史长河中，古建筑文化令人叹为观止。山西古建筑质量极高，与砖雕装饰文化内涵深厚有一定关系。山西的砖雕极具北方风土人情，展现出庄重大方的风格特色，有着极为舒适的视觉感受和很强的艺术观赏性。山西古建筑的砖雕普遍应用于砖木结构的建筑中，常见于影壁、花墙及门楼等。后土祠砖雕艺术集中体现在影壁及墀头，这些砖雕不仅工艺精美，图案线条流

1 参见赵静、高国珍：《浅析山西民居木雕图案的特点》，《中国校外教育（理论）》2009 年第 8 期。

畅，雕刻内容形象生动，而且注重情节、构图，砖雕因而充满故事意味和文化内涵。

后土祠砖雕题材来源于动植物、常见器物，其中龙的形象极为常见，后土祠建筑上龙的形象主要用在屋脊两端、影壁、石柱础、挂落等处，尤以屋脊两端鸱吻最为醒目。宋代叶梦得《石林燕语》中有这样一句：“其制设吻者为殿，无吻不为殿矣。”后土祠建筑的屋脊两端鸱吻主要是三龙吻兽形象（见图4-45）。两只龙头位于下端，其中一只龙头作张口吞脊状，一只龙头朝向外侧张望。两只龙头上端再置一青龙，龙首向内，与屋脊另一端青龙的龙首形成对望之势。龙嘴大张，利齿外露，怒目圆睁，似洞察一切，龙鼻高翘，龙爪遒劲，向上伸展，龙耳是顺风耳，龙耳两侧有雕刻成卷草纹样的鬃卷，与龙耳都呈顺风向，向头后方向飘去。龙身上的鳞片、龙须等雕刻细腻，清晰可见。有的龙尾向上翘起后，又向内侧卷曲，宛如一朵盘花形状。屋脊两端安置鸱吻可用来厌辟火灾，镇宅避邪。

后土祠建筑上的照壁墙多采用“八”字形影壁。宋代《营造法原》对照壁墙的砌法有具体的描述：照壁墙“托浑起线以上做抛枋，上出飞砖至瓦口，屋

图 4-45　三龙吻（左）及线描图（右）

顶作硬山，筑纹头、哺鸡脊。其精美者往往于抛枋之上置定盘枋、坐牌科、架桁椽以承屋面。亦有施枋三或二重者，可谓备极华丽”[1]。坤柔圣母殿左右两旁设置的八字形影壁，影壁建造精良，左边影壁墙建造考究、结构完整，整面影壁由壁座、壁身和壁顶组成。壁座用青砖雕成“几”字形，底座上部雕刻卷草纹。壁身砌出框架，框芯上面左右两角有用砖雕成的吉祥动物蝙蝠，寓意“福从天降”。壁框四周用花卉和中间带有方孔和圆孔的图案连接而成的饰链进行装饰。壁顶为硬山式，顶上装筒瓦，并有滴水和瓦当，檩椽用砖砌成，壁顶两侧有墀头，造型简洁，无雕饰。平板枋下雕刻用一排花朵纹和钱币纹的组合进行装饰。壁身上下两端各置四个窗框，上端窗框内从右向左分别雕刻着琴、棋、书、画四艺，下端窗框内雕刻着造型各异的花卉和宝鼎。

整个影壁最引人注目的是一幅栩栩如生的“鱼跃龙门”图案（见图 4-46）。一条体态矫健的飞龙占据壁身三分之二的面积，奔腾在云雾之中。巨龙龙爪雄劲，细细的胡须根根生动顺滑，龙鼻高翘，龙口怒张，怒睁着的两只铜铃般的大眼，俯瞰着下方波涛汹涌的大海，龙尾长而有力地摇摆在空中，片片龙鳞被雕刻得清晰细腻。在波浪翻滚的大海之上，一条鲤鱼探出头来，鱼头高昂，大大的眼睛透着一丝畏惧和胆怯，微张的鱼嘴又好似向空中的巨龙挑战呐喊。一幅生动逼真、故事性强又极富感染力的“鱼跃龙门”图被工匠们雕刻得无比传神。后土祠距龙门只有 30 多千米。龙门，最早记载于《尚书·禹贡》：“导河积石，至于龙门。”因战国时期魏国的军事要塞皮氏邑位于河津市，汉代在此置皮氏县。北魏太平真君七年（446 年），改为龙门县，从此“龙门”专指今河津。河津位于山西省西南部，运城市西北角，汾河和黄河交汇的三角地带。河津东临汾水与稷山县为邻，西隔黄河与陕西韩城市相望，南有台地与万荣县毗连，北依吕梁与乡宁县接壤。“河津”一词首见于汉代地理名著《三秦记》：“河津，一名龙门。”意谓黄河津渡。据地质学家考证，龙门形成于第三纪喜马拉雅造山运动和 200 万年前的地壳运动。因其河道极为狭窄，浩荡波澜的黄河水流经此处，易下流不畅，泛滥成灾，于是有了历史上“禹凿龙门”之传说记载。传说大禹率领先民历时 4 年，将狭窄的山口凿开形成龙门，故它又称“禹门”，从此黄河水流畅通无阻。大禹当年凿开的“龙门”，就在河津禹门口的铁桥下，两岸岩石上镌凿的遗迹至今犹存。除有“禹凿龙门”的历史传说外，这里也是神话中的“鲤鱼跳龙门”之处所。《三秦记》中就有“大鱼集龙门下数千，不得上，上者为龙”的神话记载。后土祠正殿八字影壁上的“鲤鱼跃龙门”砖雕，

1 姚承祖著，张至刚增编：《营造法原》，中国建筑工业出版社 1986 年版，第 75 页。

图 4-46 正殿左边影壁墙以及鱼跃龙门图案（左）及线描图（右）

无形中成了当地人内心的一种文化图腾。

坤柔圣母殿右边影壁墙如左边影壁墙一样建造精美、结构完整。影壁墙同样由壁座、壁身和壁顶组成，与左边影壁墙不同的只有壁身上的砖雕图案和壁身上下两端的窗框。虽然右边影壁墙上下两端又各置四个窗框做装饰，但窗框内并无雕饰内容。右边影壁墙上的砖雕图案是一幅“猛虎上山”图。在苍松翠柏之下，一只猛虎身姿矫健，背向回头，虎口大张，利齿外露，怒睁的双眼看着远方，虎背弓起，背上的道道条纹清晰可见，虎尾坚挺有力向上翘起，下方是被踩于足下的奇峰山石，整幅图画呈现出一股虎啸山林力盖世的威猛、所向无敌的强大气势。（见图 4-47）

图 4-47　正殿右边影壁墙上的猛虎上山图案（左）及线描图（右）

山门的砖雕较为精巧，体现在细节处。山门八字影壁的壁身上两角的砖雕形象为一蝙蝠张开翅膀，回首口衔信物，寓意“送福”。蝙蝠的“蝠”与“福”同音，所以被古人视为“福”的象征，蝙蝠飞临则寓意“进福”、福从天降，代表幸福吉祥。蝙蝠还常出现在门窗之上，有招财纳福的寓意，同时也是吉祥的征兆，象征福气可以绵延后代，世世代代幸福平安。砖雕的刻画十分真实、细腻，如蝙蝠翼下筋膜也表现得清清楚楚。蝙蝠下方为形似如意的装饰，象征万事如意，有形似云纹及灵芝的装饰。蝙蝠与如意的构图平衡和谐，体现了较高的审美意趣与雕刻技艺。（见图 4-48）

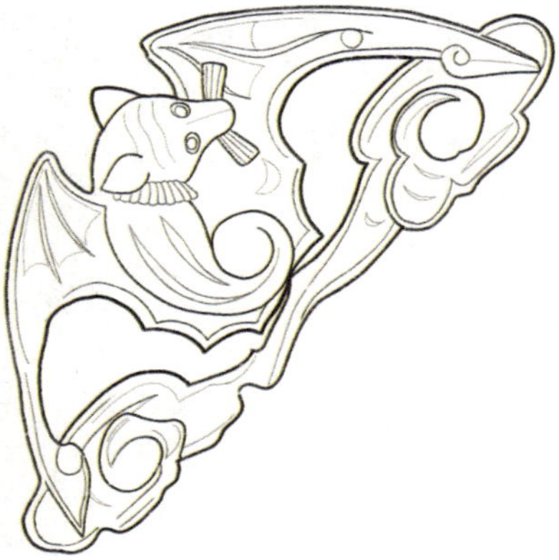

图 4-48 山门“八”字影壁上的砖雕（左）及线描图（右）

后土祠建筑砖雕中墀头的雕刻也十分精美。墀头又称“腿子”，一般指硬山建筑檐柱以外的山墙部分，[1]往往由上、中、下三部分组成，上部以檐收顶，为戗檐板，呈弧形，起挑檐作用；中部为炉口，是装饰的主体，形制和图案有多种式样；下部与须弥座相似，叫法也不相同，有的称“炉腿”，也有称“花墩”的。墀头中的图案往往取材于同一类题材或图案，因此具有连贯性和统一性。

献殿墀头雕刻繁复精美，第一层为瑞兽题材雕刻，第二层为生活器具题材，下层花墩为吉祥寓意类的题材。献殿上的墀头第一层中雕刻鹿与松树的图案，松树为常青树，鹿是长寿的仙兽，“鹿”又与“禄”同音，二者的组合称为“福寿安康”，寄托着福禄长寿的美好寓意。第一层四角的小立柱雕刻成竹节的样式，十分精巧；第二层可见碗与宝瓶，碗中盛放着瓜果，碗身、瓶身皆饰以精美的纹样；第三层与第一、二层的高浮雕不同，采用了镂空雕的手法，图案的内容为蝙蝠攀附于屋檐下的枋，寓意着“福到眼前”。在最下面还有类似于支撑功能的装饰构件，这四部分组成了献殿精美的墀头样式。（见图 4-49 至图 4-52）

1 参见尤贵友、关双来、程万里：《清式硬山墀头的设计与施工技术》，《古建园林技术》1984 年第 4 期。

图 4-49　献殿上的墀头砖雕之一

图 4-50　献殿上的墀头砖雕之二

图 4-51　献殿上的墀头砖雕之三

图 4-52　献殿上的墀头砖雕之四

山西民居墀头的砖雕同样精妙绝伦，以荣河柴氏宅院为例，其形式与秋风楼、献殿基本一致，砖雕匠人手法相通。第一层为瑞兽题材，第二层为生活常见的碗、盘类内容，底部也有装饰构件起到一定支撑作用。(见图 4-53) 因其为民居，等级比后土祠低，所以墀头形制比后土祠小，但该民居砖雕的装饰纹样与后土祠大同小异。

山西的砖雕属于我国的非物质文化遗产，砖雕艺术及其不同表现形式在古建筑文化中具有极为重要的意义。砖雕不仅仅阐述着人们对生活的美好祝愿，更承载着中华民族传统文化的内涵。

图 4-53　荣河柴氏宅院上的墀头

第三节　石雕

后土祠建筑上的石雕数量颇多，其中石狮形象的运用可谓比比皆是，祠内建筑石柱础上大都雕刻着石狮。每个石狮都形态各异，或俯卧，或奔跑，或休憩，或怒吼，或戏耍，个个灵动逼真，生动可爱。

献殿圆柱根部的石柱础是最有特色的，柱础样式多样，在这里石础已不仅仅起承托立柱的作用，更多的是传统建筑艺术和石雕技艺水平的展示。献殿内的石础除中部石柱采用最简洁的鼓形并不加雕饰之外，前后廊檐下的柱础皆有雕工精湛、图案丰富的石雕。这部分石础体积较大，凸出地面达 60—70 厘米，为其充分展示石雕艺术提供了较好的载体。这些石础造型复杂，采用复合式柱础形式，为基座加圆鼓形柱础。基座一般采用须弥座形式，座的上下有枋，以传统回形纹或云纹装饰。中段为收缩进去的束腰，整体造型稳重、大气、端庄；束腰部分用花卉、吉祥瑞兽作为装饰，技艺精湛。每个石础四面雕刻图案各不相同，须弥座与圆鼓之间的角兽大多为狮子，柱础四角各雕刻一只狮子，造型各异，活灵活现。献殿 12 个石础上所雕石狮有 48 只之多，每只都形态迥异：有的石狮默然静坐，有的怒目圆睁，有的侧头仰望，有的背驮小狮，有的争戏绣球，有的仰卧休憩。石础上部分采用圆鼓形式，鼓身上雕刻各种花卉图案。

献殿前廊檐圆柱下西边第一根圆柱下的复合式石础的须弥座圭角以回形纹进行装饰，须弥座的上下枋分别用回形纹和卷草纹装饰。由于回形纹和卷草纹构图简单自由，线条流畅，常被用于柱础装饰。束腰处前后左右四面雕刻三爪草龙，四条草龙形态各异，有的奔腾跳跃，有的回首瞻望，有的仰天长啸，龙的四周又雕祥云围绕相伴。正面的三爪龙做回首瞻望状，形态逼真。（见图 4-54）

图 4-54　献殿前廊檐下西边第一根圆柱下的复合式石础（左）及线描图（右）

该圆柱石础正面基座与圆鼓之间为两只石狮子，左边石狮呈蹲坐式，右边的石狮头部虽已缺失，但从其形态看，两只石狮左右回头对望，似有互相交流之态。石础上部分是以莲花为底座的石鼓形状。鼓身四周雕刻的是吉祥花卉石榴树，石榴树枝繁叶茂，枝上结着硕大的石榴果，石榴有多子之寓意，后土祠供奉的后土娘娘有求子的法力，代表吉祥多子的石榴果正好与此契合。(见图 4-55)

图 4-55　献殿前廊檐下西边第一根圆柱下的石狮

束腰部位的草龙爪向后紧蹬，雄态威严，气势强大。左面须弥座与圆鼓之间的两尊石狮，姿态各异：一只俯卧静坐，一只头微仰蹲卧。两只石狮之间还有飘逸的彩带相连。（见图 4-56）

图 4-56 石础束腰部位的草龙图

前廊檐下的第二根木柱复合式石础左面须弥座圭角用传统回形纹装饰，上下枋分别用回形纹和卷草纹装饰，束腰处同样是祥瑞之兽——麒麟。这只麒麟呈躺卧休憩式，姿态悠闲。（见图 4-57）基座与圆鼓之间的两只石狮姿态各异，一只坐卧，一只站立，神态自若，悠然自得，根根鬈发卷曲流畅，线条清晰，刀工精湛。上面的圆鼓石坐于莲花宝座之上，四周盛开的瓣瓣莲花疏朗相挨，形象生动。圆鼓上雕刻着吉祥植物葡萄，葡萄藤粗壮旺盛，藤蔓延展缠绕，硕大丰满的葡萄果实挂在枝头，极其诱人。（见图 4-58）

图 4-57 前廊檐下第二根木柱复合式石础正面（左）及线描图（右）

图 4-58　石狮与莲花座石鼓

前廊檐下的第三根圆柱复合式石础正面见图 4-59，下面的底座同样是回形纹装饰。束腰处的三爪龙气势威风凛凛，回头瞻望，基座与圆鼓间两只石狮头各转向一边，眺望远处，神态祥和，两狮之间有绣球相连。上部是莲花座石鼓，石鼓之上的雕饰同样以象征多子多福的南瓜加以装饰。颗颗硕大的南瓜挂于枝蔓之上，左边藤枝上还停留着一只瑞鸟，瑞鸟低首，长而尖的嘴巴轻触枝条，似作啄食之状。

图 4-59　献殿前廊檐下第三根圆柱复合式石础正面（左）及线描图（右）

前廊檐下的第四根原柱复合式石础正面见图 4-60，下面的底座形式不变，基座上面的两只石狮则不同于其他狮子。两只石狮均采取俯蹲式，头各转向一侧，张着大嘴，似有一跃而起之势，两狮之间放置着丝带缠系的绣球。与之紧连的莲花座石鼓的鼓身所绘依然是石榴，但在枝叶之间一只回头远眺的瑞鸟停留于上，背上羽毛与尾巴的雕刻线条清晰细腻。

图 4-60 献殿前廊檐下第四根圆柱复合式石础正面（左）及线描图（右）

前廊檐下的第五根圆柱复合式石础正面见图 4-61。基座束腰部分同样是姿态各异的草龙图案，遗憾的是基座上面的石狮已被损毁。基座上面的圆鼓周身雕刻着吉祥植物石榴。

图 4-61 献殿前廊檐下第五根圆柱复合式石础正面（左）及线描图（右）

前廊檐下的第六根圆柱复合式石础左面见图 4-62。与前面石础相比有明显不同，基座圭角采用浅浮雕卷草纹，上下枋分别用卷草纹和回形纹。上枭和下枭装饰着莲花瓣。中间束腰部分其四角采用竹节形式，清雅简洁，腰身处雕刻着怒放的牡丹花卉。基座上的两只石狮呈仰卧式，悠闲休憩。上部的圆鼓雕刻着一幅花鸟图，形象生动，呼之欲出。（见图 4-63）在一座小山一侧，几根翠竹依山而生，高耸挺拔，竹叶茂盛，一只仙鹤站立在一侧。翠竹、仙鹤皆为祥瑞之物，常被运用在石雕装饰中。

图 4-62　献殿前廊檐下第六根圆柱复合式石础（左）及线描图（右）

图 4-63　石鼓上的花鸟图案

献殿后檐廊下的石础同样是基座加圆鼓的复合式形式，但与廊檐下的石础不同的是，后廊檐立柱下的石础其圭脚部分多用卷草纹，上下枋分别用卷草纹和回形纹，束腰部位四角雕刻竹节，在束腰的四个面上用花卉和草龙图案交错装饰，便于观赏的基座上部和圆鼓处用深浮雕装饰。基座上部的角兽依然是形态迥异的石狮，四角对称，延展出的狮头或狮尾使整个雕刻更显灵动、和谐，只是上部的圆鼓不再采用莲花底座，鼓身四周更多的是用花鸟图案装饰，以吉祥花卉梅花或菊花配以瑞鸟喜鹊，构成“喜鹊报春”“喜上眉梢”等图案，寓意祥和、美好、和谐。

坤柔圣母殿六根檐柱的石柱础制作得更加精致美妙。西起第一根石柱础（见图 4-64）采用复合式柱础形式，底座为八角几字形，底座下的各斜面上是简洁的阴刻线。八个角分别雕刻着饕餮纹，此纹多见于青铜器，其形状为兽面形象，以鼻梁为中线，两侧对称，双眼怒目圆睁，眼睛下有相对上弯的勾纹，有鼻和双角，没有下唇，毛发卷曲。饕餮是一种凶猛的魔兽，人们将其雕刻于石础之上，呈现出一种强大的威慑力。饕餮纹出现于后土祠坤柔圣母殿的石柱础之上，寓意辟邪镇宅。石础束腰部位立面采用传统回形纹，两旁用竹节装饰，每隔一个立面雕刻一个包袱角，用高浮雕技法雕有一个持械武士。底座上部虽未外伸，但同样雕以石狮，石狮或卧或行，狮首突出，惟妙惟肖。底座上部的圆形石鼓周身雕满花卉图案，花卉同样采用高浮雕手法，枝繁叶茂，繁花怒放。

图 4-64 坤柔圣母殿左侧墙廊檐柱下的第一根石柱础（左）及线描图（右）

西起第二个石柱础见图 4-65。其造型上依然为八角“几”字形复合式柱础，下枋和束腰部分雕刻着饕餮纹和回形纹，但包袱角上雕刻的图案有明显不同，每面上雕着不同的花瓶和花卉，花瓶呈宝瓶形，每个花瓶里又分别插着盛开的梅花和含苞未放的荷花，这可能是佛教的“暗八宝”中的花、罐等。基座上部雕着狮子戏绣球的高浮雕，石狮以俯卧、奔跑、仰卧、嬉戏等不同姿态呈现。底座上部的圆鼓四周雕刻着双龙护鼎的图案（见图 4-66），一条条青龙飞舞盘旋，祥云缭绕。每个宝鼎的形状又各不相同，有的是宝塔式鼎，有的是三足圆形鼎，有的是带盖的圆鼎，鼎身之上都雕着各式各样的图案，有的是传统的回形纹，有的是简洁的线纹，有的是线刻双鸟图，还有的宝鼎下雕刻着基座。除了鼓身上的石鼎之外，还刻有一个带盖的茶壶和一个花瓶。茶壶落于圆形带足的底座上，圆鼓鼓的壶身刻着较深的弧形线条，壶身与壶盖处以曲线条纹区分，弯曲的壶嘴微微上翘，壶把与壶身闭合成环形。整个茶壶造型逼真，简洁又不失大气。花瓶下同样置于底座之上，花瓶造型古朴，瓶腹粗圆，瓶口呈开放的喇叭形，瓶颈细长，花瓶周身图案由龟背纹和圆形线纹组合而成，下半部瓶身又以束结彩带进行装饰。

图 4-65　坤柔圣母殿左侧墙廊檐柱下的第二根石柱础（左）及线描图（右）

图 4-66 圆鼓石上的双龙护鼎图案

西起第三根石柱础见图 4-67，其底座束腰处每隔一个立面雕刻的包袱角上的图案不再是插着花卉的花瓶，而换成了不同的人物形象。有的人物着长衫，衣带飘飞，手拿一个宝葫芦，有的人物是手持武器的武士形象，有的是手持彩带飞舞的舞者。底座上枋上的各个立面刻画着宝剑、画轴、书等图案。底座上部与圆石鼓之间俯卧的石狮正双双嬉戏绣球，绣球上缠绕的丝带或被石狮噙于嘴间，或缠于足上，双狮戏球的场景雕刻得生动逼真。

图 4-67 坤柔圣母殿从西往东廊檐柱下的第三根石柱础（左）及线描图（右）

上面的圆石鼓鼓身刻画着盛开的牡丹花，枝蔓上停留着身姿灵动的祥瑞之鸟——凤凰。有的凤凰姿势挺立，凤首往后轻转，嗅着牡丹的花香，长长的凤尾拖在身后；有的凤凰半弯着腿，身子弓起，凤尾向上翘起，尖尖的嘴对着牡丹花。一幅生动的寓意着富贵吉祥的“凤求牡丹”的祥瑞图案跃然石鼓之上。（见图 4-68）

图 4-68 “凤求牡丹”石雕图案

坤柔圣母殿柱础束腰的部位的“包袱角”上刻有舞蹈小人像。舞蹈小人为胡人面孔，身着宽大的衣袍，有的将刀棒举过头顶，有的手持彩带舞蹈，有的手持葫芦宝瓶似在献礼，这些舞蹈小人像内容各不相同，自成其趣。（见图 4-69 至图 4-72）

图 4-69 坤柔圣母殿廊檐下石柱础上的石雕人物（左）及线描图（右）之一

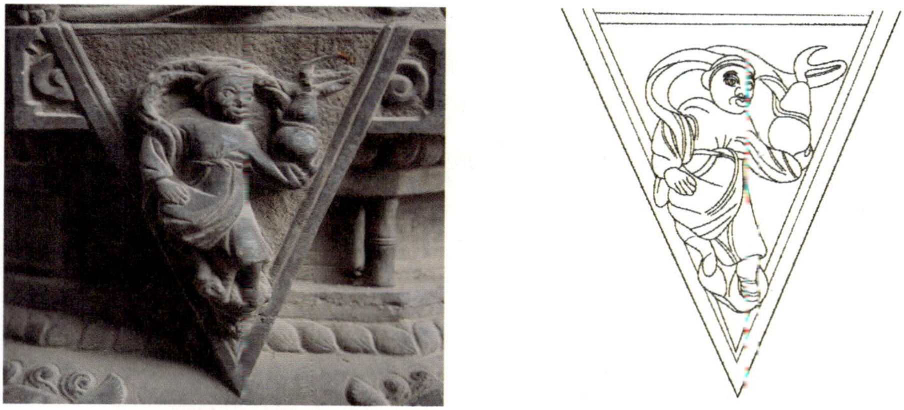

图 4-70　坤柔圣母殿廊檐下石柱础上的石雕人物（左）及线描图（右）之二

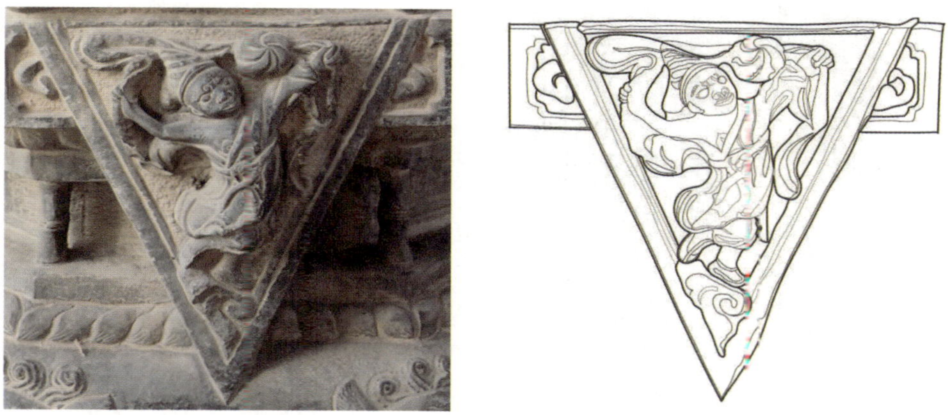

图 4-71　坤柔圣母殿廊檐下石柱础上的石雕人物（左）及线描图（右）之三

图 4-72　坤柔圣母殿廊檐下石柱础上的石雕人物（左）及线描图（右）之四

五岳殿、五虎殿门口各立有两根柱子。五虎殿柱子为一木一石，五岳殿西石柱上端刻有“大明正德十年重立”字样，即为公元 1515 年修葺，因此推断此石柱最晚为明代所刻。两根盘龙石柱均采用浮雕手法，龙的造型粗壮，威武生猛，龙首魁梧。龙的头发多而蓬乱，飘向脑后，甚至颌下都长满胡须。西侧石柱上龙的粗眉皱起，一双圆眼向外高凸，配以浓密飘舞的须发，颇有怒发冲冠之气势。（见图 4-73）相对来说，东侧石柱上的龙神态较为平和，其身旁布满祥云，使人联想到它似是在云中遨游。（见图 4-74）

图 4-73　五岳殿门口西侧石柱（左）及线描图（右）

图 4-74 五岳殿门口东侧石柱（左）及线描图（右）

秋风楼的石雕也极其丰富。(见图 4-75）台基处有坛门石雕，石雕由两幅画组成：一为“汉武帝得鼎”，二为“宋真宗祈嗣”。坛门石雕横额上有浮雕“双龙戏珠”。台基上一层门洞拱圈边缘上有植物浮雕装饰，门洞上方分别有“二龙戏珠”及“蝙蝠扑云”等浮雕图案，寓意吉祥如意。

图 4-75 秋风楼上的石雕装饰

第四节 琉璃

“在欧洲建筑中，屋顶部分向来被认作一种无可奈何，却又不可避免的不美观部分。历来建筑师对于屋顶，多是遮遮掩掩，仿佛取一种家丑不可外扬的态度……中国人对于屋顶的态度却不然。我们不但不把它遮掩，而且特别标榜，骄傲的、直率的，将它全部托起，使成为建筑中最堂皇最惹人注目之一部……除屋顶外，如门窗墙壁，以至影壁牌楼等等，亦常用琉璃建造。琉璃瓦之施用，遂成为中国建筑特征之一。”中国建筑学大师梁思成主编的《中国建筑设计参考图集》中，对中国的琉璃这样由衷赞叹。

林徽因为梁思成《清式营造则例》所作的《绪论》中，对琉璃有如此的评价：琉璃“用于屋顶当始于北魏，明清两代，应用尤广，这个由外国传来的宝贵建筑材料，更使中国建筑放一异彩。本来轮廓已极优美的屋宇，再加以琉璃色彩的宏丽，那建筑的冠冕便几无瑕疵可指”。作为中国传统建筑中绚烂夺目的部分，琉璃令中国人引以为豪。

汉代，以绿釉陶器为代表的低温铅釉制品大量出现，现以晋南地区出土最多，在大同、太原和晋东南地区也有发现。山西遗存的大量古代建筑中，留存着异彩纷呈的琉璃制品。这些琉璃制品或作为建筑构件，或作为装饰点缀，无不体现着古代建筑艺术的瑰丽与深邃。（见图 4-76）晋祠圣母殿和介休后土庙三清楼上保存的宋代琉璃瓦件，是山西省现存古建筑中最早的琉璃构件。

图 4-76 山西省博物馆馆藏永乐宫重阳殿
琉璃鸱吻

明代是山西琉璃艺术发展的鼎盛时期，其制作工艺之高、匠师分布之广，为其他朝代所不及。当时琉璃制品被广泛运用于宫廷、寺庙、府第、祠堂及日常生活。（见图 4-77 至图 4-79）

琉璃瓦的装饰经历了多个朝代的发展，演变至今。在金、元时期，琉璃瓦多采用两色拼接的方式；明清时期改善了边框现状，利用剪边的手段有意识地对较宽的边进行修饰，形成了琉璃装饰的特殊风格，后土祠献殿的边就是这样做的。

万荣后土祠建筑的琉璃装饰具有特定的艺术价值和历史文化意义，其主要特点表现为以下几个方面：琉璃只在献殿、正殿和秋风楼这些重要建筑中才被采用，主要用在屋面、屋脊的装饰中；琉璃饰品作为艺术品装饰在脊刹上，兼具浓厚的宗教色彩；琉璃瓦覆盖在屋面，多数采用黄、绿琉璃瓦。

图 4-77　万泉文庙影壁上的琉璃图案之一

图 4-78　万泉文庙影壁上的琉璃图案（局部之一）

图 4-79　万泉文庙影壁上的琉璃图案（局部之二）

一、屋面的装饰

在中国古代，红、黄、青、黑、白被认为是五种基本色彩，它们与天地中的五个方位相对应，其中黄色居中，它是土地之色，农耕社会以土地为本，所以黄色被认为是正宗之色、最美之色，在宫殿建筑上用黄琉璃瓦自然带有神圣、威严的象征意义。在一些寺庙、祠堂、会馆等公共性建筑的屋顶上还能见到各种颜色的琉璃瓦，有绿琉璃瓦黄剪边，也有黄琉璃瓦绿剪边，甚至全部使用黄琉璃瓦，但更多的是用各种颜色的琉璃瓦在屋面上组成彩色的花纹。[1]

献殿和正殿屋面上以灰色筒瓦为主，但屋面正中又用彩色瓦进行装饰，形成多彩屋面。常见的颜色有黄、绿、蓝几种，它们相互交错，层层变换，组成方胜（菱形）、三角形和套方等不同的几何形状。色泽鲜艳的几何图案，与琉璃瓦的屋脊以及屋脊上的琉璃吻兽等装饰出一个个绚丽多彩的屋顶。献殿南屋面用黄、绿、蓝三种颜色组合成方胜（菱形）图案，四角处又用绿色琉璃瓦组成四个三角形，不同形状的几何图形构造于屋面之上，重点突出，舒缓有度，这种做法被称为“琉璃聚锦”。除此之外，在献殿屋檐处，工匠们还用了一圈绿色琉璃瓦进行装饰，即绿瓦剪边，尽显华丽富贵。（见图 4-80）

与此相似，正殿前后两个屋面同样采用琉璃瓦进行装饰，屋面正中亦用黄、绿、蓝几种颜色相互交错，组成方胜（菱形）图案。与献殿不同的是，正殿四周屋檐处的剪边用黄色琉璃瓦和绿色琉璃瓦混合组建。（见图 4-81、图 4-82）

图 4-80　献殿屋面上的琉璃装饰及剪边

1 参见楼庆西：《装饰之道》，清华大学出版社 2011 年版，第 60—62 页。

图 4-81　正殿屋面上的琉璃装饰及剪边之一

图 4-82　正殿屋面上的琉璃装饰及剪边之二

二、正脊及垂脊上的装饰

后土祠正殿屋面上的琉璃装饰主要用在正殿的屋脊上，造型别致，图案多样，雕刻技艺精湛，线条流畅，细节极富动感，为精细之作。（见图 4-83）

图 4-83 正殿正脊上的琉璃装饰

后土祠琉璃的题材以宗教与传统吉祥纹饰为主，后土祠正殿脊上驮宝神兽的造型便出自佛教。佛教艺术对琉璃装饰的影响巨大，具体表现在具有独特含义的植物纹饰的广泛应用和佛教形象的重复出现。人物题材中的仙人、力士、化生童子等形象，动物题材中的大象、狮子等形象，都是晋东南琉璃中经常出现的装饰元素，这些共同构成了晋东南琉璃多样的佛教装饰文化。

后土祠正脊上的驮宝神兽在正殿两个螭吻之间，由琉璃烧制而成的正脊中央立有一座三层楼阁，楼阁左右各设有一座门楼。门楼两侧又各有一只驮着宝瓶的狮子和大象立于龙头之上。左侧的大象用金色的琉璃雕刻而成，体态敦厚，象鼻下垂卷曲，坚硬的象牙外露，象背上驮着一个莲花底座，肚大圆鼓的宝瓶置于莲花宝座上。右侧的雄狮通体棕色，四肢粗壮有力，躯体厚实健壮，狮首处的鬃毛卷曲浓密，狮尾高翘，利齿毕露，威武强悍，栩栩如生，狮身上同样驮着莲花宝座，宝瓶置于莲花座上。这种狮象驮瓶的雕刻造型，分别取其谐音，称为“太平（瓶）景象、事（狮）事平（瓶）安”，寓意世世安宁和平，事事平安如意。这种由三组高耸装饰组成的形象，当地称之为“三山聚顶”。（见图 4-84）

图 4-84 正脊上的“三山聚顶”

除佛教中的驮宝神兽外，还会使用与佛教有关的植物进行装饰。植物题材是琉璃造型中的重要题材，后土祠琉璃中的植物造型以牡丹、莲花和卷草纹为主。牡丹多以正面造型出现，朵朵盛开的牡丹，灿烂多姿，华丽富贵，造型立体逼真，如正殿和献殿垂脊上的琉璃装饰，都是以牡丹造型作装饰。除此之外，卷草纹、忍冬纹等纹饰也是后土祠琉璃装饰中的重要组成部分，它们经常作为铺垫和装饰围绕在主体的四周，纹饰自然流畅，线条简洁凝练，张弛有度。如在正脊中使用了莲花图案与忍冬花造型的纹饰。作为“佛教八宝”之一的莲花，多以侧面的造型出现，莲瓣由中间向两侧依次铺开，简洁舒展，清新自然，象征着出淤泥而不染，至清至纯至洁，佛教认为莲花象征着人最终的目标，即修成正果。忍冬花作为藤蔓植物，生命力极为旺盛，能越冬不死，故常被喻为人的灵魂不灭，轮回永生。而与此相关的人物形象则有化生童子、仙人等。这些代表着佛教文化的装饰元素，也应用在后土祠正殿上。

在正吻和三山聚顶之间，正殿正脊上是用琉璃雕刻成的化生童子、莲花、荷叶组成的装饰。这些雕刻在盛开的莲花间的或坐或立的童子，被称之为“化生童子”。圆脸大眼的化生童子手握翠绿的荷叶，坐在盛开的莲花和如圆盘似的碧绿的荷叶间，有的调皮地将荷叶戴在头顶做帽子，四肢如雪藕般圆润粉嫩，

额前留有一缕头发，胸前佩戴着肚兜，脚踝上戴着镯子，十分天真可爱。（见图 4-85、图 4-86）

图 4-85　正脊上的化生童子（左）及线描图（右）之一

图 4-86　正脊上的化生童子（左）及线描图（右）之二

在化生童子上方又各有四位骑在马背上的武将，一身盔甲，身后插着旗帜，或双手高举，或单手举起，均呈力举状，尽显神勇威武。身下的骏马四蹄生风，马尾上扬，作奔跑飞腾状。由琉璃装饰成的整条正脊在色彩斑斓的琉璃装饰衬托下，显得金碧辉煌，多姿多彩。（见图 4-87、图 4-88）

图 4-87　正脊上的武将（左）及线描图（右）之一

图 4-88 正脊上的武将（左）及线描图（右）之二

后土祠武将造型因受到时代审美与地区因素的影响，地域化的特征比较明显。晋南地区的人物造型通常带有一些西域人的特征，例如五官更加立体，身形更为高大。除了身形不同，武将的面部表情也有差别。正殿脊上的武将五官刻画极为生动：他们的双目炯炯有神，坚定地望着远方；鼻翼宽阔有力，嘴阔而紧闭，耳大而宽，充满了力量感；胡须装饰加强厚重感，衬托武将的威严，简洁而直接。武将身上的头盔、身上的护甲、马匹上的装饰都塑造得栩栩如生，能让人感受到武将的英气与力量。

晋南琉璃中有许多动物造型，其中最多的就是龙，几乎所有建筑的鸱吻都是以龙的形象出现，而且都表现得面目狰狞，张口眦目。后土祠正殿脊上的鸱吻生动繁复，富有晋南琉璃鸱吻的特色。（见图 4-89）

图 4-89 正脊上的鸱吻（左）及线描图（右）

除此之外，秋风楼屋面尽端的武将形象亦是后土祠建筑琉璃艺术的重要表现。在秋风楼最上层的一字歇山顶尽端挑角处都装饰有彩色琉璃材质的武将形象，每一个武将形象神态各异，人物神情丰富，共计 108 个，代表着梁山一百单八将。

在后土祠的献殿和正殿垂脊上，脊顶用琉璃筒瓦封盖，在筒瓦上面放置着一系列形态各异的装饰小兽，这些小兽被称之为“脊兽”。这些脊兽的存在一是为了美观，二是为了保护屋脊。为了防止筒瓦下滑，必须把最下面处于屋檐边的筒瓦加以固定。固定的办法是在筒瓦背上留出一小孔，用铁钉从小孔中把筒瓦钉在屋面下的构件上。为了保护铁钉，同时也避免雨雪从小孔中渗入屋面层而腐蚀下面的木构件，在这些铁钉子头上须加盖“铁帽”，处于垂脊和戗脊前端的这种钉帽经过工匠的改进逐渐演变成为脊兽。[1]

随着屋脊小兽的不断应用，它不仅具有装饰功能，而且有了严格的等级区分，不同等级的建筑所安放的脊兽数量和形式都有严格限制。正殿和献殿上的脊兽主要用琉璃制成，共有 6 只脊兽。在离垂脊最前端 1 米有余的位置，又安置一个龙形垂兽作为结束部分，垂兽由龙头和龙尾组成，龙尾上翘，龙嘴大张。安放在垂脊上的其他脊兽分别为狻猊、狎鱼、獬豸、斗牛、凤、海马。

三、琉璃的色彩

后土祠的建筑重建于清末，建筑上所使用的琉璃饰件均为清朝所制，清代对琉璃的色彩使用规范基本延续了明朝，所以在琉璃的色彩的使用上，遵循了等级制度的规定。综观后土祠建筑上的琉璃，常用的颜色有黄色、绿色、蓝色和棕色，几种颜色相互搭配使用，形成了独特的装饰风格。在这几种颜色中，绿色最为重要，其使用量远远超过其他颜色。无论是在正殿和献殿的屋面、正脊和垂脊，还是在正殿、献殿和秋风楼的屋檐前端的剪边应用，或者各种琉璃造型的装饰上，基本都以绿色为主色调，同时辅以黄色、蓝色、棕色等进行搭配。通常表现为绿色琉璃卷草纹饰配以黄色的牡丹花或莲花，或者绿色底色上塑以黄色行龙造型等，这种情况的出现应该是与绿色和黄色琉璃烧造技术更加成熟有关。（见图 4-90）

1 参见楼庆西：《装饰之道》，清华大学出版社 2011 年版，第 41 页。

图 4-90　后土祠建筑上的琉璃剪边装饰

后土祠正殿屋面中间的琉璃造型由黄、蓝、绿三色琉璃拼成，黄色琉璃瓦颜色较为明亮，配以绿色和蓝色，使整个构图虚实有间，简洁含蓄，又不失大方，充分体现出匠师的审美智慧。在正殿的正脊、垂脊和献殿的垂脊以及两者的屋檐剪边处，都由绿色琉璃瓦打底或作剪边。尤其在正殿的正脊和垂脊处，均以绿色琉璃为底色，配以黄色的牡丹花、莲花或蓝色、棕色的太阳花等。

山西琉璃生产历史长，工艺精美，质量很高，且遗存量在全国居于首位，这些遗存的琉璃造型精美，色泽鲜艳夺目，令人啧啧称奇。山西的琉璃构件造型精美、纹饰丰富、流光溢彩，极富时代特征，与建筑相得益彰。因琉璃制作工艺复杂，成品率低，所以历史上琉璃多用于宫殿、寺院、庙宇、宝塔等规格较高的建筑。正是因为以上原因，中国传统建筑的琉璃构件逐渐成为礼制的象征。琉璃的装饰内容同“三雕”一样，素材来自中国传统吉祥图案，这些精美的图案包含着人们美好的期望，琉璃也成为富有中华民族特色和传统文化内涵的建筑装饰。

第五节 壁画

山西古代壁画，从南到北绵延千里，现存的数量居全国之冠，更弥足珍贵的是涵盖了从汉代、北魏、北齐、隋唐、五代、宋辽金元直到明清各个朝代的不同民族、不同文化、不同风格，山西壁画以其完整多样、典型独特、制作宏伟、自主创新且自成一体，高度反映了中国古代壁画的发展进程。壁画其实也是一个时空隧道，透过壁画便可以穿越时空，拨开历史的重重迷雾，复原那些早已化朽作古的物什，逐一窥探挖掘出两千年以来社会、宗教、建筑、美术、民俗、体育、陶瓷、服装的历史，内容丰富翔实，形同百科宝典。

后土祠作为华夏根祖文化的源头，蕴含着深邃的历史文化内涵。其建筑布局严谨完整，沿用至今。石雕、木雕、砖雕、铁花、琉璃饰件等工艺精美绝伦，其中壁画的绘制更是彰显出了建造者运思之精巧与技艺之卓绝。

除献殿内的石雕柱础是一大特色外，西侧墙上绘制的壁画也是装饰精品。壁画虽已有残损，但其残存部分依然非常精美。从残损的壁画中大概可看出这是一幅后土娘娘庙宫殿图（见图 4-91）。宫殿建造规模宏伟辉煌，装饰考究，用色鲜艳。宋金以后，宗教开始衰退，寺观壁画不再像唐代那样隆盛，文人水墨画盛行，壁画的绘制逐渐变为民间画师的行业，画师被称为“画匠”“工匠”。后土祠献殿内墙上的壁画就保留着画师的姓名，这对研究寺观壁画提供了较好的实物资料。

在献殿西墙残留的壁画右上部分（见图 4-92），可以清楚地看到这是宫殿庙宇的一角，墙体之上用楷体字写着壁画的绘制者——本邑画士柴学海、李守居。宫殿庙宇殿顶和墙壁用浅赭石涂色，整体颜色淡雅清新。殿顶的天花板用木条拼接，木条间的并接线清晰可见。两根粗大的圆木柱用黑色和深蓝色装饰，柱顶石用圆鼓形式，浅赭石涂色，绘以传统花纹。悬挂着的灯笼造型古朴，正中书写着“娘娘庙”三个字，灯笼上部用花青色，灯笼主体部分用黑色，两侧垂挂的中国结形态飘逸。露出的雀替和墙体上部，分别用浅灰和深灰涂色，以花卉图案进行装饰。

在献殿西墙壁画的中上部分（见图 4-93），画工所用颜色依然为浅赭石、深蓝色和黑色，墙面和门大面积涂浅赭石，紧挨着的两根圆木柱用黑色和深蓝色，高低错落悬挂的三盏灯笼，上下灯笼两端用花青色，灯笼顶部和底部均用黑色绘制祥云纹饰。每一个灯笼上都写着“后土圣母”四个黑色字。圆柱左侧

图 4-91 后土娘娘庙宫殿图

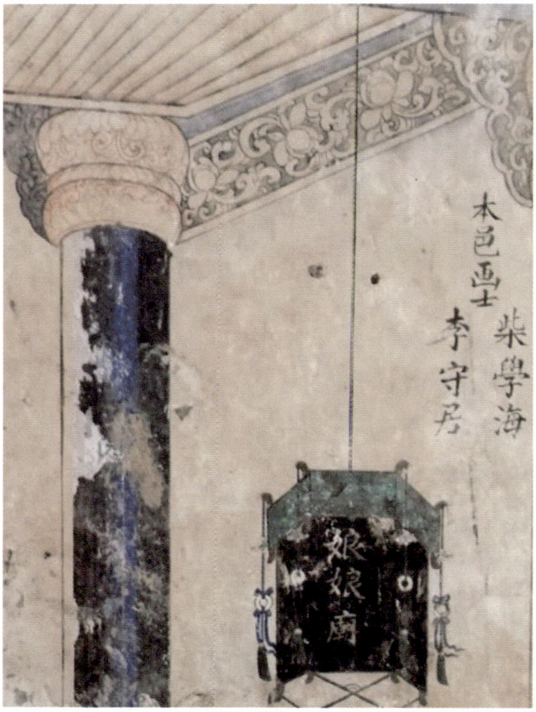

图 4-92　献殿西墙壁画局部之一

图 4-93　献殿西墙壁画局部之二

绘着一个头戴蓝色冠巾、长须飘飘的老者，他脸部线条饱满，面容慈祥，右手拿着一把弓箭，左手轻拈胡须，一身长袍束身，腰部蓝色饰带轻盈飘逸。老者左右各画有一个三四岁模样的孩童。左侧孩童眉清目秀，仰脸望向远处，两侧鬓角处各梳一短髻，身着浅绿色童衫，粉嫩如藕节的胳膊，细腻胖嘟，左右手腕处各戴着一个手镯，半举的右手手中拿着一根如鹿角状的枝杈，左手挂着一个圆环。相比右侧的孩童，他稍多几分成熟稳重。右侧孩童躲于老者身后，右手拽着老者的衣襟，低头看向下方。他头顶留着的一簇发髻向上卷曲，甚是可爱。浅赭石颜色的短袖衣衫露出白胖粉嫩的胳膊，放于老者衣服上的左手手腕上同样戴着一个手镯。

壁画中上部两根黑色圆木柱之间，画着一组生动的生活场景图（见图 4-94）。透过两根木条撑起的圆格窗，可以看到一对年轻父母带着一个幼小的孩童立于窗前，年轻夫妇二人亲切、温柔地看着孩童。母亲一只手放于孩童背上，似有告诫之意，她脸上透着娴静慈爱的表情，发髻盘

图 4-94 献殿西墙壁画上的生活场景图

于头顶，蓝色的饰带在发髻上绾出简洁的造型，一袭灰黑相间的衣衫穿于身上，显得古朴淡雅。展现出一个充满母爱、善良贤惠的慈母形象。父亲头戴蓝色冠巾的脸侧向一旁，左手微张，一身浅橙色的衣衫，腰间配着蓝色腰带，与同样是浅橙色的窗户边框和谐统一。父母两人之间的孩童趴在窗边上，光着胖嫩的身体，两手向外伸张着，似有爬窗而出的调皮与淘气。窗外悬挂着一个做工精细的灯笼，灯笼正中同样书写着“后土圣母”四个黑字体。在这组人物画里，每一个人物都形象生动，鼻丰嘴小，五官匀称，面部表情丰富细腻，显示出画工的高超技艺。

这组生活场景图下方，画面破损严重，但从残存的人物形象看，依稀可看出这应是一幅福禄寿三星人物图（见图 4-95）。在中国神话中，“福禄寿”是福星、禄星和寿星三星的合称，他们分别象征着幸福、财富、长寿。在传统的雕刻和绘画中，人们为祈求吉瑞，经常将三星绘于壁画或雕刻于建筑之上。献殿壁画的福禄寿三星的排列由左至右依次是禄星、福星、寿星。从造型上分辨:禄星有赐爵送子之意，左手抱着一个可爱的孩童，孩童天真烂漫，胸前挂着一个如意锁，小手向前伸着；福星代表幸福与幸运，为中国古代官员造型，峨冠博带、手持玉如意是重要特征；寿星代表长寿，硕大无比的脑门儿是最显著的特征，让人一眼便知。另外，左手持龙头拐杖，拐杖上挂着一个葫芦。福禄寿三星人物图，以蓝、灰和花青色为主要色调，人物线条流畅饱满，神态安详亲切，衣褶处似有微风吹动，有“吴带当风”之精妙。

在这幅宫殿庙宇式壁画中，一道宫门清晰可见，从整幅图内容中可推断这道宫门应是进拜后土娘娘的主道。宫门为拱券式造型，高大开阔，宫门内侧砖

图 4-95　献殿西墙壁画上的生活场景图和福禄寿三星图

缝线条清晰。券形宫门上端画着一组飞天图（见图 4-96），宫门上端左右两侧各画一只飞天蝙蝠。左侧的飞天蝙蝠脸型清秀丰圆，两只张开的翅膀宽大有力，身上衣裙以蓝色和花青色为主调，裙带飘曳。双臂裸露，向前伸展，右手拿着一个卷轴。右侧的飞天蝙蝠，翅膀飞张，衣裙颜色以蓝色、花青色和浅橙色为主，右手拿着一柄玉如意，双手张开，与左侧飞天蝙蝠形成相互迎接之势。两只飞天蝙蝠其人身都是头扎短髻的孩童形象，而不是长相秀美、身段婀娜多姿的少女，但迎风摆动的衣裙，飘飘翻卷的彩带，同样呈现出飞天轻盈巧妙、潇洒自如的形态特征。另外，画工将飞天画作飞天蝙蝠的形象，又置于宫门最上端，寓意着“福从天降”。

宫门上端还有一盏硕大的吊灯，吊灯造型别致，似一把倒挂的撑开的大伞，悬挂于宫殿天花板上。从圆形的灯身上又伸展出十个支架，上置蜡烛，下端垂

图 4-96 献殿壁画上的飞天图

挂着线条流畅的灯穗。雄伟壮观的宫殿式庙宇，配以华灯高照，更显金碧辉煌、庄严绚丽。

由宫门往里，是高低起伏的长通道，地面铺砖，线条清晰。通道两侧由木板围挡，木板四周边框月花青色，中间绘制传统图案。木板之后左右各有一位妇人，左侧妇人一身素衣，蓝青相间，衣袖宽大，身体微向前倾，脸看向宫门外，双手举着一个长条状顶端弯曲的东西，模糊不可辨。右侧妇人一身蓝衣，身体微微前倾，衣袖遮盖住双手，望向宫门外的脸庞，眼神忧郁，满面愁绪和哀怨，整个人物形象被绘制得细腻而传神。（见图 4-97、图 4-98）

在进行调研时，齐鲁建筑文化中心小组在正殿又有新的发现。此次发现为两组壁画，分别位于正殿房梁前檐檐口的东西两侧。每组壁画由两幅图组成，上方壁画呈三角形轮廓，下方壁画呈方形轮廓，切合房梁结构，形成独特的展示平台。后土祠正殿面宽五间，进深六椽，五架梁前后搭牵，悬山顶，屋顶琉璃剪边，供奉后土圣母。后土掌阴阳、育万物，被称为“大地之母”。殿内正中塑后土娘娘真身，两侧为其化身，东为送子娘娘，西为施药娘娘。殿外木雕、砖雕、铁艺以及琉璃瓦顶，工艺绝妙，光彩夺目，是祠内建筑之精华。

图 4-97　献殿壁画上的妇人图像

图 4-98　献殿壁画上的妇人图像（局部放大）

这两组壁画分别位于正殿东西侧房梁前檐檐口，整幅壁画长约 2 米，宽约 1 米，轮廓呈三角形。通过初步观察，正殿东侧房梁前檐檐口上方壁画虽已经受到一定程度的损伤，但仍然能看出“凤至丹山雀未朝”“丙戌梅月之吉”“松山道人书”等字样。（见图 4-99、图 4-100）丹穴山是凤凰的出生地，凤凰经常在丹穴山上活动。凤凰的外形似鸡，羽毛五彩缤纷，而且不同部位的羽毛有

图 4-99　正殿东侧房梁前檐檐口上方壁画之一

图 4-100　正殿东侧房梁前檐檐口上方壁画之二

着不同的纹理，它以自然灵气为食，喜欢唱歌跳舞，象征着天下太平，是一种吉祥之鸟。画面中描绘了凤凰伫立在丹穴山上，回首而望，翅膀、背部、头部及尾巴的羽毛柔美飘逸，两只强有力的脚直直地站在地面上，整个体态呈弓形，坚挺而柔韧，周围则绘制有竹林、河流及山石，鸟雀翱翔于山河间，整体画面表现内容和题字高度相关。画中写有“丙戌梅月之吉”的字样，丙戌推测应为1886年，梅月则为农历十二月，以此可推测出此幅壁画的绘制时间。最后画中写有“松山道人书”的字样，“松山道人”应为出此幅壁画的题词者。

正殿西侧房梁前檐檐口壁画外形及轮廓均与东侧壁画相仿。通过初步观察，上方壁画已经受到一定程度磨损，画中绘制了一只老鹰站立在山石上。老鹰象征着权势和能力，岩石代表基础和建设平台，寓意占据有利条件，一览全局，随时捕捉狩猎目标。在其周围有两只鸟雀盘旋飞翔，好似在寻找回去的方向。从绘画手法上看，壁画采用了近实远虚的手法，将近处的山石及树木刻画得挺拔硬朗，墨色浓郁，老鹰的神态生动，线条细腻流畅，细节丰富，相比之下，远处的山石线条则墨色淡雅，树条柔和稀疏，画面效果对比强烈。

以上两幅壁画均接近于花鸟主题，通过分析壁画的绘制手法、用色及构图等特征，可合并成“凤至丹山雀未朝”的描写，东西两侧相呼应，构成完整的壁画内容。

正殿东侧房梁前檐檐口的下方壁画（见图4-101）则是于清代时期绘制。整幅壁画长约2米，宽约1米，轮廓呈长方形，这一时期的壁画大多有确切的画师题名，内容几乎涵盖了佛、道、儒教和风俗神，反映了当时的社会现实，大大丰富了中国绘画史的内容。壁画上部可以清楚地看到用楷体字写着壁画的绘制者——本邑画士李兴元、陈凤至、李成家。与献殿残留的壁画后土娘娘庙宫殿图相似，其创作者均为当时荣河县的画师。其中，此幅壁画的作者陈凤至与正殿东西两侧房梁前檐檐口上方壁画中的题词“凤至”相契合，以此可推测出正殿东西两侧房梁前檐檐口上方的两幅壁画作者均为荣河当地画师陈凤至等人，后来松山道人看到上方画作主题与陈凤至名字相合，故题词。从内容上看，此幅壁画极为丰富，图中共描绘人物12个，神态各异。描述的内容像是一小女子双手抱拳跪坐在路边，身体略微前倾，面色哀愁，仿佛是在虔诚地拜求皇帝做些什么好事。她的身上没有多余的装饰，衣着简朴。迎面是皇帝及其护卫。画面中，最前面的两名护卫像是在说些什么。左边护卫体态雄壮，气宇轩昂，面部略微呈黝黑色，鬓发胡须浓密，左手持兵器，右手握拳，身挂彩带，帽饰精致，衣边呈波浪状，层次分明。他面目狰狞，似露出犹豫之色，像是在向右边护卫询问什么。

右边护卫与左边护卫形成一种对比，其体态略柔和，面部洁白圆润，双手握有兵器，身上彩带飞扬，帽饰精致，袖口、裤脚有花边装饰，面部神情淡然。紧接着向后第一位人物则头戴冕冠，侧后方有仆人为其打着黄罗伞，像是皇帝，他手拿行炉微微向前倾，仿佛是同意女子的恳求，在其身后则有众多官人纷纷议论。皇帝左侧第一位官人呈现出赞赏的表情，好似赞同皇帝的想法，在其身后的老人则一边说话一边用手比画着，向其正面的官人讲述事由，而官人则眉头紧皱，像是在认真听取老人的讲述。最后的一位官人则呈现出犹豫的表情，像是在细听正面老人的诉说，老人头发斑白，颇为年迈。整幅绘画人物神态活灵活现，生动有趣。人物服饰线条细腻流畅，丰富柔和，浓淡相宜。壁画左右也分别绘有山石、松树等，右侧山石绘制层次丰富，线条明朗，轮廓清晰，上方生长出生机勃勃、苍翠挺拔的松树，而左侧山石则线条柔和，墨色减淡，与右侧形成对比，显露出近实远虚的绘画手法，拓宽了整体空间。无论是松树、山石，还是人物，整幅壁画所有的细节均清晰生动。

正殿西侧房梁前檐檐口下方壁画（见图 4-102）与东侧外形及轮廓相仿，长约 2 米，宽约 1 米，从右上角的文字可以看出壁画的作者以及绘制的内容。作者为津邑画士王有信、卫太言。与献殿残留的壁画后土娘娘庙宫殿图以及正殿东西侧房梁前檐檐口上方及东侧房梁前檐檐口下方壁画不同，它们的绘画作者均为本邑画士，而此处的津邑应当是指汾河对面的河津县。清顺治十二年（1655 年），黄河决堤，后土祠内的建筑大部分被黄河冲毁，只留下秋风楼和门殿。康熙元年（1662 年），黄河再次决堤，连秋风楼也一同被淹没于黄河中。康熙二年（1663 年），后土祠移地重建于今庙前村北。同治六年（1867 年），后土祠再次被黄河冲毁。同治九年（1870 年），后土祠再次移建于庙前村北的高崖上，一直留存至今，已有 140 多年的历史。此幅壁画则应绘制于同治九年（1870 年）。从内容上看，壁画描绘的应是西望瑶池。瑶池在汉族神话传说中是西王母所居住的地方，位于天山上。传说每年到了农历三月初三、六月初六、八月初八，西王母专门在此设蟠桃盛会宴请各路神仙，各路神仙便来向创世祖先西王母祝寿，热闹非凡。画中共绘制人物 13 人，西王母站立在中间，神色和蔼，身披丝带，体态轻盈。在中国人的心中，西王母雍容华贵、地位超然，居于天山的瑶池圣境。瑶池凭借其优越的地理位置，还保持着男女平等、

本邑画士
李興元
陳鳳至
李成家

图 4-101 正殿东侧房孬前檐檐口下方壁画

图 4-102　正殿西侧房梁前檐檐口下方壁画

婚姻自由、没有压迫、没有剥削、没有战争的原始母系社会，这与当时外界社会的战乱频发，到处充满掠夺、压迫的环境截然不同，世人无不向往。在其境内还种有三千年开花、三千年结果的“王母蟠桃”，食之长生不老。在其下方绘制了一只机灵、欢乐的猴子，它头举仙桃，为西王母祝寿，寓意欢乐相随、福寿绵延。这绘制的应是瑶池猴子献桃的传说故事。壁画的左右两侧则描绘了西王母的侍女及正在观看此次盛宴的人们。左边侍女体态柔美，身披彩带，温柔典雅，右边观宴的人物站在树底下，表情形象生动。整个画面绘有大量的云朵，仙人们站在云朵之上，呈现出了云雾缭绕、热闹非凡的仙境场景。

以上两幅壁画均绘制了神仙人物，西侧内容为西望瑶池，主要是讲西王母祝寿的故事。经推测，东侧壁画中描绘的皇帝应是东王公或其他帝王神仙，两幅壁画与整体建筑东西相呼应。

四幅壁画与献殿西侧墙壁上遗存下来的后土娘娘庙宫殿图的绘制手法有所不同，后土娘娘庙宫殿图绘画类型为重彩画，设色浓重，在颜料运用、设色技巧、画法步骤等方面有许多独特而严格的要求，它既讲求色彩对于不同描绘对象准确、贴切、细致地表现，又讲求色彩本身所具有的美感效果。在画法步骤上，重彩画一般要求遵循勾（描形）、染（设色）、勒（复勾）等程序，要求造型准确、明晰和生动，无论是近景的凭栏、中景的建筑柱头的卷草纹纹理等细节，还是远景的门洞外建筑，均一一清楚呈现，讲究面面俱到。作为建筑的一部分，后土祠的壁画成为诸多艺术形式中的重要角色，它更加真切地反映了当时社会的政治、经济、文学、艺术和技术发展水平，为后人描绘出一幅幅生动翔实的古代生活画卷，讲述了中华民族千百年来深厚动人的传奇故事。

第六节 书法

汾阴后土祠，历经隋、唐、宋、元、明、清等朝代的重修与扩建，在漫长的发展过程中，形成了独具特色的建筑风格和浓郁的地方特色。历代帝王和文人墨客流连于此，留下了丰富的书法艺术作品及文献历史资料，使得今人探索汾阴后土祠的历史文化变迁有迹可循。后土祠中的碑刻、楹联、匾额是融文学、历史、书法、镌刻于一体的综合性艺术形式，具有独特的历史和文化价值。

一、碑刻书法

后土祠中的存世碑刻有10通。从时间跨度上来看，年代最早的是北宋大中祥符四年（1011年）由宋真宗亲自书写的《汾阴二圣配飨之铭》，时间最晚的是清末宣统三年（1911年）的《重修汾阴后土祠出入清单》。从其分布位置来看，多数碑刻立在殿、楼内及过道檐下，极大避免了风吹日晒对碑刻的影响，因而大多数碑刻保存得较为清晰完整，能够准确识读。不过，后土祠曾几遭黄河水患，祠中元代《秋风辞》碑、明代《轩辕扫地坛》碑泯于泥沙之中，后又从黄河中被打捞上来。元代《秋风辞》碑碑身可见明显裂痕，下面一行字缺，后用石补刻，用木架镶嵌，藏于秋风楼内；明代《轩辕扫地坛》碑身也有一条斜着的断裂纹迹，碑身下端残缺不全。

后土祠碑刻种类丰富，下面依照碑刻所记内容，对碑刻分别论述。

1. 御制碑《汾阴二圣配飨之铭》

《汾阴二圣配飨之铭》碑（见图4-103），高2.52米，宽7.14米，共有五块，紧密连接在一起。通碑呈长方形，方形碑首，系北宋大中祥符四年（1011年）宋真宗赵恒御制御书并篆额，现立于坤柔圣母殿外东北侧碑楼中，是后土祠中规制最高的一通碑。碑文冗长，共1365字，碑额为“汾阴二圣配飨之铭”。碑文内容主要记述了宋真宗继先代帝王“祀郊封禅”之先例，文中盛赞了伯父宋太祖赵匡胤和父亲宋太宗赵光义的功德伟绩，并将他们称为“二圣”，配飨于后土祠受祀。此碑原立于宋真宗宝鼎行宫之外，由于是御制御书，官员觐见帝王时要在碑前整理衣冠及面圣之言语，故又称“萧墙碑”，意在要求臣民对碑要像对皇帝一样尊敬。

图 4-103　《汾阴二圣配飨之铭》碑拓片

宋真宗名恒，太宗第三子，善文好书。宋真宗认为其父博览群书、明智豁达，是一代有为之主，对太宗十分敬仰。他曾不断表达承继祖宗遗志、“嗣守二圣基业”[1]的想法。宋真宗基本沿袭其父的书学道路。除楷书、行书作为日常字体必须掌握之外，习草也是宋代帝王的传统。真宗还在东宫之时，太宗就以自己的喜好来要求他学习草书。真宗自幼由太宗亲授，自然进步迅速，加之其天分极高，水平自然高于常人。楷书碑《汾阴二圣配飨之铭》，点画厚重、字平端正，遒劲而不失清秀，富有书卷气。[2]又有《至圣文宣王赞并序》传世。此序乃真宗题碑篆额，并以行书写碑正文。真宗行书习王羲之《圣教序》，楷书则习“虞世南字法”[3]，亦曾亲授臣下虞世南字法。真宗的书法风格，受宋太宗的教导与书学思想影响，整体趋于平稳一路，笔力劲健，结体谨严而不松散，有雍容皇家之气象。明人王世贞评其楷书“遒逸有致”。

太宗在位时，他大力推行以儒家为主体的文化政策，提倡儒学教育并重视文教事业的发展，对当时及后世都有着深远影响。在真宗一朝，读书不仅成为实现个人价值的一种重要方式，也成为区分社会等级的一个重要标准。就社会发展风向探讨，读书使得宫廷内与社会文人的基本素养得到提升，对书法、绘画等发展起到了重要作用。

1 《宋史》卷二六五《李昉传附宗谔传》，中华书局 1985 年版，第 9142 页。
2 参见沈政：《宋代帝王书法研究》，河南师范大学硕士学位论文，2018 年。
3 参见（明）陶宗仪：《书史会要》，浙江人民美术出版社 2012 年版，第 142 页。

在太宗影响下，真宗对于太宗书法的承继，形成了宋初帝王书法的基本风貌。宋代帝王不仅是宋代书法艺术发展的实践者，也是宋代书法艺术的创造者，他们成为宋代书法发展极为重要的政治和文化推动力，在政策和制度上对宋代书风的形成和发展有着多方面的影响。

《汾阴二圣配飨之铭》碑为楷书碑，其字遒劲而不失清秀，字里行间透射出皇家气魄与王者风范。笔画方面，横画多为虚锋起笔，以左低右高取势，竖画稍作细微的粗细变化，多作垂露，偶有悬针，撇、捺画多用圆笔，折笔藏锋用于平捺，斜捺则以露锋处理；在结构上，有欧、虞风貌，又吸收了颜的特点，中宫稍显舒朗，该通碑刻字体态颀长，给人以沉稳多姿、庄重秀丽之感，结体严谨中见舒朗，点画的安排紧凑、匀称，间架开阔得当。

2. 诗文碑

秋风楼的每一层都收有《秋风辞》的刻石。第二层是清刻《秋风辞》碑（见图 4-104），为同治十三年（1874 年）所刻，通碑呈长方形，无碑额，系由主持迁建后土祠的荣河县知县戴儒珍撰跋、洪洞县的清朝遗老王轩用篆书书丹，后有跋语，叙述戴儒珍丁卯（1867 年）秋到任，六载后迁兴祠于善地的情形。

篆书释文：

汉武帝《秋风辞》

秋风起兮白云飞，草木黄落兮雁南归。

兰有秀兮菊有芳，怀佳人兮不能忘。

图 4-104　清刻《秋风辞》碑

泛楼船兮济汾河，横中流兮扬素波。

箫鼓鸣兮发棹歌，欢乐极兮哀情多。

少壮几时兮奈老何！

洪洞王轩篆

王轩（1823—1887），字霞举，号顾斋，清道光三年（1823年）正月初一生于洪洞薄村。父王建中，太学生。祖父王楷苏，乾隆癸亥科举人，大挑知县，善诗文，教授于乡，世称“眉山先生”。王轩书法师出何处，已无记载，但从他的篆书来看，有邓石如早期篆书的风貌，婉丽圆劲，线条受秦《峄山碑》及唐李阳冰篆法影响，属传统玉箸篆范畴，笔画匀细圆熟，收笔处略出锋，结构谨严，风神清朗俊爽。

清代前期的篆书艺术仍然谨守李斯和李阳冰法度，创作亦重复前人风格，缺乏新意。清初的篆书家有王澍、洪亮吉等。其篆书水平比起前代有一定的提高，但都属于工稳派一类的书家。清代中期，自嘉庆、道光之后，书法界掀起了变革，阮元、包世臣、邓石如等书家大力提倡碑学，成为当时的风尚。特别是邓石如开一代新风，荡涤了唐宋以来的细弱呆板的积习，成为新派篆书的领袖人物。从王轩的篆书书写来看，线条上还保留有传统玉箸篆线条均匀的特点，但字形有明显的伸展变化，上紧下松。

跋文曰：

秋风一辞，感慨悲壮，千古绝调，刻石建亭于汾阴脽上之汾阴祠。后沦于汾，复建楼而储之，诚三晋名碑中之一也。余昔曾读其辞，每值兰秀菊芳，追念景仰不已，时以未得亲睹为憾。丁卯秋，移宰汾阴，下车后，即登斯脽，楼已荡然无存，访诸父老，咸为余指洪涛巨浪中即当年遗址所在，方知又没于黄，因不胜沧桑之感，而时复值秋风萧飒，鸿雁北来，更令我抚今怀古，事与愿违。越六载，癸酉迁兴汾阴祠于善地，仍建秋风楼，刻辞于石而跋其后，以续数千年之鸿轨云尔。

诰授朝议大夫升用知府知荣河县事上元戴儒珍谨跋。

夏县耿荫樾书丹。

大清同治十三年岁次甲戌八月朔日立

清刻《秋风辞》碑的楷书部分呈现出明显的颜体书风。该篇碑文中宫舒朗，结体向外拓展，单字整体取抱式，字形整体由两端向中部呈弧状，结构疏密匀称、严谨遒实。起笔多用半藏锋，中锋运笔，行笔多施圆笔，方圆并用，刚劲有力，运笔凝练持重，有收有放，顿挫得当。点画方面，通篇笔画之间相互呼应，笔势连贯，笔画注重“锥画沙”“屋漏痕”，中锋沉着，凝重而有涩意。横画重起重收，中部稍细，末端向上微挺，收尾向下重顿，劲力内敛，既厚重又含蓄；竖画落笔较重，多用垂露，末端呈露珠状，既刚劲坚挺，又丰润柔美；转折处运用提按的笔法，以突出筋骨，饱满雍容，富有姿态。整篇书法丰腴饱满，筋骨见刚强，具有中和之美。

秋风楼的第三层放置的是元代刻石《秋风辞》碑（见图 4-105）。碑高 0.58 米，宽 0.73 米，通碑呈长方形，碑额已失。据说此碑是元代秋风亭始建时的原碑，碑石正面书《秋风辞》，碑后署有“大德丁未中秋日”款识及跋文，董若冲书，为元大德十一年（1307 年）所刻。此碑通篇展现出褚书风韵，运笔以方圆兼施、逆起逆止为主，起伏跌宕，提按使转，回锋出锋，亦有所规。笔画粗细对比明显，笔笔到位，在书写时，充满了节奏的跳跃，或快或慢，有条不紊，整篇作品行云流水，且空而不虚，瘦而不弱，充满了空灵内秀之气。

3. 功德碑

功德碑，顾名思义，就是记功载德或者颂扬政绩的碑，是后土祠现存碑刻中数量最多的一种。《清同治迁兴后土祠名册》碑（见图 4-106）为同治癸酉年（1873 年）所刻。该碑共有 9 块，并列嵌在二连戏台中央过道檐下墙内，详细记录了同治年间的捐资情况。此碑是何人书刻已不可考，一般是本村或邻近的书法高手写后，再请名匠摹勒上石而成。此碑在结构上疏密相宜，点画布局上着意于轮廓与线条流动之感，其间不乏行书用笔。整体上看，此碑以楷法为主，但又不完全拘泥于楷，而是在楷与行之间游弋，用笔遒劲有力，就章法而言，因文布局，通篇工整凝重。

清光绪捐资碑（见图 4-107），为光绪九年（1883 年）所刻。该碑有两块，一左一右立于献殿前。弧形碑额，碑额施以平面浅浮雕，有底座。该碑记录了光绪九年间的捐资情况。书刻者无考。

释文曰：

必有余庆。

大清光绪九年三月吉日刻石。

前知韩城县事程公 逢春捐银伍拾两。

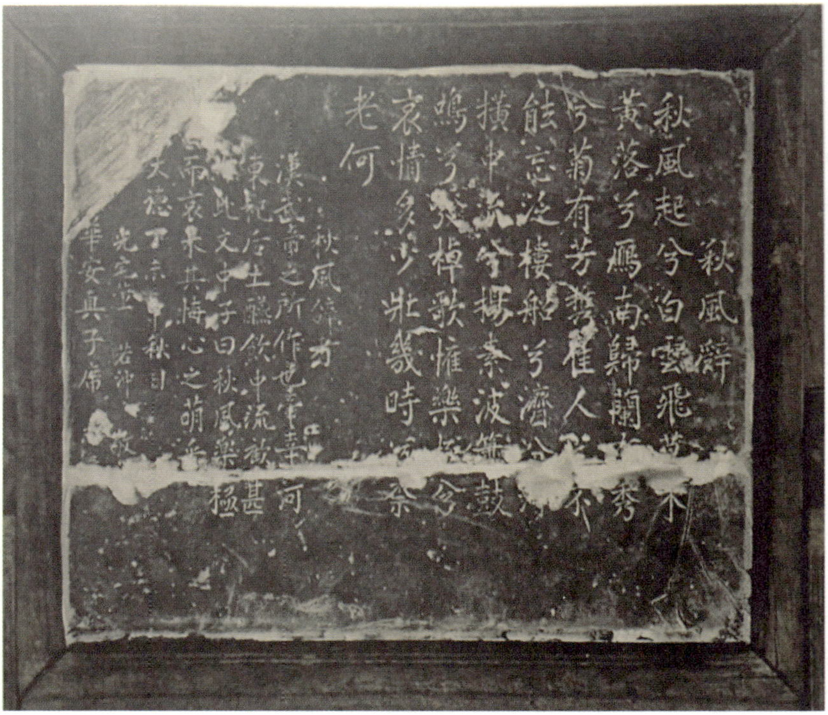

图 4-105　元刻《秋风辞》碑

图 4-106　《清同治迁兴后土祠名册》碑（局部）

韩城合县二十公里捐银伍佰壹拾肆两伍钱八分。

万善同归。

大清光绪九年三月吉日刊石。

前知荣河县事戴公印儒珍捐银伍拾两。

荣河合县村庄捐银壹仟叁佰捌拾叁两陆钱七分。

图 4-107 清光绪捐资碑

两碑碑额与正文皆用楷书，其字于规矩中见飘逸，最具欧体风貌，整体字形偏瘦长，给人以瘦硬清秀、洒脱灵动之感。结体严谨中见疏朗。运笔方面平实稳重，以中锋为主，笔画劲中含润，起收笔干脆利落，没有过多修饰。

4. 祭祀碑

《轩辕扫地坛》碑（见图 4-108），于明代嘉靖二十四年（1545 年）由荣河知县侯祈命人雕刻，圆形碑首，底座已失。碑正面居中镌刻“轩辕扫地之坛”，两旁还刻有多行小字，字迹已残缺不全，仅依稀可辨：

图 4-108 《轩辕扫地坛》碑

> 扫地坛，古代相传在荣河县后土神祠秋风楼后汾脽之曲，阴□神□获真□胜地□之余惧大河之□渐以湮没而后于考也为之序。于大宁□识之。嘉靖□□二月东

碑阴刻有“龙马负图之处”六字。

该碑与后土祠中其他碑刻不同，以行书入碑，线条运行变化丰富，笔画粗壮，看起来极为饱满。两旁数行小字以行书写就，苍劲凛然，结字取纵长之势，其顿挫跌宕奕奕动人，颇具唐代行书碑刻的风范。

5. 纪事碑

《清同治至光绪迁建后土祠各样出入》碑（见图 4-109），通碑呈长方形，嵌在山门建筑西侧檐下墙内。碑文记载同治十二年至光绪六年（1875—1880）后土祠迁建工程的具体项目、各项花费与收入。此碑线条细腻，字形匀称，从整体看规整有法度。

图 4-109 《清同治至光绪迁建后土祠各样出入》碑

《宣统三年后土祠各样出入》碑（见图 4-110），通碑呈长方形，嵌在山门建筑东侧檐下墙内，碑文记录重修后土祠的具体项目和各项花费与收入。整块碑文线条沉劲，字势飞动，章法得宜。

后土祠中的清代碑志正文绝大多数是以法度森严的小楷书写并加以镌刻，就整体书风而言，基本上都是属于馆阁体一类的书体，以工整、端正、严肃为要，整饬端正、清雅平和，内部却也有细微的书写风格差异。清代的馆阁体书法以二王为宗，以唐人书法为师，承袭明代之中书体，在端庄典雅的整体格调内，书风又各具特色，而在清代科举考试中，这正是对应试士子的书写要求。

祠中的功德碑、纪事碑刻虽未必出自名家之手，其书法也可能只是追求实

图 4-110 《宣统三年后土祠各样出入》碑

用，甚至是以生计为目的而书，却也呈现出淳朴之美。在今天来看，古代民间书法家的书法碑刻，不仅具有较高的历史和艺术价值，而且还是研究古代文化、风俗等不可缺少的实物标本。书体或行书或楷书，书风各异，却又无一不是中正典雅、字体端正之作，为研究中国古代民间书法提供了最佳的物质资料，对了解当时人们的书法审美取向有着重要的意义。

总体来看，楷书是后土祠碑刻中最为常用的书体。这些碑刻的风格虽多样，却均取法唐代楷书，楷书原指楷正与工整，唐尚法，唐楷更是注重法度，这便增加了祠中碑刻正式、规矩与庄重的意义。另外，楷书还是普通民众学习汉字的基本字体，更具辨识性，也更有助于碑刻文本内容的传播。

二、匾额书法

后土祠内悬挂的匾额共有 17 块。从材质上看，祠内木匾、石匾均有，其中木匾 10 块，石匾 7 块。木匾多见于亭台楼阁之中，有蓝色底金字、木色底黑字、木色底白字、黑色底绿字等多种样式。从刻法上看，木匾多以阴刻为主，石匾多为阳刻。祠内除献殿门洞两块异形匾额外，其余为横匾。就边框纹饰而言，祠中平面匾最为多见，即无四边框的匾。

1. 后土祠匾额的书风特征

后土祠匾额以行楷书为主，篆书匾额有两块，草书匾额一块。

山门“后土祠”木匾（见图 4-111），楷书，蓝底金字，稳健端方，笔力雄厚。

五岳殿“五岳殿”木匾，行楷书，蓝底金字，结字端庄，笔力雄健，气势磅礴。

献殿门洞中的“履中”“蹈和”“寅畏”“虔恭”四块石匾都是篆书匾，骨气遒正，精彩冲融。

图 4-111　山门“后土祠”木匾

东偏门的“麟趾呈祥”和西偏门的“螽斯衍庆”（见图 4-112）都是楷书匾，书风采用颜体或魏碑中雄强一路，给人以端庄静穆、浑厚宽广之感。

图 4-112　“螽斯衍庆”石匾

正殿路的“崇义乾坤”木匾（见图 4-113），楷书，黑底绿字，有上下款，款识除姓名外皆为红字，上款篆书书写“敬奉后土”下款隶书书写题匾者身份“晋城弟子”，典型的颜体风格，雍容大度和磅礴的阳刚之气跃然匾上。

秋风楼上的“秋风楼”木匾（见图 4-114），行书，黑底金字，有钤印，在题匾者姓名的下面盖有一枚印章，是后土祠内唯一有钤印的匾额。印章与款识内容相互呼应、相互印证，一定程度上也丰富了匾额的章法形式。

图 4-113 “崇义乾坤”木匾

图 4-114 “秋风楼”木匾

秋风楼之下，东门首“瞻鲁”（见图 4-115）和西门首“望秦”（见图 4-116）两块石匾，行书写就，用笔厚重粗犷，笔画起笔处先藏锋，收笔末端更有回锋重收圆润之势，字形开张有力。出于颜而厚重于颜，拙而不板，字字沉雄。

匾额书法的美感主要体现在以下几方面：一是线条之美。书法的线条是一种载情性很强的节奏线条，有走向、有粗细、有力度等诸多变化。二是结构之

图 4-115 “瞻鲁”石匾

图 4-116 “望秦”石匾

美。因字由点画连贯穿插而成，点画的空白处也是字的组成部分，虚实相生，才完成一个艺术品，所以字点画结构的安排，又称“布白”，具有结构之美。三是章法之美。书家对章法有着特殊的敏感，章法可以说是书法家最重要的艺术手段之一。书写者通过笔墨来表现自己对生活的感受，像王羲之的俊逸、颜真卿的雄浑端庄以及欧阳询的典雅、秀媚等文人气息，无不反映作者的审美趣味和修养。

后土祠内匾额的内容多则四字，少则二字，以二字、三字为主。文字精练，言简意赅，寓意隽永，字字句句之间都蕴藏着极为深刻的文化内涵。后土祠内建筑物上的匾额以茂密沉厚、雍容大度、偏重写实为主，与环境统一起来，利于远观。后土祠内数处建筑规模宏大，庄重方正，蔚为壮观，因此高挂在大门上方的匾额大字务必与整个建筑风格协调一致，其书法特点为宽博、端厚、结密、雄浑。后土祠内匾额书法或娴雅，或劲健，或俊逸，皆翰墨芬芳，逸趣横生，可谓书法艺术珍品，不可多得。

2. 后土祠匾额文化特征

从后土祠匾额的内容寓意来看，可分为两类。一类为题名型匾额，如“后土祠”“秋风楼”“五岳殿”等，这些匾额直接题写建筑物或场所的名称；另一类为描述型匾额，如“崇义乾坤”“瞻鲁”“望秦”等，是以介绍和描述后土祠及祠内人文景观为主，通常取自古人的诗句或典故。这两种匾额都有着深厚的历史文化内涵，下面分别论之。

1. 题名型匾额

题名型匾额，即介绍这些建筑物或场所名称的匾额。

“秋风楼”。此楼位于正殿之后，因藏有汉武帝《秋风辞》碑刻而得名。

“扫地坛”（见图 4-117）。“扫地”在古代汉语中具有祭祀之意，这一

图 4-117 “扫地坛”匾额

意义与思想一直传承至今。如我们每年清明节到祖先的坟地或陵墓扫墓，这里的“扫”就是祭祀、祭奠的意思。“地”由“土”和“也”组成，地之土可生万物者。《后汉书·隗嚣传》中说“地即母”，古汉语中，地、母同义。“扫地坛”就是黄帝为祭祀土地而建的大型祭坛或场所。

2. 描述型匾额

描述型匾额是以介绍后土祠内人文景色及后土祠相关描述为主。

后土祠献殿门额上方雕刻有四块石匾，分别是“履中”“蹈和”“寅畏”“虔恭”。这八字是说祭祀后土圣母时应有的心态，亦指为人处世应遵循的准则。

“履中”，是指要走正道，公平处事。

“蹈和”，是指要以和为贵，对亲对邻要友善亲睦。

“寅畏”，指的是做人应该要有戒惧之心，对天地、生命和大自然都要有敬畏之心。

“虔恭”，是说为人要低调，要虔诚恭敬。

东侧门门额为“麟趾呈祥”，西侧门门额为“螽斯衍庆”。麒麟是祥瑞的象征，有麒麟送子之称；螽斯即蝗虫，其繁殖极为迅速，数量众多且群集在一起，常用来祝愿人们多子多福。

“崇义乾坤”，“崇义”是崇尚信义的意思，“乾坤”是道教文化术语，一指《易》的乾卦和坤卦，二指天地，三指日月，四指阴阳、刚柔，五指国家、江山、天下，六指局势、大局，七指帝、后，八指玄虚、花招。“乾坤”一般代表天地、南北、阴阳。

后土祠最北端的秋风楼，台基横跨在一条贯穿东西的古道之上。相传，张

仪当年就是从此道而过渡河入秦拜相的，因此素有“张仪古道”之称。（见图4-118、图4-119）

图 4-118　秋风楼下的张仪古道

古道东门首有“瞻鲁”二字，西门首为“望秦”。意思就是站在楼上，东可以远瞻鲁国，西可以眺望秦国。“瞻”与“望”的意思虽然都是“看”，但“瞻”与“望”所包含的情感不同、态度不同。面对孔子所居的鲁国用“瞻”字，而面对嬴政（秦始皇）所在的秦国则用“望”字。

二连戏台上的“镜花”“水月”比喻虚幻的东西。二匾出处应是明代胡应麟《诗薮》：“譬则镜花水月，体格声调，水与镜也。兴象风神，月与花也。必水澄镜朗，然后花月宛然。”镜中花、水中月，本都是“空”的意思，但是仔细一想，花在镜中、月在水中就可以看见了，这不正比喻舞台上扮演的角色实乃舞台下的一切吗？

“春雪台”，意指出调高雅、阳春白雪。这是给台下的观众讲的：金榜题名、出将入相、洞房花烛、风花雪月之类的东西固然好，固然重要，但是不能把它看得过重、过于执着，那不过是水中明月镜中花罢了。

“古往”“今来”二匾的意思是从古至今。

匾额书法一般会悬挂于建筑核心位置之上，用于建筑命名，渲染意境，使得建筑逐渐生出了情感，以唤起观者共鸣，赋予建筑更多的内涵。综观后土祠匾额，集文字、印章、雕刻、色彩于一身，各个匾额既形式多样又各具特色，多属于文人题字匾的范畴。这些书匾者无论在书法水平上，还是书写内容所表现出来的文化涵养上，都堪称时代之翘楚。无论是字体、章法，还是书风、意境，这些匾额都与后土祠的建筑紧密地结合在一起，既起着标识作用，又增加了后土祠的审美意趣。这些匾额的内容融会了后土祠的历史积淀，体现出后土祠巍峨悠邈的精神缩影。

三、楹联书法

楹联又称“门对”或“对联”等，因古时多悬挂或黏贴在楼堂宅殿的楹柱上，故称“楹联”。它源自律诗中的对偶句，简短精练、对仗整齐、节奏和谐、形式生动，是我国特有的一种文学形式，至今已有千余年历史，是我国传统文化的瑰宝。

后土祠中的楹联可分为三部分：一部分是祠中原有的，一部分是由潘新杰先生所作，另一部分是全国征集来的。目前，后土祠现存楹联十余副，皆悬挂或依存于后土祠中主要建筑上。祠内楹联的时代可以从近现代追溯到清代，从材质上看多为木制，有少数石刻作品。

1. 后土祠楹联的书风特征

后土祠的十余副楹联中，以行楷书联为主，篆书联有一副，隶书联有两副，现就其书风特点分别论述如下。

山门前刻有两副楹联。一副刻于前廊檐柱上，楹文为：“河汾涌浪，浪浪推波朝圣母；日月生辉，辉辉泛彩绕脽丘。”隶书，用笔丰腴厚重，结体方整匀称，于简净中兼有古逸的气韵。

另一副刻于山门两侧内门柱上，楹文为：“圣祠立本，化演飞龙，问天下谁堪媲美；华裔朝宗，激扬鸣凤，看世间我最称雄。”此为潘新杰自作联，楷书，联词优美，书风英俊，意近欧赵，雍雅俊逸，端庄朗润。

东石柱阴刻楷书联：“前缓声，后缓声，善哉歌也；大垂手，小垂手，轩乎舞之。”西台石柱联：“空即色，色即空，我闻如是；画中人，人中画，于

图 4-119 张仪古道是过去当地人的主要外出通道

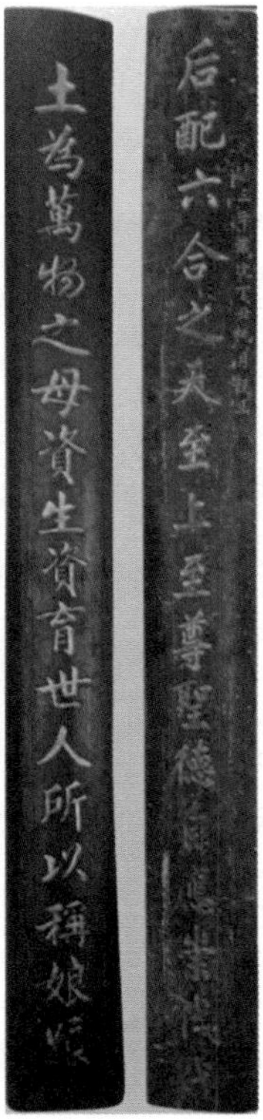

图 4-120　正殿楹联

意云何？”此二联为一人所书，行草书联。行楷笔道流畅、潇洒多姿、运笔巧妙，掺以草书字形，在点画布局上布白精密、结体紧凑。

正殿楹联：“后配六合之天，至上至尊，圣德自应崇代代；土为万物之母，资生资育，世人所以称娘娘。”（见图 4-120）有款识。

“光绪三年岁次，丁酉桃月谷旦。”楷书联。此联是典型的唐楷风格，以欧赵为本，参酌颜书，点画矫健，结体端庄，古拙沉稳。

“世事总归空，何必以空为实事；人情都是戏，不妨将戏作真情。”此联为潘新杰先生撰文，楷书联，运笔婉丽劲健，庄妍流美，平稳舒缓，内敛含蓄，清雅秀润。

“调元德普神恩远，保赤功巍惠泽流。”石刻楹联。刻于旗杆之上，楷书，上款为“光绪拾二年重立”，下款为“武志孝敬书”。此联行楷，结字端正，用笔凝重，韵致朴拙、墨象饱满，显现出凛然正气。

“游哉悠哉头上生旦净丑，演也艳也脚下士农工商。”（见图 4-121）篆书联，为潘新杰先生撰文，用笔圆融清健，横平竖直，体势修长舒展，上紧下松，笔画以圆为主，使转圆

图 4-121　过亭台楹联

活，富有奇趣。

“香烟漫绕切祈浩浩神恩远，俎豆杂陈诚愿悠悠福日长。”行书联，行笔缓稳得当，整幅作品章法绵密朴茂，气息贯通流畅，神韵生动自然。

“千秋共颂神德千古神恩千古，万众同尊后土万荣后世万荣。”隶书联，曹全碑风貌明显，用笔逆入平出，以圆笔为主，运笔如顺水推舟，很少有大蹲大跳之笔，不激不励，笔势稳健，婉丽绰约，端庄典雅。笔势中敛，波挑左右开张，疏密有致，行笔圆浑淳厚，意气灵和，属明丽清雅一路。

后土祠内楹联书法有篆、隶、楷行等多种文字形态，正楷和行楷通俗易懂、便于辨认，成为后土祠楹联书法的首选字体。整体来说，祠中楹联都是字数有限的大字，所以在书写上更加强调单个字的表现，不论远观、近观，都呈现出与寻常书作不同的书风效果。

2. 后土祠楹联的文化特征

从内容上看，后土祠中的楹联可分为两种类型。第一种是与后土祠的历史有渊源。主殿神龛旁有清光绪三年（1877 年）楹联一副，联曰：“后配六合之天，至上至尊，圣德自应崇代代；土为万物之母，资生资育，世人所以称娘娘。”此联首嵌“后土”二字，说明后土圣母是大地的化身，后土祠是中华民族祭祀土地的发源地。

第二种是表达修身养德，体现精神思想的楹联。东石柱阴刻联：“前缓声，后缓声，善哉歌也；大垂手，小垂手，轩乎舞之。”前后缓声，本是乐府歌辞中的一种，言词柔和，这里指的是剧中人的歌声动听感人；“善哉歌也”，意指剧中人唱词婉转动听；而“轩乎舞之”则表示戏人们动作轻柔自然。

大垂手、小垂手原是舞乐名，指的是舞蹈姿态，此处指剧中人的曼妙舞姿。（见图 4-122、图 4-123）

西台石柱联：“空即色，色即空，我闻如是；画中人，人中画，于意云何？”上联用这种语气表明佛家的人世观。下联用商议的语气设问道：戏中人物及这些人物透过一幕幕之图景，用意何在？（见图 4-124、图 4-125）

台内木柱联：“世事总归空，何必以空为实事；人情都是戏，不妨将戏作真情。”这副对联形象地揭示了戏曲创作与欣赏之间的关系。上联劝人勿以虚假为真，动之以情；下联则反过来说人之情与戏有异曲同工之妙，亦可戏作参考。平中含奇，意蕴深远。

留存的古建筑打开了我们与历史沟通的大门，而匾额与楹联更是了解先人内心世界的窗口，后土祠中匾联的意义，不仅仅在于它表现出来的书法美，更深层次的在于诗词艺术与建筑结合的文艺美、思想境界与建筑艺术结合的意境美。

后土祠内存世的碑刻、匾联书法，用艺术的语言向世人讲述着后土祠的悠久历史，是宝贵的文物艺术珍品，更是一份丰厚的历史文化遗产。

图 4-122　东台石柱楹联上联

图 4-123　东台石柱楹联下联

图 4-124　西台石柱楹联上联

图 4-125　西台石柱楹联下联

第五章

建筑文化与非遗传承

第一节　建造后土祠的历史人物

后土是中国民间广泛信仰的神祇，总司土地之神，万荣后土祠是中华神州大地上最古老祭祀后土的祠庙。历史上参与后土祠修建的人物有很多，从古代帝王到知县、木匠、石匠等，他们都对万荣后土祠的修建贡献了自己的力量。根据史书记载自西汉、东汉、十六国、唐朝至北宋 5 朝有 8 位皇帝怀着崇敬的心情亲祀后土；西汉、北宋和金（南宋）、元两朝，计有 7 位皇帝先后 7 次派遣朝廷官员替代祭祀后土。[1]

一、汉武帝

汉元鼎四年（前 113 年）十一月甲子，后土祠建成，汉武帝刘彻亲自祭拜，其典礼仪式与祭祀天帝之礼相同。汉武帝刘彻亲祀后土，拉开了封建社会帝王亲临汾阴祭祀的帷幕。汉武帝刘彻不仅采用对宗族祭祀场所才使用的“祠”字，下诏修建后土祠，而且身体力行，在短短的 14 年间，先后 5 次亲自祭祀。

> 冬，十月，上行幸雍，祠五畤。诏曰：“今上帝，朕亲郊，而后土无祀，则礼不答也，其令有司议！”立后土祠于泽中圜丘。上遂自夏阳东幸汾阴。是时，天子始巡郡、国。河东守不意行至，不办，自杀。十一月，甲子，立后土祠于汾阴脽上，上亲望拜，如上帝礼。礼毕，行幸荥阳，还，至洛阳，封周后姬嘉为周子南君。

汉武帝首次祭祀后土，是元鼎四年十月从长安（今陕西西安）出发前往雍城（今陕西省凤翔县城关镇南）祭祀。祭祀期间，汉武帝颁布诏书道：“如今敬奉天帝，朕亲自祭祀，却未祭祀地神，于礼不合，着令主管官员研究办理！”于是主管官员建议，在水泽中圆形丘台上建立后土祠，以祭祀土地神。汉武帝遂自雍城前往夏阳（今陕西韩城）芝川渡口上船，东渡黄河，前往汾阴（今运城市万荣县荣河镇庙前村），并且在庙前渡下船。十一月，祭拜结束之后，汉武帝巡幸至荥阳(今郑州市西北的古荥镇)，巡视结束后启程还京(今陕西西安)。

---

1 陆峰波：《历代皇帝祀汾阴后土考》，《史志学刊》2015 年第 1 期。

元鼎四年(前113年)首次祭祀结束之后,汉武帝便大约两年祭祀后土一次,最后一次祭祀为天汉元年（前100年），由此可见汉武帝对于后土祭祀的重视。

《资治通鉴·汉纪十三》元封四年（前107年）：“春，三月，祠后土，赦汾阴、夏阳、中都死罪以下。”

《资治通鉴·汉纪十三》元封六年(前105年):“三月,行幸河东,祠后土,赦汾阴殊死以下。”

《资治通鉴·汉纪十三》太初二年（前103年）：“三月，上行幸河东，祠后土。”

《资治通鉴·汉纪十三》天汉元年（前100年）:“春，正月，上行幸甘泉，郊泰畤。三月，行幸河东，祠后土。”

从汉武帝两年一祀可以看出，他对于祭祀后土的虔诚心态以及对后土圣母的无限崇敬。他期盼后土神祇保佑他在有生之年再铸辉煌，这充分反映了汉武帝刘彻壮心不已的豪迈情怀。

二、唐玄宗

唐玄宗李隆基是中国第二位亲祀后土的皇帝。在唐代，人们常使用“皇天后土”一词，将后土与皇天并列，代指天地。据此我们可以得知后土形象在唐代不仅广泛传播而且地位很高。玄宗祭祀源于大臣张说的上奏：“汾阴脽上有汉家后土祠，其礼久废；陛下宜因巡幸修之，为农祈谷。”张说主要提到恢复祭祀汉武帝脽上后土大祀的两个含义：一是恢复重要的礼制仪式,“绍斯坠典”;二是为了祈求平原、高山、水泽的粮食丰收，增加人民福祉。因此，玄宗听从了张说的意见而进行了他的首次祭地活动。在《唐会要》中有以下记述：“（开元）十一年正月二日，发东都，北巡。二十五日，至并州。”

唐玄宗先是从京师长安出发北巡东都洛阳，再到并州（今太原）。又于开元十一年（723年）二月从并州前往汾阴后土祠祭祀。据推测，唐玄宗前往并州的目的是加强并州作为北都的统治地位,为威慑北方不稳定势力,才需要“振武耀威”。在宣示“武”的同时，玄宗也需要强调对“文”的野望。因此，唐玄宗才会亲祀汾阴后土祠，这也成为此次北巡中极为重要的一个环节。在此次祭祀后，唐玄宗亲作文章，其中云：“大舜则五载一巡，武帝则三岁一祭，古今代变，人神礼烦。朕就为损益，折以法度，一纪再驾，亦无间焉。”文章中提到，“大舜则五载一巡，武帝则三岁一祭”，不难看出唐玄宗将汉武帝作为标杆并加以效仿的意图。结合此次北巡途中，沿途建碑纪德，以表达对龙兴起事时高祖、太宗等的追思，唐玄宗在此时选择于龙兴之地恢复该礼，除了表面上以祈祷农业收成等目的外，更包含着期望重振李唐的心情，而亲祀汾阴后土祠无疑是其中的核心任务之一，极大地推动了唐代礼制的重建工作。[1]

唐玄宗第二次祭祀是开元二十年（732 年），《资治通鉴·唐纪二十九》对此次祭祀有明确记载：

冬，十月，壬午，上发东都；辛卯，幸潞州；辛丑，至北都；十一月，庚申，祀后土于汾阴，赦天下；十二月，辛未，还西京。

冬季，十月，壬午（十二日），唐玄宗从东都洛阳出发；辛卯（二十一日），到达潞州；辛丑，到达北都太原；十一月，庚申（二十一日），在汾阴祭祀土地神，大赦天下；十二月，辛未（初二），回到西京长安。

《旧唐书》卷二十四《礼仪志四》云：

（开元）二十年，车驾又从东都幸太原，还京。中书令萧嵩上言："去十一年亲祠后土，为祈谷，自是神明昭格，累年丰登。有祈必报，礼之大者。且汉武亲祠脽上，前后数四，伏请准旧祀后土，行赛之礼。"上从之。其年十一月至宝鼎，又亲祠以申赛谢。礼毕，大赦。仍令所司刊石祠所，上自为其文。

自汉武帝重振汾阴后土祠以来，对汾阴后土的亲祀也被看作是国家礼仪制度重建的重要组成部分，这一意识也存在于玄宗朝君臣的思想中，从而使得亲祀汾阴后土祠成为玄宗朝的一个重要政治符号。[2]

三、宋真宗

宋真宗赵恒祭祀后土是历代帝王祭祀后土的高潮，但也是帝王亲祀后土的最后一次。对于宋真宗祭祀后土，《续资治通鉴·宋纪二十九》中记载得十分详细：

丁酉，车驾奉天书发京师。群臣言日上有黄气如匹素，五色云如盖。是夕，次中牟县。

戊戌，次郑州。命陈彭年、王曙同详定邀驾词状。

庚子，次巩县。判河阳张齐贤见于汜水顿，侍食毕，即还任。

辛丑，过訾村，设幄殿，奉置山陵神坐，帝靴袍拜哭奠献。是日，有白雾起陵上，俄覆神幄，群臣以为帝哀惨所感。夕，次偃师县。

壬寅，至西京。

甲辰，发西京，至慈涧顿，大官始进素膳。夕，次新安县。

1 参见王博：《"一定之规"——论唐代后土祭祀的政治投射》，《世界宗教文化》2018 年第 4 期。

2 参见王博：《"一定之规"——论唐代后土祭祀的政治投射》，《世界宗教文化》2018 年第 4 期。

二月，乙巳朔，次渑池县。

戊申，东京言狱空。

壬子，出潼关，渡渭河，次严信仓，遣近臣祀西岳。

丙辰，次永安镇，遣近臣祀河渎。

丁巳，发永安镇，群臣言有黄云随天书辇。法驾入宝鼎县奉祇宫。

戊午，致斋。召近臣登延庆亭，南望仙掌，北瞰龙门，自宫至脽，列植嘉树，六师环宿，行阙旌旗帘幕照耀郊次，眺览久之。

己未，宝鼎县守臣言瀵泉涌，有光如烛。庚申，群官宿祀所。

辛酉，具法驾诣脽坛，夹路燎火，其光如昼，甬道盘屈，周以黄麾仗至坛次，服衮冕，登坛，祀后土地祇，备三献，奉天书于神坐之左，以太祖、太宗并配，悉如封禅礼。司天奏言黄气绕坛，月重轮，众星不见，惟大角光明。少顷，改服通天冠、绛纱袍，乘辇诣庙，登歌奠献，省封石匮，遣官分奠诸神。登郊丘亭，视汾河，望梁山，顾左右曰："此汉武帝泛楼船处也。"即日，还奉祇宫。诏以奉祇宫为太宁宫，增葺殿室，设后土圣母像，又遣官祭告河渎。

壬戌，御朝觐坛，受群臣朝贺。大赦天下，恩赐如东封例。建宝鼎县为庆成军，给复二年。赐天下酺三日。大宴穆清殿，赐父老酒食衣帛。帝作《汾阴二圣配飨铭》《河渎》《西海》等赞。

根据《续资治通鉴 · 宋纪二十九》中的记载，我们可以得出宋真宗祭祀后土的具体行程安排以及时间，以此可以形成一个空间位置关系图。宋真宗先是从汴京（今河南开封）出发，依次经过了郑州、巩县（今郑州市区西部）、偃师县（今洛阳中西部）、西京（今洛阳）、新安县（今洛阳市西）、渑池县（今三门峡市，位于河南省西北部）、永安镇，最后到达了宝鼎县（今山西万荣），并且在宝鼎县开始祭祀，祭祀结束之后改宝鼎县为庆成军。

宋真宗西祀完成后，汾阴后土祠迎来了蓬勃发展的重要时期。相应附属服务设施逐步完备，真宗西祀时的行宫被修建为太宁宫，修葺后，成为当地后土祭祀的典型代表。哲宗、徽宗时期都对汾阴后土祭祀有着相应政策，在北宋末期，由于特定的时代气氛，汾阴后土祠又迎来了蓬勃发展的机会。

从北宋汾阴后土祠的发展脉络来看，受政治局势的影响较大，汾阴后土祠在北宋的每一个发展，均与当局的政策息息相关。远古的汾阴后土信仰逐步流传，形成北宋巨大的祭祀力量。由于中央集权的强化，再加上执政重心的北移，宋以后的皇帝都没有亲自到汾阴祭奠后土，而都会派人到此祭奠。后代汾阴后土祠，多次受到黄河水患袭击，方位一再移动。官府对汾阴后土的祭祀也没有先代那么注重，后土祠渐渐成为民祠。然而，后土信仰却在群众中一直广为流传，影响深远。

四、戴儒珍

众所周知，历史上的后土祠因黄河水泛滥成灾，多次被冲毁重建。在后土祠历次重修中，对重修做出贡献的有资料显示的历史人物有明嘉靖年间荣河知县侯祈、康熙年间荣河知县陈觐圣、同治年间荣河县知县戴儒珍、光绪年间知县章同。尤其知县戴儒珍对后土祠的重建起到了重要作用。清同治六年（1867年），又一次黄河水患后，后土祠和秋风楼被肆虐的黄河水冲刷得荡然无存，为重现后土祠庙容貌，使百姓祭祀后土之心有所依托，时任荣河知县的戴儒珍做出重要决定，于同治九年（1870年）在庙前村北的高崖之上重建后土祠，这便形成了现在的后土祠。

荣河知县戴儒珍本居于上元县（唐上元二年即公元887年改江宁县置，治所在今南京市），同治丁卯秋，即同治六年（1867年）由上元县远赴黄河岸边的荣河县任知县。戴儒珍之所以会作出将后土祠重新移建于高崖之上的决定，实属有着宏大夙愿，只为“以续数千年鸿轨”，让汾阴祭地这一根维系中华民族精神的红线不要断。[1]处于中晚期的满清政府，此时已内忧外患，风雨飘摇，早已没有能力拿出大笔资金来维修这座皇家庙宇。作为荣河县的县令，戴儒珍为筹措修建祠庙费用，亲力亲为，他与相邻的河津县和陕西省韩城县相商，并带头捐出银两，同时又在这些地方发起募捐。未曾想到的是，众多的善男信女争相解囊，建筑修复的善款滚滚而来！修复后土祠已是重大事件，但更重要的是，戴儒珍要建造一座秋风楼来缅怀汉武帝的《秋风辞》，使这千年佳作更广为流传。戴儒珍发动当地百姓，多方筹集资金，以黄河里打捞的古祠残物原型为基准，组织人员重建后土祠及秋风楼。经过前后六年多的时间，其间历经筹钱、修建等各种艰难困苦，后土祠规模初成。同治十三年（1874年），继后土祠主殿完工后，秋风楼亦重建完成，再次立于黄河岸畔，千秋帝王之精神神坛在世人眼里再度亮相。为此奔波劳累的戴儒珍早已心力交瘁，积劳成疾。

为纪念这一重大事件，刻《秋风辞碑》（《迁祠碑记》）立于秋风楼二楼。碑刻内容共分两部分，前面为《秋风辞》全文，书小篆，洪洞王轩篆；碑后为荣河知县戴儒珍跋语，楷书，详细叙述了刻石的经过和意义。

---

1 参见柴化安：《话说后土祠》，中国文史出版社2013年版，第30—31页。

清复建后土祠碑记

清　戴儒珍

秋风一辞，感慨悲壮，千古绝调，刻石建亭于汾阴脽上之汾阴祠。后沦于汾，复建楼而储之，诚三晋名碑中之一也。余昔曾读其辞，每值兰秀菊芳，追念景仰不已，时以未得亲睹为憾。丁卯秋，移宰汾阴，下车后，即登斯脽，楼已荡然无存，访诸父老，咸为余指洪涛巨浪中即当年遗址所在，方知又没于黄，因不胜沧桑之感，而时复值秋风萧飒，鸿雁北来，更令我抚今怀古，事与愿违。越六载，癸酉迁兴汾阴祠于善地，仍建秋风楼，刻辞于石而跋其后，以续数千年之鸿轨云尔。

后土祠修建完成后，人们为纪念戴儒珍为后土祠所做的贡献，在戴儒珍有生之年，荣河人即在东道院为戴儒珍建造了生祠。祠堂本为值得纪念的人死后建造，之所以给还活着的戴儒珍建祠堂，是因为戴公建庙功德无量，荣河人永远铭记于心，世世代代不会忘记。[1]

几百年过去，如今每个有幸登楼的人，在凭栏远眺感慨秋风楼的精巧宏伟之时，仍都会怀念知县戴儒珍，有人还曾在楼上留诗：

一官来此六经春，不负苍天不负民。

登临谁不思戴公，不废万古望河汾。

五、民间工匠

在历史上推动后土祠建造发展的除了帝王、官员，还有那些默默无闻付出的工匠，他们用着粗糙的木材、简陋的工具在天地之间“作画”，他们不单单是一个个工匠，更是一个又一个的艺术家。从古至今，有无数的工匠前仆后继地建造、修缮、扩建着后土祠。关于工匠的详细记载还是在新中国成立之后，在党和人民政府的关怀与支持下，于 1961 年冬拨款 14000 元重修秋风楼。该工程于 1962 年 4 月 2 日动工，8 月 11 日完工。竣工之后，秋风楼焕然一新挺立于大河之滨，秦晋等地旅客游人过往瞻览之余，莫不颂扬赞许其工匠的功绩宏伟，并立碑记录这些为后土祠奉献的能工巧匠（见图 5-1）。秋风楼修建委员会成员如下：

秋风楼修建委员会

主任委员：斜口张金库。

监工委员：大周潘宰臣。

1 参见柴化安：《话说后土祠》，中国文史出版社 2013 年版，第 31 页。

委员：庙前大队阎村闵福元，文化馆大王村郭小青，供销社北百底周满元，庙前小学校校长孙乃英。

总工程师：西头李顺堂 。

木工：宝井潘创信，庙前贾天祥。

泥工：西头贾旭武，宝井崔有法，宝井温长法，光华朱万信。

图 5-1　1963 年秋风楼重修碑记

第二节　建造与花费

后土祠的建造可谓一项规模宏大的工程，整个庙宇的建成前后共计 11 年之久，花费不菲。在后土祠山门两侧的山墙上各镶嵌着一通碑刻，分别记录着当时建造后土祠的资金筹措情况。在西侧山门内墙上，镶嵌着的一方石碑，上刻《大清同治十二年七月至光绪六年十二月迁建后土祠入费总账清单碑记》（见图 5-2），记录了迁建后土祠入费总账清单。碑文如下：

大清同治十二年七月至光绪六年十二月迁建后土祠各样出入使费总账清单碑记

入合县村庄布施银一千二百九十五两七九□

钱四百二十九千四百八十文

入各处散名布施银二千一百一十九两八钱

钱七百三十千零□□九十六文

入缘簿花名布施银二百五十三两四八分

入十村布施银三十四两□六钱八分

钱三百零七千二百零九文

入十村前存老庙柏　银五两四钱六分□

树钱二十七千六百五十一文

入神前零收　香钱一百九十六千二百二十四文

入会上底子　银二十二两五钱三分

钱七百三十三千八百一十六文

入车上布施钱一百千零二百九十八文

入大船布施银五百零四两钱九分

钱四十二千五百四十二文

入粮项布施银二百七十两零五钱六分

入芝川河上零收布施银三十四两□□□□

钱七百零九千六百五十四文

入旧□席卖　钱一十五千二百四十六文

入河上零收船上布施银七钱四分

钱□九百七十三千九百九十六文

入庙上籽花卖　银一十三两

入砖瓦卖　银二百一十两零三分

钱四十七千零五十文

入戴公送盘费　银一两一钱六分

入木料板门柴卖　银一十九两七钱四分

钱六十四千一百三十八文

入庙上卖面得利　钱四十千□零八十五文

入各样杂物卖　银五两一钱五分

钱三十千零六百零一文

以上共总入　银四千七百九十两七分

钱六千四百四十八千九百八十四文

买地亩免□□□　使银三百三十四两四钱三分

钱拾六千二百三十四文

买房□　使银七百八十一两三钱八分

钱□□六□七千二百一十七文
盘费车脚　使银六十九两四钱四分五厘
钱四百二十二千零□二文
收布施费用　使银二十三两九钱九分
钱□□八千七百四十四文
买大小缘簿　使银□□□□□□
钱四十□千三百七十文
买铁货　使银八十八两六钱五分
钱□百一十八千五百七十文
买木料　使银□三百三十一两四钱一分
钱二百一十千零八百六十七文
买砖瓦　使银□□□□三两七钱四分
钱三百三十□千□八十四文
买琉璃脊兽　甬瓦　使银□□□□□六两五钱
钱二九十文
买绳麻　使银□□九□□□□分
钱□拾三千八百零六文
买石头　使银一百七十八两六钱二分
钱一百四十五□二百四十七文
解匠　使银十□零九钱五分
钱二百二十千零百四十六文
泥工砖匠　使银一百□九两零四分
钱□□□□□千零七十二文
买箔子麦草　干草　使钱六十二千九百文
土工　使银□两□□□
钱九百一十七千五百文
木工　使银二百三十三两一钱九分
钱□千一□四十四千四百五十文
画工　使银五十七两七钱三分
钱四十一千五百七十六文
各样零用　使银一百四十三两五钱
钱九百零一千三百九十文

与解州韩□衙门　使银一十八两□钱

买□炭　使银七十一两四钱七分

钱六百三十一千四百七十五文

同治十二　光绪元年　三月会

使银□十九两三钱二分

钱□□八十七千九百零八文

□食账　使银四两二钱六分

钱六百六十四千六百二十六文

以上共总使　银四千二百八十七两四钱六分

钱七千一□五十□□一百六十四文

除使长存银五百零三两三钱二分

除收长使钱七百零七千一百八十文　此合银□□□□

以上共总算清下存银七十四两七□三分□

光绪七年账

经理人　张养梅　□□贾复成　□□郭方迎

　　　　□生李玉振　监生潘□□

谨志

图 5-2　大清同治十二年七月至光绪六年十二月迁建后土祠入费总账清单碑

从碑文中，可了解到在同治十二年至光绪六年后土祠在迁建方面筹集款项来源、金额等情况，反映出当时后土祠的迁建并非一朝一夕之功，前后达七年之久。从钱款来源看，数额最大者是合县村庄布施所得，其次是各处散名布施所得银款，这里的各处散名布施也可以看出后土祠修建出资出力的各方人士范围广泛，除此两项重大收支之外，其余或是庙中香火供养、庙内土地经营所卖粮面钱款，或是河渡跑船所供，或是卖木料门板、砖瓦等所获钱款，其中还有荣河县知县戴儒珍送的盘缠费。可见，后土祠复建是在集众人之力、多方筹措之下，方始能成。最后共筹得善款银肆仟柒百九十两七钱八分　钱六千四百四十八千九百八十四文。这个款项额度的多少，可与同治十三年（1874年）山东福山县土地买卖契约略作对比。

同治十三年这个时间与后土祠复建时间基本相近，在这一时期，山东福山的 5 亩地共卖出纹银 20 两整，平均 1 亩地合 4 两银子。相比之下可知，后土祠复建所筹款项数额之大。

自同治十三年后土祠规模初具到建成，其间三十多年时间里，后土祠又不断被修缮。清朝时期的后土祠最后一次见于记载的修缮时间是宣统三年，这次修缮共捐资一千九百零六钱。后土祠的修缮是一项比较大的工程，人工、建材、酬劳伙食等一切事项都会涉及，所收捐款也主要用于五大方面：一是购买树木料板、石头房、缘簿绳、铁货、砖瓦脊首、箔子、炭、石灰、杂货和戏架子等后土祠修缮所用的建材、物料；二是支付修缮后土祠的画工、土木工、石砖匠工的酬劳以及工匠的伙食费；三是支付庙内修地的费用；四是购买庙内所需工粮；五是支付其他费用。此次修缮也以碑记的形式刻于石碑上，以此铭记。该捐资碑镶嵌于山门东侧的墙壁之上。碑文如下：（见图 5-3）

荣邑城北脽岭之上则汾阴古祠在焉大河西横通乎舟楫民庄南排□以茅□期间有秋风楼者乃汉武帝歌□之□业也并有圣母尊神灵踞其巅载入县志由来久矣逮同治间河水□涨殿廊栋宇几归乌有后至光绪丁丑戊寅二岁经□邑□章□二公捐筹迁兴乃重修汾阴祠增其旧制藏往昔今人碑记于其上然后为之宫殿为之钟楼以警其觉路为之鼓楼□□乎迷津为之歌舞台以唱演夫古事为之丹青以壮其雅观相寥也为之墙垣柏柳以绕之相

阔也为之山门坡路□守之其最者则仍访名工采乔木建秋风楼于其后既得地僻而事□又爱俗美而安间兹者黄河上下舟车商贾四方宾客以乐生送死畉畉衣食计者莫不曰

圣母之功德煦照千古也于是重修工竣之明年考其地形按其图记约知

社首复兴会期远则招泾渭汇□之商旅近则受城郭士女之馨香故愿有步斯岭而登斯楼者当思坤德□厚川岳效灵云尔

己酉科职员赤城王寿锟书并撰

谨将重修汾阴祠前后出入各项刊列于左

入□□□□经理　银二百六十两钱三百吊

入十村捐　银七□□两八钱六分　钱一十二吊七百□□文

入船上布施银二□□十□两□□□ 钱□□□□□□□□□□□文

入花名布施银一十三两七钱二分　钱五吊七百文

入百人状元会　银四两　钱一百七十吊八百六十文

入泰盛店　钱四吊　庆盛店钱三吊

入兑换银一百六十五两七钱六分

入□县庄名　银四百□十□两□钱八分　银□□□十三□□百七十文

入十募化　银□百五十□□钱七分

钱一十三吊五百文

入□河□　银二一两　钱□□□□□百□十六文

入蒲州府杨大□□　银八两一钱一分

入王德□　银□□拾□两三钱二分

潘□□钱二吊三百八十文

入□儿　银一两

共入银一千九百零零六钱□

钱一千四百□十四吊一百五十文

出买树木料板　银三百零四两□钱一分

钱六十一吊四百九十三文

出买缘簿　银七两零三分

钱四十□吊二百二十文

出买铁货　银九十五两六钱□分

钱□十八吊五百零□文

出买砖瓦脊首　银三百九十两□八钱一分

钱六□□□□百二□□文

出画工　银二百两零□一□□分

钱一百六十五吊一□□十文

出买炭席　银一百一十三两二钱四分
钱一十九吊七百四十文
出各样花费　银三十七两二钱六分
钱二百五十八吊四百八十文
出工食　银□两九钱
钱一百三十四吊二百八十八文
出石□匠工　银四十两零八钱□□
钱一十九吊□百五□四文
出□□□□地　银□十四两□□□
钱一十□□□□□文
出□□铜工　银一十□两□□二□
钱□□□□□□□□十文
共□□□□□□□□□□□□
出买房　银□百一十二两五钱
出买石头　银一十八两七钱
出买绳　银□十□两零五分
钱□吊□百四十文
出买箔子　银三两一钱五分
钱七吊八百九十三文
出土木工　银四百三十一两九钱七分
钱二百三十吊零一百五十五文
出买石灰　银三拾两一□六分
银一十吊□□百四十文
出杂货戏架子　银□十五两五钱三分
钱□百七十五吊□百一十文
出除换买地　□□亩使银三十二两整
出栽柏树买神□　银一十两零五钱
出兑换钱一百八十五吊□百五十一文
除□净□　银四两二钱八分

经理人　监生李□□　□□□
□□□□□　□□

□□□□□ □□
□□□

谨志

大清宣统三年岁次辛亥冬月立

图 5-3 山门东侧的墙壁上镶嵌的宣统年间捐资碑

除此之外，在后土祠并连戏台过道的左右墙壁上同样镶嵌着两排捐资碑，碑文以人名、店铺名和捐款金额为主。现将碑文（见图 5-4 至图 5-12）整理如下：

大清同治癸酉年迁兴 后土祠各处布施花名开列于后

孙六合 施一百一十三千九百文 三义店 施一百□九□□五十文

永裕店 施□十七千□□□文 闫九成 施三十九千□百文

柴德隆 施三十二千一百三十文 范红红 施二十八千四百五十文

薛季春 施一十六千三百五十文 孙九多 施乙十八千文

潘正考 施一十六千三百五文 李成合 施一十三千七百文

天□油店 施一十三千五百文 全盛潘 施一十二千八百文

正顺永 施一十二千六百五十文 牛登登 施一十二千八百文

顺兴合 施一十一千七百文 谢全全 施一十一千零七十文

长泰吉 施九千三百文 致中和 施九千文

清和祥 施八千九百文

邵元英　施八千九百文　牛崑崑　施八千八百文
张起隆　施八千二百文　严徐重　施八千文
范兴文　施七千九百八十文　孙长穆　施七千九百五十文
二合成　施七千九百文　牛马客　施七千八百文
李和拴　施七千六百文　余三阳　施七千四百文
二盛合　施七千一百文　柴玉隆　施七千文
刘小元　施七千文
李怀怀　施六千四百五十文　李官印　施六千四百文
柴世隆　施六千三百八十文　张问仁　施六千三百文
黄安心　施六千二百文　冯全吉　施六千一百文
孙红穆　施六千一百文　李□□　施六千文
姜牛脸　施六千文　李三红　施五千八百五十文
庚盛合　施五千八百文
元盛新号　施五千七百文　崔盛有　施五千三百五十文
通盛油店　施五千三百文　李新会　施五千二百文
程吉祥　施五千二百文　春生和　施五千一百文
恒盛永　施五千文　寻高高　施五千文
和生永　施四千八百文　陈道英　施四千八百文
尚天申　施四千八百文　李明明　施四千八百文
潘兆吉　施四千七百五十文　李八子　施四千七百文
贾百娃　施四千七百文　邱新锁　施四千六百文
晋升恒　施四千五百五十文　屈小川　施四千五百文
致和昌　施四千四百文　程根全　施四千四百文
李眼登　施四千四百文　忠兴盐店　施四千三百文
傅小眼　施四千三百文　程囊合　施四千二百五十文
茹心合　施四千三百文　贾玉魁　施四千二百文
王穆子　施四千二百文　周盛永　施四千二百文
张三儿　施四千一百五十文　牛小有　施四千一百文
崔玉兰　施四千乙百文　王□子　施七千三百文
魁兴盛　施四千乙百文　三盛合　施四千零五十文
张闷娃　施四千零五十文　永太祥　施四千文
王见娃　施四千文　尚益有　施四千文
薛□德　施三千九百五十文　泰来祥　新盛公　程兰吉　各施

三千九百文

师信信　施三千八百七十文

永盛和　张朱兰　程憨脸　李苟娃　各施三千八百文

王黑娃　施三千七百五十文　李月状　施三千七百文

刘生茂　李福亮　李毛损　各施三千六百文

并保保　施三千五百五十文

吉盛合　施三千六百五十文　公盛永　施三千五百文

杨廷泰　施三千四百五十文　武春吉　施三千四百二十文

永顺生　永庆店　孙春元　徐强成　刘岁平　卜丑子　各施三千四百文

孙安稳　潘变凤　梁九子　各施三千三百五十文

张梦生　施三千五百文　义新成　永和贞　各施三千三百文

张元元　施三千二百五十文

平心昌　天赐福　王丑子　卜小黑　各施三千二百文

王徐和　施三千乙百五十文

正兴生　同心成　复盛成　杨锁银　张克金　各施三千乙百文

兴盛合　施三千乙百四十文

春生德　长盛公　新盛合　福盛长　师家船户　尚黑子

潘黑娃　王余恒　王德子　李三娃　李眼当　各施三千文

师保保　施二千九百七十文　谢公船户　施三千零七十文

同心合　崔福盛　各施二千九百五十文

泰平福　蔡和元　崔三阳　严月闷　陈德正　贾茂堆　各施二千九百文

陈长庚　二千八百五十文　李春方　施二千七百八十文

杨辽子　施二千七百五十文　同兴和　施九千四百文

王全全　施□千八百五十文

三合号　珍兰魁　忠庆合　邱小喜　邱喜清　并宽心　孙根家

各施二千八百文

傅福元　施二千八百□十文　张黑娃　施二千□百文

李苟娃　施二千八百文　李春方　施二千七百八十文

王根顺　张六道　茹憨脸　各施二千七百五十文

孙丑来　孙朱元　卫□□　李根喜　李义娃　赵月占　张极柿

各施二千七百文

杨好当　施二千六百七十文　刘根朱　施二千六百五十文

并银加　施二千六百□十文　长凌祥　施二千六百四十文

增盛泰　王徐法　郭彩祥　陈和有　李春和　孙梦子　并福成
李红炭　　各施二千六百文
程四闷　　施二千五百二十文　　聂立春　　施二千五百五十文
王闷子　　施二千五百五十文　　王生子　　施二千五百四十文
万盛和　张恒武　张苟圈　潘喜喜　孙四元　程绑稳　严余儿
各施二千五百文
尚长元　　施二千五百三十文
同心成　春生福　张百娃　王龄子　李可造　廉长有
各施二千四百文
寻双乃　　施二千四百五十文　刘长生　王水子　师月损
各施二千三百五十文
鼎新号　顺兴合　合羊行　王眼保　屈彦□　潘小成　师三白
师小全　茹□娃　茹仓娃　刘使娃　并礼道　李立儿　　各施二千三百文
梁憨朱　张汝子　尚侯元　李梦梦　　各施二千二百五十文
杨恒□　　施二千三百六十文　　刘李儿　　施二千五百文
□顺昌　王数□　张长长　贾成太　柴苟□　祖远道　并成丙
孙官娃　卯命　　各施二千二百文
王欢战　张玉宝　张巴□　孙合合　孙凤林　　各施二千乙百五十文
新顺成　三益永　张小毛　张小曹　潘五长　邱生□　丁兴成　寻□喜
茹会会　聂进魁　并丙元　李徐文　　各施二千一百文
王同顺　　施二千一百四十文
张德学　张字赈　王克锁　张回朱　潘长保　庄三永　师两□　聂怀信
刘科年　　各施二千零五十文
通盛魁　　施二千零七十文　　吴重行　　施二千零三十文
王小元　王生子　贾闷子　隆盛福　义隆协　屈四凤　潘季德
丁稷子　陈起合　杨开祥　杨魁娃　柴银庄　程稳道　程根祥
孙丁子　孙溪心　李九成　李打虎　　各施二千文
程小敢　　施一千九百七十文　　马方□　　施一千九百五十文
程吉安　　施一千九百三十文
师徐七　杨兴合　□福临　李状明　李元武　李六子　王□子
王□成　王占凤　蔡明珠　丁登登　尚麦麦　郑黄宁
各施一千九百文

元泰店　施二千文

万造福　恒泰祥　忠信合　福顺魁　元盛祥　仁义永　周保廷

各施一千九百文

李数子　程百顺　张养养　张虎虎　各施一千八百五十文

二盛合　永茂成　金盛祥　元盛合　张多娃　张喜喜　潘记德　傅满庄

杨彦魁　郝四法　师免良　严登鳌　陈恳味　马徐保　刘清太

并太平　孙朱兰　孙黑黑　王辛午　王长宁　王岁子　各施一千八百文

程里安　程清福　各施一千七百八十文

屈中和　潘立顺　尚昌魁　杨川子　刘见不德　王安稳　王四岁

麻客　王徐采　王徐登　各施一千七百五十文

义和永　义和隆　二盛永　二合祥　福义顺　义盛号　丁月朝

孙道林　孙药娃　孙长林　孙金银　程中和　程有损　陈春雨

严永和　尚柔子　崔清太　王爱仁　王元会　王盛票　王锁福

王盛元　王眼德　元顺李　郝穆娃　屈四兴　张心安　各施一千七百文

王辛丑　张季季　各施一千六百五十文

郝怀金　贾仁年　各施一千六百一十文　王银兴　施一千九百五十文

孙味味　孙小怀　程雨及　李五八　严如娃　廉七德　各施一千六百五十文

清太魁　元盛昌　福盛通　顺兴公　涌源福　崔会有　傅梦祥

王红岁　王春盛　王两花　严红子　申祥祥　马合银　杨法升　杨盛德

刘根福　师定乐　潘憨朱　屈盛子　刘寅儿　刘恒德　刘计子

孙致中　孙堆子　李春登　王正子　李牛犊　各施一千六百文

尚安生　茹稳安　各施一千六百五十文

张多多　张蛮子　王来儿　王心顺　王小觅　贾朱娃　崔西太

屈翻翻　潘永恒　严药保　严四爻　聂新喜　马祥祥　并七乐

孙黑娃　各施一千五百五十文

张六闷　张百盛　郭金柱　协盛公　兴盛新　仁义公　德升永

王回来　王贵福　王全娃　王亮子　刘损门　刘清子　并平儿

孙八朱　孙药损　孙朱子　孙小朱　孙吼吼　李有法　涂药兰

屈红伦　梅占占　潘五吉　茹吉祥　各施一千五百文

严永和　马德生　各施一千七百文

尚福德　尚芒学　　各施一千五百文

蔡春元　崔有梅　张万存　屈眼祥　屈如莫　茹满满　严徐东

李双喜　严梁子　程朴硕　程克门　刘福长　　各施一千四百五十文

李新盛　　施一千五百文

郭卯子　邱进有　丁坐坐　德顺祥　二盛成　元盛成　王顺和

王学智　崔守志　王春和　王金兴　王锁子　王黄娃　张太太

张尚娃　梅双科　屈双登　郝富保　谢法茂　师丙午　师眼林

茹见长　严天佑　聂黄娃　陈红红　杨红朱　杨天汉　刘朱元　程沙乐

并状怀　并苏保　孙还还　孙状财　孙黑结　李户子　李苟兰

各施一千四百文

蔡凡娃　久益店　崔金安　潘有有　东兴太　尚虎娃　茹法安

刘两方　程喜子　程圈圈　程平安　孙葫芦　　各施一千三百五十文

师黑女　茹致祥　严克正　陈张计　杨遵法　柴五雪　柴小娃

吴泰来　刘百成　程明月　并保参　　各施一千三百文

吴土车　　施一千六百文

元盛长　□盛玉　元□号　同兴东　□□□　邱□明　王月子

王雅子　王朱损　王黄黄　王积玉　张茂彩　张吉祥　张小寻

并凤元　孙起家　孙鳌子　孙长茂　孙怀喜　孙稳子　　各施一千三百文

师黑黑　　施一千二百七十文

周月娃　茹十安　茹学道　廉立成　陈三凤　马三牛　杨朱国

刘满满　刘生儿　刘彦其　程憨困　程见不法　并五度　孙红朱

孙闷珍　孙祥祥　李穆子　李褲褲　李合合　李官乐　李壬寅

李招财　复兴魁　运隆油店　复盛店　王瞎养　王宽心　张月子

潘西村　杨并村　党潘成　尚反儿　　各施一千二百五十文

一心合　万顺昌　同兴和　新盛成　长兴茂　捷盛永　兴盛魁

天盛魁　福东来　二合永　恒顺裕　兴盛和　同盛福　同成福

正复兴　王中中　王岁胡　王心合　王顺吉　王凡凡　王新月

王双贞　　各施一千二百文

张□□　张计□　张长娃　张春祥　□盛和　郝苟□　□小光

姜马脸　孙忠祥　邵明珠　范庆祥　师黑结　严徐蛮　严□祥

孙五长　吕□喜　陈□□　陈串子　马欢稳　杨登安　孙东子

□政子　孙云朋　李万庄　李小经　李双合　李黑娃　　各施

一千二百文

太顺吉　傅百恒　王圪塔　王根毛　崔德山　崔马子　张登云
张万有　屈岁林　党冯兴　周成福　周月盛　周十爻　尚生子
尚岁昌　师富保　严祥子　柴闷肿　程世存　李周保　李宁任
各施一千一百五十文
吴春平　刘三方　　各施一千一百七十文
程立管　程德安　　各施一千一百三十文
同兴义　长兴合　两益合　丁红娃　丁良生　寻小兰　傅全德
傅计计　傅清吉　新盛合　王六相　王礼成　王治勤　王道成
张来来　张马蔺　张朱成　郝妙成　韩宏才　郝金合　党兆临
周乐子　尚雪冻　陈生义　　各施乙千一百文
傅凡凡　　施一千三百文
师七子　师黑脸　茹保呆　严心宽　严心顺　李金太　孙凤安
孙月成　孙小咪　孙黑脸　孙张□　孙孟阳　孙孟养　并羊子
程三还　程福祥　程万祥　柴小积　杨三鸭　杨印船　杨满发
傅亥亥　　各施乙千一百文
王新喜　王雪玉　王小子　王黑炭　王梦祥　乔六吉　王数娃
卫平娃　张三文　张两损　张□造　梅□安　潘兆魁　潘张祥
师塘娃　茹汉环　严登儿　严票票　严成吉　曹苟兰　马家家
杨凤元　刘劳恩　刘满儿　刘平儿　刘虎子　并小保　并张成
孙法娃　孙金成　太盛油店　新兴德　福盛成　　各施一千零五十文
永积法　永庆吉　景盛魁　永裕成　三义茂　王月福　王加子
王法和　王元宝　王林子　王正科　王道隆　王文子　王申娃
王春法　张永桂　张囊囊　张进元　张黑子　潘回雨　郝呆牛
各施一千文
安升义　　施一千八百文
□底客　袁平云　徐眼徐　蔡银炭　薛黄马　寻小王　秦威向
傅闷闷　尚红儿　白收麦　师小怪　师兴桂　师□鳌　茹凤年
严仓娃　严仓娃　严董和　严苟当　杨根迎　柴恒立　刘两喜
程升里　程占春　程四勤　并彦斗　孙秋成　孙五回　李老虎
赵何桂　泰来长　新生隆　公盛成　二合新　昌盛新　祥盛永
元泰昌　德盛顺　通顺福　　各施乙千文
义和盐店　王武英　王牛牛　崔福来　张成福　张福伦　梅尾子

尚门儿　师乐乐　廉四安　聂世科　聂太太　刘初生
刘绰儿　程亲苟　程荣子　程苟子　李全有　李汉幸　大兴协
茹彦兴　黄喜德　　各施九百五十文
大丰升　顺兴长　忠心合　永福盛　新顺元　通玉东　忠和盛
新兴太　同盛公　大丰胜　同盛正　丰德和　茹祥祥
傅里安　　各施九百文
郭茂英　王胡子　王里娃　王开和　王方保　王百顺　王朱娃
王援秋　王火芦　卫白炭　崔丙申　张掌子　张永法　张平娃
张彦彪　张稳来　屈风云　屈及及　潘三锁　潘林兴　潘荣荣
尚牛儿　尚方方　尚光儿　师坐坐　茹殿平　茹安邦　聂魁魁
杨使鸭　杨两伴　柴卯命　吴得令　蔡全有　丁京玉　薛法法
薛祥祥　薛保印　刘改朱　程四还　程王里　程里和　并新汝
并四院　孙计损　孙五朱　孙玉成　孙小红　孙补子　孙高祥
赵二娃　聂百娃　陈徐年　李芦郭　李问有　贾正和　各施九百文
尚长盛　师科子　毋祥祥　毋林丙　柴木山　程存子　并兴太
并六子　并全儿　并虎印　孙三德　李瞎养　李保保　李数娃
复庆昌　永裕号　王法法　潘刚刚　王宜娃　王道娃　裴百成
各施八百八百五十文
闫眼朱　并天才　　各施九百文
尚生儿　　施八百五十文
柴新桂　柴真气　柴映怀　吴官成　刘科儿　程两喜　王锁稳
并金有　并长考　并三禄　孙新院　孙荒年　孙欢盛　孙树春
孙盛子　孙状喜　孙卯硕　孙付牛　孙徐年　永顺和　天顺新
生盛锡　祥顺永　永集成　宏顺成　树生茂　林兴昌　永盛达
永义油店　二合德　永盛安　天盛魁　正复成　义合德　王喜德
王小印　王根娃　王元长　王锁劳　卫新损　崔逢魁　崔寅寅
张郭保　张梦朱　张双全　张克银　张小黄　张娃　张小法
张吉明　张新立　梅里儿　潘玉凤　郝三来　范徐吉　周新庆
周盛文　徐百状　郭碗客　郭臭炭　郭月相　郭何保　郭凹凹
郭恳吼　贾徐成　邱高子　卜安子　傅盛元　尚创吉　尚存存
茹同生　茹圪墖　吕虎林　　各施八百文
徐小官　陈凤铙　陈金牛　李任任　李方子　李顺我　竹徐乐
刘庆福　刘存儿　贾学贤　　各施八百文

世泰号 德新合 二和合 永茂德 祥顺德 笃庆魁 致和祥
王辛亥 王列列 王拴稳 崔黑娃 崔昌智 张马马 张黑脸
梅长吉 梅吉祥 屈小敬 屈义和 屈自宽 潘赵科 薛闷儿
傅过兵 茹法成 毋三阳 陈文娃 陈茂子 杨三三 杨梦进
杨苟娃 柴保保 柴庚庚 王根损 武官仁 孙先春 孙喜德
孙更锡 刘全生 刘银生 袁不收 刘大受 各施七百五十文
徐长吉 蔡德德 德盛合 德盛全 一心成 万庆永 三益连
二盛魁 通盛合 碗客 长盛和 同盛店 三合成 三十道
王七儿 王育虎 王岁进 王春来 王转子 王七奋 王魁魁
王六徐 崔安定 崔平畨 崔条娃 沈望望 各施七百文
张圪斗 张道娃 张皮皮 张百勤 张吉娃 张汉盛 屈付吉
屈憨脸 周来保 潘来保 潘块子 郝盛林 尚随正 邵保义
党潘文 师掌财 师雨鳌 师如娃 茹小苟 严眼当 聂正起
聂八子 谭友直 竹作栋 吴雨均 吴根兴 刘长登 刘小苟
刘喜生 刘占本 刘来科 程庆禄 程来吉 并孙成 并振海
孙百盛 孙庚庚 孙新成 孙七兰 李成家 李武官 李四春
李春朱 原斗光 吕立门 各施七百文
王进忠 王官朱 王四非 王永祥 王向春 王莫名 王开乐
王李至 王长令 王白余 王永安 张加福 张寅子 张悦子
张闷闷 张赵娃 张邦劳 张煖煖 张丑炭 张德子 张呈贵
张茄娃 张维子 潘雨劳 邵顺子 郭德德 郭长吉 贾更来
蔡黄太 邱五娃 各施六百文
南屈村船户 天德元 元和店 义盛和 长发荣 乾盛元
丙盛成 瑞成号 瑞廷成 元盛魁 隆盛合 德盛长 沪盛公
重兴魁 同兴公 丙新成 李忠损 李三马 李马损 赵还马
赵有法 赵马马 赵文明 赵徐周 赵存来 王朱脸 王余长
王丙寅 王元元 王计计 丁小唻 薛锁锁 韩安福 迭盛号
王金会 王花元 王福来 原里光 乔状怄 公裕魁 刘来来
刘锁朱 程多勤 程凡成 程清宣 程四纯 程赵子 尹黑成
并六院 并徐奎 并五闷 武凤保 孙五回 孙四禄 孙福有
孙创怄 孙林森 孙金珠 孙月珠 孙小驴 孙苟娃 孙喜喜
孙保平 孙清王 孙百喜 孙与到 孙小位 孙登元 李银盛
李安心 李堆娃 尚憨奋 茹瑞临 毋春风 廉丑呆 廉宏飞

各施六百文
茹三毛　廉回秋　牛春春　柴六云　刘竹林　程文魁　程五辽
孙丕观　孙满斗　天和李　德盛号　积成合　王方云　王徐计
王福敬　王体周　王新安　王根虎　王百和　崔两现　崔清□
张恒立　　各施六百五十文
严牛犊　严初量　严顺当　严胡芦　聂凤鸣　聂科科
聂小德　曹季春　吕门子　高红子　陈忹保　陈刘保　马太子
杨红牛　杨张德　柴文采　柴世法　柴闷珍　吴奋奋　吴存珠
刘如磨　刘金成　刘德娃　刘善娃　　各施六百文
天顺新　庆盛合　天福通　贾可福　东恒春　王三朱　梅三进
尚牛牛　尚长安　陈福茂　陈七娃　马拴稳　杨开子　吴憨苟
程心乐　孙五盛　赵贞太　赵雷雷　赵金龄　崔文连
各施五百五十文
茹安民　茹吉吉　茹建邦　廉占强　廉开成　廉芭芭　廉桃元
聂丙元　聂瞪眼　聂正春　　各施五百文
复生茂　　施七百文
茹祥升　　施六百文
祥顺盐店　德王元　复盛德　玉丰昌　新盛公　弥盛太　四新合
兴顺德　太和元　万兴太　泉源永　长盛德　茂盛宏　西盛魁
永德合　义茂店　敬心成　捷盛祥　原保子　徐起盛　郭丑牛
贾小兴　贾素稳　蔡清有　丁进元　丁姜院　薛永永　薛高高
孙五绰　孙四魁　孙寻娃　孙天罗　李合合　李林生　李春登
李喜科　李月林　李黑林　赵恳吼　赵雨多　赵锁锁　赵新贵
赵新德　卫银桂　师太娃　师小宽　师恒子　师烈烈　孙问明
孙福元　孙春益　孙苟食　孙气窝　孙朱娃　孙元子　孙凤年
孙坐兴　孙眼角　孙更新　孙凤元　聂庚辰　聂梅月　胥玉娃
韩宝山　陈金凤　陈盛才　马连级　杨根根　杨生江　柴牛牛
吴三福　并全收　并辰儿　并法彦　　各施五百文
德信荣　通顺成　祥盛德　义盛顺　福盛永　三星合　永盛元
月盛厂　敬信成　王三补　王少禄　王眼数　王合子　王三损
王兴　王振娃　王福成　王计兰　王根子　王喜德　王喜福　王圈娃
王新春　王正道　王根林　王状怀　王官成　王自玉　刘小烈
刘盛朱　刘喜德　刘长发　刘京京　刘问科　刘金娃　刘瓜子

刘银盛　刘旨山　刘洛子　刘廷儿　刘登娃　程新窝　程抖抖
程兴元　程谠秋　程太太　并小安　崔初娃　崔盛英　崔稳稳
崔坐坐　崔面块　张黑子　张有家　张光春　张新喜　张要要
张迎祥　张王元　张斗喜　张梦太　梅四有　屈堆堆　屈桂娃
潘怀德　潘贵相　潘玉昌　周富荣　梁朱子　梁月黑　尚前世
尚余儿　尚喜生　尚立法　尚反反　各施五百文
隆盛德　顺兴太　三盛德　王四回　王车飘　王锁朱　崔徐金
张德福　张清林　张双生　潘庄怌　蔡根损　邱长乐　薛丹桂
薛付月　寻娃盛　傅囊囊　傅德恒　傅雷守　师福盛　师保祥
茹初子　茹宪长　茹明子　茹见平　聂小金　宅涝涝　杨高保
杨进考　柴牛儿　吴苟损　吴福盛　刘汗成　刘柱子　刘雷栋
刘廷吉　程丆和　孙正明　孙怀娃　孙根有　孙怀子　孙迷眼
孙盛娃　孙进茂　李白合　各施四百五十文
原召子　原采桂　徐德德　徐前柱　徐大寅
徐吉损　郭保元　郭福祥　郭文明　郭未娃　邱根春　丁树魁
薛德茂　秦风大　傅回回　傅首元　傅生茂　傅凤元　傅庆子
刘胡状　刘方元　刘训□　刘恒见　刘兴旺　刘喜至　刘吉儿
程来吉　程两恒　程占仁　程憨苟　程魁子　各施四百文
复兴太　景盛恒　晋兴丰　永顺德　二合魁　恒丰玉　永义太
公兴合　赵江子　赵官保　赵红盛　赵利锁　赵阳成　孙堡子
孙拴牛　孙有兰　孙眼眼　孙合子　孙保金　孙虎子　孙杜桂
孙稳福　李富参　李天祥　李春盛　李君道　李举子　李靠水
程安稳　程见子　程盛祥　程蟠成　并光光　并怀兴　并月兰
并鳌儿　并福圭　并存存　并送吉　并生儿　武长庆　武憨憨
武生汝　武德斗　武采损　孙贞明　孙憨憨　孙成山　尚阳喜
尚娃　尚小回　尚丙林　尚双锁　尚小鳖　尚安生　师德平
师心宽　师福先　师乐子　茹文寅　茹四毛　茹智福　茹吵娃
茹元娃　茹迎运　严董怀　严回祥　廉收元　廉方国　闫德德
聂庆德　聂新桂　何昌发　竹安安　曹穆子　各施四百文
京顺林　久如昌　德盛义　义盛德　吉盛重　公顺成　荣盛成
新顺元　兴顺成　新盛祥　六合春　福盛魁　义兴隆　德盛元
怀盛昌　协盛王　同心合　义顺德　兴盛达　京新成　合顺成
福盛兴　元兴合　德花炉　会盛公　祥顺永　成兴义　永春德

同兴义　兴顺林　永和成　恒顺玉　协盛祥　吕才子　景飞林
雷虽定　雷三喜　高根会　田魁盛　齐全盛　齐两院　易怀清
陈红朱　陈尾托　陈振江　姚有望　马三印　马吉吉　马永岁
杨三娃　杨根英　杨禄禄　杨朱损　柴小喜　柴多娃　柴有望
柴玉道　柴法子　吴状元　刘闷闷　刘万儿　刘先科　刘魁生
刘养成　刘斜龙　刘见刚　卫方印　卫小吼　崔庆堂　崔会通
崔□娃　张月红　张如娃　张荣身　张四科　　各施四百文
张永贵　张光彩　张发祥　张蛮娃　张收麦　张福江　张徐满
张言成　张义忠　张圪札　张付娃　张容金　张合合　张文损
张创成　张娃子　张问虎　张憨苟　张七罗　梅有吉　梅尾子
王宁娃　王修坡　王金□　王兴喜　王午戌　王怀条　王苟保
王双合　王起家　王春义　王春元　王隆娃　王连娃　王进祥
王山河　王穆娃　王歪歪　王更辛　王升年　王更寅　王宽脸
王三祥　王抟劳　王桂朱　王魁子　王梁子　王天祥　王盛子
王永和　王状和　屈秃子　屈徐祥　屈四朱　屈其娃　屈虎娃
屈四兴　邵凤元　邵义保　杜文方　党百纯　党隆盛　周官养
周永兴　周徐乐　周逢忠　周瞎养　谢保印　梁铁块　廉梯德
各施四百文
原照先　原顺锡　原长禄　原安居　原四安　孙有年　　各施三百文
徐三转　徐银有　徐长印　徐根闯　郭长清　郭三平　郭谢保
黄中和　蔡永太　邱牛客　景余儿　薛世清　薛景福　薛朱子
寻穆穆　秦苏郎　傅九九　傅小德　傅逢彦　傅逢保　同兴昌
长顺祥　协立盛　仁义魁　大丰元　同顺祥　合盛德　长发号
杜顺成　新盛昌　致祥永　公顺盛　原兴桂　天顺永　考兴茂
二生玉　月盛昌　源顺义　丰玉长　双全新　生春公　全盛魁
金盛长　义兴合　义合号　泉顺洞　德花隆　兴盛福　冯玉成
大兴魁　庚盛福　积天成　班顺成　永太祥　天庆李　复盛合
协盛永　□永成　永恒玉　杰盛祥　德义升　京新长　合兴昌
三亿源　玉德永　五合魁　裕元隆　义顺正　元太合　世星生
万庆福　祥成悦　天顺合　德玉元　二兴盛　四盛合　　各施三百文
各州府县三乡布施花名开列于后
陈卯灼　　施银五两零三分
潘吉太　　施银□两五□一分

韩吉逢会　　施银叁两零九□
弥盛号　　施银叁两
李叙伦　　施银二两九七□
周笃庆　　施银二七分七卜
王太平母　　施银二□六□三卜
李院□　　施银二□九三卜
长庆合　　施银二□四□
正顺永　　施银二□四分
王映元　　施银二□□分一卜
李招财　　施银二□七□七卜
□张村　林凌汉　　施银二□四□
潘正春　　施银二□三□五卜
吴鹏舒　　施银一两七□
南池庙　王增魁　潘肇芸
杨家坡　武恩荣　锡盛福　万庆福　同心忆　义隆协　李三社
厘金局　　各施银二两
李廷选　　施银一□九分一卜
李政明　　施银一□□□
张忠仁　　施银一□六□
邵希周　　施银一□□□二卜
监生　张懋官　赵作义　惠迪吉　新兴成　孙凤来　卜训李　桂茂当
永丰当　张起隆　　各施银一□五□
贡生　李发荣　周振沪　郭肇堂
选盛魁　中和育　元盛协　永兴盛　茂盛号 吉祥当　王立貞
景盛成号　李林工　复兴德　赵万春　李克勤　监生温凤翔
各施银一两二卜
胡五家　　施银一两二卜
周泽林　周桂□　赵福□　张步安　　各施银一两一□八□
徐百□　邱五娃　各施银一□□卜
郭建德　□□财　王□貞　　各施银一两□□
□盛合　□□仁　马□崴　李□□　　各施银一两□□□
□□□　王六金　□□□□□□□□□□
□□□　姚海娃　师万恒　贾□文　　各施银□□□□文

陈金喜　　施银一两二分三卜

孙凤安　　施银一两二分

世泰昌　长庆全　福德合　同义协　李春茂　王绍堡　屈春登

王保娃　张魁魁　竹安安　武回朱　武三损　潘维贤　潘树堂

潘补春　潘方圆　姜世彦　范全娃　武梦朱　孙鳌儿　周岁法

严起春　黄安心　福盛成　杨兆瑞　张三憨　孙清云　王心乐

王和邻　杨小祥　张寺子　孙凤鹤　邵元英　裕德号　义祥号　贺兆祥

余□吕氏　崔兰兰　郝永盛　崔呈祥 贾孟元　丁保保

李潘子　赵文明　李收子　吴起凤　寻黑□　谢纪□

孙三□　李□合　陈福□　李在岐　薛德兴　王佩珠　李运来

武遵法　孙宝鹅　刘崇鳌　贺兆泰　丁永安　□凰喜　长发祥

王□平　□□□　　各施□□□□壹两

□□□　陈登高　　各施□□□□□□

并□□　　施□□□□□□□

□□□　　施□□□□□□

□□□　　施□□□□□□

李□□　　施□□□□□□

周彦德　　施银九分二卜

张克银　　施□□□□

陈有良　　施银八分九卜

张恒武　　施银八分三卜

李付金　　施银八分二卜

众信女　　施银一千五百三十文

牛自成　　施一千三百六十文

聂成娃　　施二千三百文

范三元　　施一千二□文

并汉清　　施一千二□文

并□德　　施银七□

丁英□　王小补　崔法劳　庆盛合　杨西祥　法兴染房　范从整

寻月红　　各施银六□

师随来　　施银九□八卜

赵年娃　　施银六分七卜

杨义彩　　施银六分一卜

杨忠　施一千五百文

张鸿逵　薛永平　郝文和　孙福临　孙祥娃　孙朱元　陈黑子

李折桂　郝维明　何黑子　柴登卓　张副魁　周四多　薛高升

潘三家　王太和　牛徐年　崔廷寺　潘根子　张应捷　张养正

潘祥祥　潘敌元　潘玉清　范丑□　竹余□　廉东□　周进家

蔡□子　闫昌昌　崔　氏　张大娃　□牛损　张根元　牛有有

丁辛丑　贾□成　张状基　陈三炭　乔清和　薛高科　李永法

李和清　薛□德　赵□□　潘□□　□□□　□□昌　□□□　□□□

□□□　王兆临　并□□　各施一千文

卫振清　吴保福　全盛潘　杨西汉　各施壹千文

孙有福　王双庆　武长升　张现娃　曲凡□　王李早　杨茂年

吴世子　邱三家　李七祥　张兴明　崔□鳌　李潘虎　李七朱

寻五桂　孙金法　□盛盛　郭百福　陈牛损　孙□穆　孙四贤

各施九百文

周新远　王怀子　王银兴　贺计保　李春芳　李包□　乔福来

张金房　□□□　□□□　各施八百文

李怀保　薛增福　孙□成　郝□□　孙寻娃　余振□

陈文□　□□□　李新院　李□登　□□□　冯俊□　王冥魁

□恒□　崔丙南　崔八娃　武敬星　张锁锁　□□□　□小便

潘根生　潘□清　潘丙列　孙□□　姜心正　孙景文　武晋荣

武丙月　武丙□　施□□□

薛法正　茹奋成　廉根太　张拴劳　屈雪云

屈保保　王笃庆　王高吉　王春生　易开庆　潘□田　潘猛朱

张邦信　杨盛祥　□□□　张□□　□□□　李□家　广新染房

王寅子　王凤义　赵福平　赵俊杰　寻眼庆　谢长文　王有盛

郑双兰　聂振子　李平儿　王丙月　李□英　范修文　杨四兴

张应兰　邱慎慎　赵铁吉　崔小敬　陈云祥　崔九□　毛福生

师新年　王奋　各施银五钱

王守国　□兴太　□仁□　郭□□　黄仁喜　潘□□　李逢春

陈三槐　各施银四钱

姜□便　崔□□　□安安　孙杨家　李两耀　□□□　□□□　杨□□

□□□　□文□　□□□　□□□　陈□□　吴引窝　孙长□　□□□

各施六百□□文

郭门李氏　徐□儿　王慎娃　信成合　赵武元　潘金道　潘新□
潘黑子　潘祥祥　潘应文　张方田　崔步清　芦□魁　范两院　□□□
□□□　□□硕　周□□　马朋霄　杨太山　王舜兰　韩保山
张□旺　周新庆　杨元庆　□□□　李清远　张余娃　张丙午
王盛元　张丑娃　贺来兴　柴五娃　陈天禄　邱四娃　邱生桂
邱凤娃　李□桂　李黑儿　李根喜　李德立　李朱举　李俊耀
薛月子　谢小武　谢月春　闫盛盛 王□兴　周□□　陈□功
潘三车　赵锡□　□四喜　王□林　吕多多　杨文俊　王进□
□□□　全□□　张□□　□□□　赵朱存　孙更子　□□□
□□□　□□□　□□□　□□□　□□□　□□□　□□□
李银盛　　各施五百文
薛玉瑞　张开江　李岁清　潘应瑞　李五任　李小禄　王俊英
孙长汉　易凤岐　马拴稳　张问月　张新命　李森岁　李生林
陈小□　张憨子　薛佑成　薛进玉　王存仁　孙揶稳　范□文
德盛福　刘元岗　　各施银二钱
卜黑娃　李改成　张应其　贯清堂　芦六保　王学□　屈太□
蔡长凌　张两□　王呆娃　王出奇　杨□怀　师明林　并□种
□□□□　□□全　蔡□德　□马马　□四合　李毛损　刘方元
刘□□　□武□　崔□娃　□□□　赵□□　赵茂盛　赵敬盛
王□余　并百昌　并□□　□□□　□□□　□□□　□□□
□□□□　□□□　吕□□　张□□　□□□　□□□　□□□
□□□　□□□　王□□　郭□娃　李□□　　各施三百文
廉满院　　施五百文
兴盛协　申随玉　　各施四百文
毋景珠　毋并娃　良食容　原根朱　马万海　马春学　马礼正
贾五江　邱有学　潘道娃　　各施三百文
潘世昌　潘成□　并白炭　周五吉　崔八娃
崔□雨　　各二百五十文
潘红朱　严自明　闫克正　　各二百文
安昌村　春吉　辰□　　施三百五十文
师秃子　师长亨　师马换　　各一百五十文
余月□　余保英　余登魁　余载娃　余柴娃　余赵成　柴金德
柴恩儿　柴兰贵　柴光明　柴新合　柴克明　柴金发　柴根德

柴安别　柴百全　柴新盛　柴正气　柴气生　柴善□　柴朱儿
柴吉名　柴□胡　柴金娃　柴得财　柴俊南　柴修林　柴三吉
柴计损　柴新子　柴□子　柴五锁　柴进成　柴金魁　柴东生
柴康儿　柴福永　柴六福　柴银桂　柴怌田　柴金□　柴海□
柴存法　柴花儿　柴补成　柴秦要　各施一百文
叶并生　叶迁兴　叶小虫　叶六儿　叶七生　叶宅娃　吴云彦
吴北辰　吴冬祥　吴白保　吴立发　吴西卯　吴春元　吴改映
吴状顺　吴根文　吴牛娃　吴来吉　吴小盛　吴小斜　吴数人
吴稳平　吴赵子　吴德明　吴长有　吴兰子　吴起娃　吴贵彩
吴莫成　吴构损　吴黑娃　吴彦兴　刘君娃　刘光儿　刘春化
刘根呆　刘小零　刘喜儿　刘三法　刘闷朱　刘万穆　刘六儿
刘长穆　刘生生　刘烈起　刘正儿　刘兰盛　刘山方　刘载沟
刘方林　刘红德　刘因□　刘状元　刘小歪　刘月升　刘方朱
刘三法　刘福强　刘根方　刘占敖　刘林儿　刘五儿　刘清秀
刘寅儿　刘登眼　刘朝儿　刘元贵　刘存朱　刘海□　刘百锁
刘事魁　刘厚德　刘君茂　刘车子　刘生　刘根子　刘太来
刘万玉　刘春季　刘进儿　刘武甲　刘占□　刘初祥　刘盛朱
刘孟祥　刘红吉　刘红保　刘兑子　刘根反　刘荣子　刘两反
刘南子　刘欢盛　刘回生　刘福成　刘成娃　刘光武　刘卓□
刘方□　刘穆成　刘两黄　刘白炭　刘苟魁　刘元车　刘四铙
刘德魁　刘穆兴　刘才望　刘福正　刘彦平　刘因生　刘春林
刘花本　刘丙科　刘常　刘并方　刘现娃　韩来西　卜牛损
原行船　原斜子　原平安　原明珠　原更新　原登子　原憨脸
原三进　原同柱　原回子　原金文　原广盛　原奋辰　原徐闯
原自南　原拉子　原三礼　原全子　原存子　原招儿　原初子
原小平　原何玉　原四吉　原窭子　原沟兴　原小太　原方吉
原丑子　原小元　原旺子　原吉财　原礼贤　原银保　原回来
原稳子　原四茂　原黑马　原德成　原自子　原邦吉　原徐生
原沟毛　原春子　原杰子　原斗庆　原武斗　郭会明　郭庙成
郭见堂　郭伪原　郭五子　郭长春　郭欢洛　郭文娃　郭回来
郭映魁　郭茂盛　郭丑能　郭双喜　郭卯成　郭铁块　郭根旺
郭羊朱　郭斗安　郭茂英　郭徐恩　徐白儿　徐春喜　徐方娃
徐黑娃　徐克位　徐付山　徐增春　徐卯娃　徐法盛　徐天浪

徐黑黑　徐康家　徐金损　徐福法　徐郭梅　徐叩发　徐小晋
徐金复　徐小闷　徐董心　徐吴娃　徐盛吉　徐金彦　徐子
徐四兴　徐世荣　徐永科　徐正　徐船娃　徐补娃　徐福成
徐王五　徐月印　徐占子　孙根之　孙楚兰　梅吉吉　梅永吉
梅夫子　梅作法　梅春反　梅瑞子　范一忍　范成和　范必兴
范永盛　范云娃　范憨奋　范六怄　范万来　范福德　范九朱
范门娃　邵新日　邵苟当　邵盛朱　邵尾把　邵毛娃　邵眼眼
邵中元　邵者者　邵善义　邵玉娃　党玉娃　党潘秋　党问娃
党虎升　党方喜　党肖林　党兴云　党自建　党百庆　党双稳
党和尚　党光辉　党中郎　周长春　周安安　周眼闷　周穆铙
周世丑　周国□　三义新　虎盛公　永英成　两益染房　两益太
二合永　玉成魁　义合通　复兴店　天太和　逢盛协　万顺德
贵盛长　三顺堂　三星堂　合心号　新生油店　裴金盛
六合号　德生永　德盛敏　仁玉魁　鸿太祥　正兴懋　合新成
义盛染坊　福和源　公顺合　万盛成　同升魁　顺兴成　福盛成
德庆吉　永兴店　福孝源　三义□　三义成　和合丰　和兴瑞
忠盛德　五顺祥　义兴源　隆顺合　义兴合　新合油店　新成油房
聚义合　宏盛成　元盛德　公裕魁　隆盛船　荣兴合　全盛油店
同盛生　吉善堂　吉庆堂　万盛合　三义成　忠义堂　忠盛福
聚义成　天兴吉　公顺德　彦盛魁　庆盛昌　俊盛通　正顺合
心合成　林生合　三合祥　永盛成　顺成堂　笃庆堂　永盛□
同必盛　正兴合　魏魁贤　福盛公　长庆合　春生福　太和昌
协太成　新庆店　同兴盛　永盛元　义合成　车盛成　复兴靛
元永茂　□茂当　长盛玉　立顺魁　三合喜　世兴合　咸盛合
宝元德　东升太　隆盛店　隆盛公　隆盛染坊　吉庆合　顺兴永
正荣合　兴隆成　复兴魁　四盛隆　合心同　恒成德　通顺皮房
安合永　正心隆　祥盛成　三盛魁　同新庆　吉盛魁　兴盛祥
喜成号　通成祥　福成达　林赤油店　昌盛新　兴盛隆　光盛元
永泰福　一心昌　复立盛　义隆合　通顺永　立盛逻　正发祥
四美君　万玉成　同心吉　义合号　福兴合　万顺福香兴合
□原□　黑四有　黑四科　黑长吉　焦动儿　焦盛法　焦锁娃
以上各施一百文
姜珍珍　姜福祥　姜江朱　周起生　周损生　周世隆　周长德

周□□ 周三江 周雨德 梁望隆 梁乃成 梁长子 梁官官
谢掌财 谢小财 谢黄援 谢稳重 谢春娃 谢羊羊 谢三春
张景春 张五山 张兄儿 张六元 张金有 张徐结 张八思
张运德 张乃新 张牛牛 张三憨 张黑志 张徐兰 张汪汪
张喜娃 张银儿 张小月 张五朱 张五双 张雨顺 张恩科
张补魁 张振魁 张金锁 张随子 张福盛 张福全 张□发
张润林 张喜儿 张五儿 张开银 张三站 张步全 张方魁
张□苟 张文子 张进起 张开彦 张长喜 张爰娃 张小茂
张记文 张保 张立中 张桂林 张计荣 张恭崔 张福正
张□保 张世斗 张白儿 各施一百文
王散名二百五十二 施小二十三千零七十文
张散名一百二十五 施拾千零八百文
潘散名五十七 施五千文
聂散姓四十七名 施四千二百文
廉散姓二十八名 施二千五百文
薛散姓四九名 施三千九百文
蔡散姓二十三名 施二千二百六十文
严散姓二十七名 施二千五百文
茹散姓三十九名 施三千八百文
师散姓三十五名 施三千五百文
程散姓七十名 施六千一百文
并散姓六十七名各 施六千七百九十文
孙散姓一百五十四名 施十四千四百七十文
李散姓一百三十八名 施十一千六百文
赵散姓五十七名 施五千二百五十文
傅散姓三十九名 施一千七百文
屈散姓三十七名 施三千二百五十文
原散姓三十一名 施二千四百文
贾散姓二十五名 施一千九百文
丁散姓十九名 施一千八百文
闫散姓十七名 施一仟六百文
武散姓十五名 施一千二百文
苏散姓十五名 施一千一百文

芦散姓十二名　施九百文
邱散姓十名　施九百五十文
宋散姓九名　施八百五十文
郑散姓九名　施八百文
寻散姓十名　施七百五十文
黄散姓八名　施七百六十文
□散姓八名　施七百五十文
秦散姓十一名　施一千零四十文
裴散姓八名　施六百五十文
刘散姓十二名　施六百文
竹散姓六名　施五百八十文
林散姓五各　施四百五十文
牛散姓六名　各施三百文
畅散姓四　名施二百文
余散姓三名　各施一百五十文
尚常常　师反反　师重儿　茹顺元　茹吉安　茹心平　严京子
严易娃　陈福生　陈生生　胜贤娃　陶玉庆　原盛喜　姚玉庆
马徐王　杨长发　杨掌儿　杨勤子　杨进考　牛老二　法新皮房
平福昌　三合魁　天兴成　同心亿　祥盛合　王治明　王小牛
王八子　王道长　王掷劳　王条娃　王天保　王月盛　王文芝
卫九成　崔福太　张百军　张新生　张黑结　张梦子　张广子
张保山　张回回　张急急　张耀林　范二娃　范黑子　范别子
范自申　谢喜子　原满碗　原盛吉　原歪子　徐成成　郭会会
蔡黑娃　薛四保　薛根潘　薛明珠　薛五五　傅涝涝　傅憨子
各施二百五十文
长盛丰　正家魁　百顺祥　同客人　德顺成　世德长　长兴福
易茂公　二合号　树义顺　第一号　元盛油店　隆盛合
二盛醋房　各施二百文
正兴号　永茂德　广兴染房　三盛公　和顺成　恒盛公　吉兴合
一义成　大恒成　顺成长　顺天成　会源长　福德合　月盛昌
天顺厂　天余厂　源顺□　和合永　恒庆永　新正合　顺兴公
永源昌　裕法太　积善堂　大成信　复仪顺　鸿盛祥　鸿庆成

昌兴店　怀信法　万晋号　振清永　积盛合　太来成　世兴当

长德合　德昌永　福盛新　合盛忠　严盛明　同庆元　三盛成

正顺锡　庆盛林　天玉长　义顺合　兴盛号　捡　客　原通号

廉盛魁　三合福　永盛魁　大有成　广庆永　西生元　兴盛丰

玉盛元　同义成　协盛月　积义成　五盛号　德盛成　吉盛店

天合隆　成盛积　同顺公　元新成　永义元　义顺合　兴瑞合　福兴昌

义隆昌　兴盛永　林德茂　永兴元　和义合　茂盛合　　各施三百文

万新祥　贺怌金　长盛永　丰盛永　复盛长　永益成　恒顺法

德福源　全盛昌　恒生玉　王康来　王运子　王池娃　三积娃

王条娃　王有占　王和邻　王德娃　王安静　王麦果　王义顺

王大炉　王逢玉　王拴娃　王自拴　王更更　王庆英　王使瑞

王胡有　王喜凌　王守福　王风雨　王盛云　王苟太　王庆吉

王茹子　王元元　三福全　王吉和　王门儿　王吉娃　王京娃

王损兴　王信　王冒子　王鹅子　王新春　王子建　王化兴

王徐儿　王法法　三法水　王起威　王里平　王成章　三文保

王盛娃　王银康　王扯飘　王振河　王揉英　王长财　三还庆

王清子　王天贵　王报快　王枝木　王小雨　王计社　王赤兰　王肥子

王年保　王长子　王根忠　王稳稳　王冲养　王利来　　各施二百文

王裴蛋　王永太　王亥样　王官朱　王惟子　王辛午　王春风

王义正　王眉眼　卫六合　卫小套　卫怌保　卫徐印　卫四成

卫望月　崔七子　崔顺子　崔更新　崔学安　崔炭炭　崔回有

崔尚法　张憨娃　张喜方　张荣银　张四车　张四四　张马娃

张兴保　张根子　张眉眼　张科儿　张营儿　张小全　张乐乐

张保劳　张吏娃　张毛塔　张数娃　张付云　张克福　张有法

张息致　张五苟　张顺和　张损成　张三未　张瓮子　张邦魁

张喜方　张南伴　张兔凤　张过元　张锁子　张正子　张富由

张武林　张赵娃　张杰娃　张立凤　张小憨　张长子　张计文

张数汉　张猛太　张向贵　张保　张保全　张春凌　张兰朱

张立正　张□古　张新合　张生　张通武　张永桂　张小猛

各施二百文

张怌两　张全子　张卯子　张朴上　张拴来　张计　张兴顺

张兴子　张二合　张未呆　张文虎　张兴盛　张居荣　张居魁

张义德　张闷朱　张咬腿　屈茂易　屈计大　屈彦会　屈憨珍
屈振清　屈五元　屈□成　屈□船　屈洋参　屈生兴　潘来娃
潘言雨　潘福雨　潘保京　潘喜子　潘清俊　潘清鸟　潘小位
潘成吉　潘新考　潘稳稳　潘万海　潘村鸿　潘丙怔　潘牛牛
郝问乾　郝六喜　郝福宁　范徐参　范芒进　范闯子　邵勤义　邵收子
党新昌　党再果　党生枝　党红福　党家岁　党起还　谢怀金
谢计子　谢工　梁来朱　尚凹凹　尚才　尚会昌　尚养林　尚海儿
尚孟学　尚盛林　尚增　尚生　尚老回　师屈太　师根九
师付进　师财义　师两损　　各施二百文
庆德成　毓昌德　德盛油店　惠迪店　新兴合　聚兴锡　德盛祥
余成魁　义顺成　张合　张要子　张法成　张克明　张委儿
张敢儿　张合子　张武子　潘连有　尚保正　师圪塔　茹光朝　茹急安
毋方煖　毋天顺　毋世朱　廉方囷　宗煖心　吕九朱　胥来法
陈孟进　杨高保　杨根来　杨进娃　杨斗安　刘盛合　刘虎娃
刘六院　刘长生　程潘英　程方迎　程占委　并六样　并王太
并文德　武有子　孙七元　孙小栈　孙彦昌　孙春祥　李在合　李三怀
李福京　乔天保　　各施三百五十文
傅苟眼　永庆和　德盛金　义和隆　同心德　同盛店　万盛同
活升永　务德成　协心瑞　庆盛合　道兴义　永玉生　宋和魁
仁和店　王武升　王有和　王德太　王方贞　王卜方　王升勺
王彦儿　王宽子　　各施三百文
吕长海　　施五百文
范福盛　师徐鳌　金三桂　　各施四百文
王数娃　王清玉　王新喜　王万成　王车户　王三收　王心安　王三卓
各施三百五十文
王顺娃　王现　王盛彪　王根毛　王兴娃　王向魁　王潘秋
王春喜　王春季　王季子　王茂兴　王莫角　王穆儿　王徐徐
王兴顺　王五名　王五相　王凤保　王根兴　王保保　王当花
王道道　王新盛　王徐恒　王银来　王进宝　王眼登　王长兴
王楞子　王七子　王苟保　王开占　卫秃子　卫小喜　卫全茂
卫新娃　崔欠娃　崔爻爻　张有方　张宽心　张起成　张马度
张计德　张立春　张合儿　张维贵　张六六　张德合　张寅儿

张居荣　张玉年　张射兴　张一春　张锁稳　张有金　张虎虎
张穆子　张朱当　张存财　张德法　张全增　梅春吉　梅稳成
梅永顺　　各施三百文
屈兆祥　屈棍娃　潘小长　潘成□　潘兴考　潘彩凡　潘眼眼
潘祥隆　潘立法　范张娃　姜苟脸　党回山　党锁儿　党进银
周六六　周瓮子　谢安付　谢黑黑　谢骡贩子　谢蛮娃　尚保保
尚焕喜　尚开吉　尚□□　尚法子　尚会会　师全保　师根合
师白玉　师马子　师三子　师阳子　茹德考　茹小结　茹安子　茹保家
毋应达　毋武虎　毋贵祥　毋囊囊　芦阳娃　芦三卷　芦四来
严心亮　严红庆　严居亮　严永禄　严长桂　严长儿　闫徐仲
聂一春　聂有年　聂新月　聂唐成　聂俊盛　聂七呆　聂康稳
聂春生　聂红子　聂有朋　聂两院　聂瑞子　聂三兰　聂必贵
聂福寿　任四桂　冯玉长　宋随有　宋丕心　路喜喜　何亩成　曹新章
吕正春　姬见娃　翟长林　翟长命　　各施三百文
□□安　董□□　陈□□　陈六保　陈徐□　陈根米　胡吼子　毛春生
原海子　姚光子　马□相　马月省　马全子　马窝子　马福庆
马吃狼　马洛子　杨三稳　杨邦行　杨六子　杨旺财　杨怄心
杨福德　杨两生　杨三困　杨安命　杨梦清　杨　兴　杨府德
牛盛德　柴月月　柴恒德　柴成子　柴随娃　柴祭娃　柴即稳
柴百祀　柴彩发　柴兰桂　柴小闷　吴长安　吴祥　吴兴林
吴福恒　吴小朱　刘金禄　刘开盛　刘积太　刘度年　刘焕马
刘法子　刘太吉　刘吉吉　刘鳌子　刘方方　刘成吉　刘凤吉
刘春元　刘养才　程亥亥　程损进　程太成　程稳成　程戊楼
程至科　程万祥　程三子　程成汉　并小黑　并太太　并科儿
并别别　并永兰　并益庆　并三彦　　各施三百文
刘满法　　施三百□□
武□□　武凤□　武佐德　孙天兴　孙玉来　孙两言
孙作盛　孙运春　孙有智　孙茂堆　孙小歪　孙春子　孙云更
孙玉泰　孙福兰　孙岱大　孙会元　孙有子　孙□□　孙南学
孙中和　孙损损　孙伴伴　李□和　李心□　李墨苟　李苟保
李万贞　李福锁　李邦子　李元吉　李全娃　李□鹄　李有云
赵有保　赵增光　赵方呆　赵新盛　赵产儿　赵增麦　赵百起

赵贵来　赵升恒　赵付升　苏映宁　　各施三百文

赵永茂　苏海瑞　李悦喜　李东成　李元元　李德东　李小盛

孙鳌子　孙三有　孙贞明　孙保平　孙潘潘　孙长吉　武芦圪塔

武林太　并金朱　并长有　并全乐　程兴儿　刘香禄　刘丙儿

刘黑炭　刘穆儿　刘壬午　刘福盛　吴魁保　吴枫林　柴德兴

柴步魁　柴心成　　各施二百五十文

图 5-4　后土祠并连戏台过道的左右墙壁上镶嵌着两排大清同治年间捐资碑之一

图 5-5　后土祠并连戏台过道的左右墙壁上镶嵌着两排大清同治年间捐资碑之二

图 5-6　后土祠并连戏台过道的左右墙壁上镶嵌着的两排大清同治年间捐资碑之三

图 5-7　后土祠并连戏台过道的左右墙壁上镶嵌着的两排大清同治年间捐资碑之四

图 5-8　后土祠并连戏台过道的左右墙壁上镶嵌着的两排大清同治年间捐资碑之五

图 5-9　后土祠并连戏台过道的左右墙壁上镶嵌着的两排大清同治年间捐资碑之六

图 5-10　后土祠并连戏台过道的左右墙壁上镶嵌着的两排大清同治年间捐资碑之七

图 5-11　后土祠并连戏台过道的左右墙壁上镶嵌着的两排大清同治年间捐资碑之八

图 5-12 后土祠并连戏台过道的左右墙壁上镶嵌着的两排大清同治年间捐资碑之九

第三节 保护与传承

古建筑是中国历史遗存下来的美丽瑰宝，是探索中国传统文化的实物范例，也是古代建筑艺术设计和审美的主要载体，它对于文化传承、历史研究等发挥着重大历史意义。古建筑的保护关乎我国的经济发展，其历史价值、艺术价值、科学研究价值都是不可忽视的。同时，历史悠久的古建筑也是如今提倡的匠作精神的代表。随着时间的推移，很多古建筑在风雨剥蚀和时间长河的磨损下已经满目疮痍，今人只有合理保护古建筑、高效修缮古建筑、正确利用古建筑，才能使这些见证着华夏文明和历史的瑰宝继续绽放异彩。

山西是中华文明的发祥地之一，其有文字记载的历史可以追溯到三千年之前，被形象地称为“华夏文明的摇篮”，并素有“中国古代博物馆”之美誉。根据资料记载，全国宋辽金以前的木结构古建筑共有 160 座，在山西境内就有 120 座，占到了全国总量的 75%；其中在晋东南古上党地区，宋辽金以前的古建筑就有 80 座，占到全国半数。元代之前的木结构古建筑全国约有 440 座，其中 350 座在山西，占全国总量的近 80%。综上观之，在这些古建筑中，山西所拥有的古建筑文物已占据全国古建筑类文物总数的七成以上，因此人们也形成了这样一种认识，“地下文物看陕西，地上文物看山西”。

万荣后土祠位于山西省运城市万荣县西南 40 千米处黄河岸边的庙前村，是中华大地上最古老祭祀后土女娲氏的祠庙。自中华人民共和国成立以来，后土祠经历了两次重大修缮，一次是 1962 年在党和人民政府的关怀与支持下进行的修缮，另一次是 2003 年当地万荣县政府组织的修缮。在此期间后土祠的常规性修缮一般都是庙主负责，资金来源主要是民间募捐，由于资金多为民间资金，所以修缮力度一直不大。在 2003 年开展修缮之前，后土祠于 2000 年便在万荣当地党和人民政府的支持下开始修缮。山西省古建筑保护工程有限公司匠人董养明便参与了 2000 年的修缮，据他介绍，此次主要修缮了后土祠的戏台、献殿，随后几年又修缮了正殿。

在古建筑修缮和保护行业摸爬滚打 30 余年的董养明师傅，师出河津教育局建筑职业班。在这个职业班中他系统学习了木工、瓦工、彩画等整个古建筑所能涉及的建筑知识，专业而系统地学习以及多年的古建筑修缮和保护实践，为他日后修缮后土祠打下了坚实基础。关于 2000 年修缮后土祠的相关事项，编写小组成员与董养明师傅进行了详细访谈，访谈内容见附录。（见图 5-14）

对于古建筑的修缮和保护，董养明有着更深刻的理解，他说：

> 在古代建造后土祠的工匠，其实他们不只是工匠，而是真正的艺术家，他们不是拿笔在画，他们是拿粗糙的木材、简陋的工具在天地之间作画，他们是在搭建艺术品。当你亲手去触摸它时，你可以感受到他们当时所用的工具是什么，不同的工具，不同的技术，做出不一样的东西。如今古建修缮都说要原材质、原形制、原工艺，但是这些都可以达到吗？不一定能达到！因为人已经不是原来的人了。你现在是用手在做，过去的那些工匠是用心在做。另外你已经没有他们当时的工具了，你也不知道他们拿什么工具在做，人家用锛子、斧子、刨子这些工具，你最后用的是刨子和电锯，工具不同，最后做出来的味道肯定也就不一样。所以，你再用手去触摸它时就能摸出来他们做过的痕迹。在古代，工匠建造的每一步都很用心，比

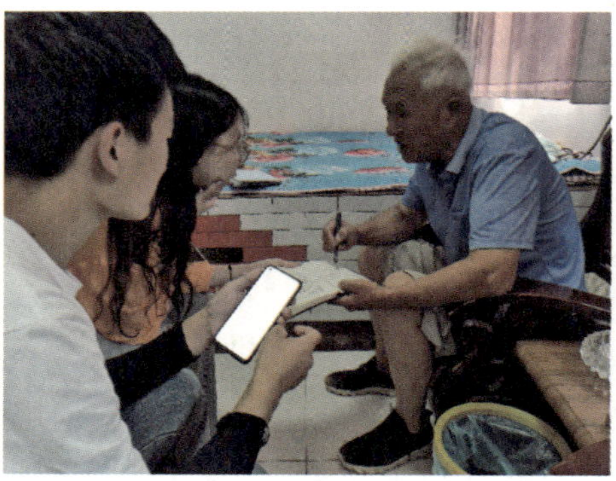

图 5-13　调研小组在万荣当地调研之一

图 5-14　调研小组在万荣当地调研之二

> 如说建筑基础部分，你挖开之后，它是没有砖基础的，其实就是土。但是咱们的现代建筑物，打洞打多少米，打多少钢筋混凝土，下雨时还有可能会变形。在过去，包括很多塔，它们是没有基础的，这些都是我在修塔的时候发现的。它们就是没有基础，底下就是灰土，它那个灰土咱们现在已经做不出来了，我们在修缮的时候就是要发现这种问题。不止看它采用的材料是什么，还要看它采用的工艺是什么，它所用的工具是什么。就是说同样的材料、同样的工艺、不同的工具做出来的效果也是不一样的，这才是关键。

关于后土祠的具体修缮，编写小组成员也与2003年后土祠修缮时负责修缮香亭的木匠张师傅与李师傅进行了详细访谈，访谈内容见附录。（见图5-13）通过上述详细访谈，我们从中获得了很多关于2000年和2003年修缮后土祠的相关信息，也了解到了后土祠修缮的大概过程。不论是董养明，还是负责香亭修缮的张师傅，抑或是负责石雕修缮的李师傅，他们都对后土祠的修缮做出了巨大贡献。但是，我们也可以从他们的访谈中感受到后土祠修缮工作的紧迫，以及他们对后土祠建筑修缮和保护的担忧和焦虑。

中国古建筑主要以砖木结构为主，木材受自然因素影响，具有寿命较短的特点，这也是古建筑保护较难的原因。后土祠建筑群同样以砖木结构为主，在漫长的历史传承中，很容易受到诸多自然因素的影响，导致建筑保护难度大大增加，给其修缮和保护工作带来较大困难。后土祠的修缮保护是比较复杂的过程，在修缮中需要对屋顶、屋架、辅佐层、柱、墙体、门窗、彩绘等多个方面进行修缮。因此，修缮人员需要具备坚实的古建筑专业技能。但是，近年来古建筑专业性保护人才较为缺乏，一些古建筑工艺面临失传的危险。在与砖雕工匠柴春生师傅进行访谈时，他就提到随着家庭条件的改善，现在已经很少有年轻人愿意学习古建筑修缮技艺了。

在对三位工匠进行访谈过程中，调研小组成员发现建造后土祠的材料也随着时间的推移而发生改变。琉璃是万荣后土祠建筑中的亮点，万荣后土祠的琉璃装饰也具有其特定的艺术价值和历史文化意义。关于后土祠琉璃的制作董养明曾在琉璃的釉色、色泽、原料三个方面详细进行了说明：

> 琉璃的还原度在二十年之前是比较好的，现在的琉璃和之前的琉璃已经不能同日而语了。第一，在原材料上，琉璃瓦已经失去了它之前的那种釉色，在胎体方面，过去用琉璃只是建筑很小的一个部分，只有皇家宫殿、祠堂这类的建筑用，老百姓是不能用琉璃的，正因为老百姓不能用，所以

琉璃选材比较好选。选择黏土时就可以很精准、精细，没有杂质，都是用手工在做。但是现在，大批量地开山挖矿，用机器在挖，琉璃就和白陶瓷一样，它们选料都是很薄的几层，十公分或者二十公分厚，都要将边缘的杂土淘干净，就只剩下选中的料。现在用挖掘机一挖全部都混在了一起，所以它的纯度就不对了。在选胎器的时候就出现了问题，这个过程已经没有之前那么严谨了。第二，过去拿煤烧的，烧出来是白胎体，然后涂釉。现在全都是拿电烤的，它没有煤的那种油性。电烤瓷很快，可能四个小时就完成了，用煤烤它得用十天十夜，只从时间上来看它们就差距很大了。包括过去烤釉，过来用柴火烤，现在也是用电，柴火有烟，就让它透明的同时，有一种浑厚感，现在整个已经没有那种浑厚感了。色泽不纯，全都变色了，第一步它的胎体就已经变色了，再加上琉璃釉色是透明的，它就能把不纯的底色反映出来。第三，釉料的原料不行，之前红颜色的琉璃瓦是氧化铁，铁生锈之后发红。绿色琉璃瓦的着色剂是氧化铜，铜在化学反应的时候，它是发绿的。在过去，人们是拿铜板装在窑里面，烧出来之后经过氧化反应琉璃就发绿色。现在市面上人们直接用氧化铜粉，它的纯度和铜板就差太多了，一堆铜粉可以炼很多氧化铜，过去是用纯铜在炼，当然，氧化铁也是一样。所以说，在釉料的着色剂上，它又不如之前了。

后土祠的保护与传承不只是对建筑本体的保护，还应该保护传统营造技艺。营建的专业技术分工主要包括大木作、小木作、瓦作、砖作、石作、土作、油作、彩画作、搭材作、裱糊作等，其中以大木作为诸作之首，在营建中占主要地位。我国传统工匠在数千年的营建过程中积淀了丰富经验，在建筑材料的科学合理选用、建造方法的确定、建造的整体加工与制作、节点及细部处理和建筑施工设计等方面都有独到与系统的方法或手艺，并有相关的禁忌和操作步骤。后土祠作为中华民族的瑰宝，其修缮和保护工作至关重要，意义深远。万荣县人民政府为了能够更好地保护后土祠，现已成立了万荣县后土祠景区开发管理中心，其主要负责后土祠的日常经营管理、制定后土祠景区开发的总体规划、组织景区的对外宣传和促销活动、开展对外旅游业务交流、协助文物保护单位加强对景区内文物市场的管理等多项工作。

但从目前后土祠的保存状况来看，依旧存在很多问题，这些历经年月洗刷的建筑物稍有不慎就将彻底消亡。因此，我们应该更加积极地去保护与传承古建文化，全面地对古建筑进行维护，这不仅是古建维护人员的任务，也是整个社会大众共同的职责。

第四节 庙会与非遗

2006年，运城市万荣县后土文化被公布为山西省第一批非物质文化遗产，其中万荣后土庙遗留的后土祭祀文化空间，以及每年正月十五元宵节和农历三月十八、十月初五的后土庙庙会，是该项非物质文化遗产的典型代表。后土祭祀活动与庙会表演是由当地10村6社组织，晋、陕、豫三省参与，影响波及全国。（见图5-15至图5-22）

一、万荣后土信仰文化的基本内容

清代古汾阴沿河一带，各村社每年庙会和重大节日的戏剧演出活动非常活跃。后土庙在每年正月十五元宵节和农历三月十八、十月初五举办庙会，后土庙附近各村社，都要闹社火，演锣鼓杂戏，以祭祀后土。

图5-15　后土祠庙会

新中国成立后，后土祠被列为国家文物保护单位，国家对其进行了保护和修缮。民间祭祀和风俗信仰活动一直进行。2003年农历三月十八日，来自全球13个国家和地区的200余位华人代表，带着寻根祭祖的虔诚心态，与国家、省、市、县有关领导以及数万名群众参加了“癸未年全球华人公祭后土圣母大典”活动。这是后土祠历史上自轩辕黄帝至宋代皇帝24次祭祀后，近千年来的第一次公祭大典。这次活动把后土祠的民间祭祀信俗推向了一个更高层次。

万荣后土信俗文化主要包括祭祀活动、祈福、求嗣、民间信仰风俗等内容。

1. 后土祭祀活动

万荣后土祠是黄帝起至宋代皇帝祭地的场所，也是皇家庙院。历代皇帝祭祀后土，一求风调雨顺，二求天下太平，三求江山社稷稳固。据史料记载，皇帝每次祭祀有以下几项内容：一是扩建后土祠，修筑道路。二是设祭坛，筑坛的用土要暴晒三年，并有五种颜色，增厚错杂在封坛上面。举行封礼的土坛顶部是方形，它的底部放有用玉装饰的简牍悼词。三是提供祭奠用品以及天子、朝臣服装。天子、朝臣一般都戴着鹿皮风帽，穿着黄色的布匹祭服。四是演奏乐曲。整个祭祀过程都演奏着悦耳动听的祭祀音乐，以宦者延年为协律都尉，给祭祀音乐谱曲、练乐，并指挥乐官演奏。排练前，精心选择增招艺人、乐师，制作了二十五弦的箜篌红音琴。五是宣读祭文，迎神、辞神。六是开展文娱演出。七是赋诗词，比如宋真宗撰《汾阴二圣配飨铭》并亲书镌石。八是宴请大臣和地方乡绅并赏赐群臣，大赦天下，对犯人减刑，降低赋税若干年。

2. 土地祈福信俗

土是承载万物，孕育万物，是延续万物之母，土地文化称其为“社稷文化”。从古至今，人们无不崇祀土地，国家无不重视土地，崇拜土地神是人民尤为关注的一个祭祀活动和崇祁礼仪。西汉董仲舒《春秋繁露·止雨》：“祭社，击鼓三日而祝。”即使是“贫者”亦“鸡豕五芳，卫保散腊，倾盖社场”。封建帝王和各代平民百姓祭祝后土，一个最主要的目的就是“祈求风调雨顺，五谷丰登，社稷稳固，国泰民安”。祈神赐福，祭神求福，是历代百姓普遍的心路

图 5-16　2022 年青年祭祀后土圣母祈福禄寿喜财大典之一

图 5-17　2022 年青年祭祀后土圣母祈福禄寿喜财大典之二

历程和基本要求，也是中华民族最基本的理想、期盼。

3. 求嗣信俗

几千年的封建社会，“不幸有三，无后为大”的封建观念对人们的影响束缚很大，为了求子嗣，滋生化育万物的“后土”又兼起送子娘娘的身份和职能，成为繁衍人类、创造人类的“始祖”。汾阴后土祠的正殿气势恢宏，殿中塑造一尊后土圣母娘娘坐像，头顶凤冠，身披霞帔，慈眉善目，栩栩如生。左右两侧分立侍女，右侧侍女怀中抱着一个襁褓婴儿，即将婴儿赐予民间。后土祠东门有一“麟趾呈祥”的牌匾，是描述麒麟送子流传不断的意思。从后土圣母娘娘这里兴起了许许多多有关民间生育的风俗，如，拔花求子风俗，在后土圣母娘娘庙里，正月十五，摆设了许多彩纸花瓶，黄色的代表男孩，红色的代表女孩。元宵节新媳妇或长期未生育的媳妇由婆婆领着，向娘娘叩头礼拜，口念许愿词：送子娘娘慈悲，给我送个亲孙。明年我们谢恩，红袍为你加身，全猪献在面前，鼓乐侑食细吹。婆媳烧上高香，香气萦绕庙堂，这时让人留心花瓶，哪一个微微摇动，就表示是娘娘赐给儿子，让婆婆拔下，插到媳妇卧室的炕角。还愿仪式：向后土圣母娘娘求子后，若女子受孕，得了男孩的人家，因有年前向娘娘发愿之诺，于次年正月十五日前或孩子满月之时，要向娘娘庙还愿。通常要做二瓶纸花放在神前，以鼓乐伴奏，给娘娘披红袍、敬高香、烧黄表、献全猪等。

图 5-18　后土圣母娘娘坐像

图 5-19 2022 年正月十五拔花求子之一

图 5-20 2022 年正月十五拔花求子之二

4. 民间信仰风俗

对后土神祇的信仰，在民间历史悠久、深入人心。民间每年农历三月十八日、十月初五日后土庙会时，村民们都要敬祀后土，无论官方对此是否倡导，民间祭祀的热情从来没有冷落，也从来没有停止过。由皇家庙宇转为民间祭祀的后土祠，正是由于民间信仰的兴盛不衰，更成为后土祠文化源远流长的主要源泉。潘新杰在口述访谈中如是说道：

> 现在我们这地方的农村的农民很多人出外打工后，有的做生意、办厂挣了钱，当了企业老板，回来自己就掏钱，找我们给他们策划组织到后土祠做祭祀活动，我们视他们出钱的多少祭祀活动有大有小，出钱多的，三牲祭品全牛、全猪、全羊都得有，有锣鼓队或者唢呐队伍到庙里表演，还要组织一些人给后土娘娘上香等，有的还要请戏班子唱戏表演。但大部分群众都是没有多少钱的，每月初一、十五都会以个人行为去后土祠烧香祭祀一下，但这种个人的祭祀活动却常年坚持不断，也是后土祠祭祀最广泛的人群。

过去后土祠的民间祭祀一般有唱戏、闹社火、烧香、开祭等祭祀形式，其中后土祠的唱戏形式别具一格。万荣后土祠里有一组驰名海内外的戏剧舞台，称为“品字台”。品字台同时能上演两部戏甚至三部戏，又能一部戏独立演出，在中国戏曲舞台历史上实属难得。它的艺术价值可以同北京颐和园的三层戏楼相提并论，是对中国戏曲舞台的过厅台、并台两种舞台类型的发展，形成了独特的后土戏剧文化。

后土祠东西戏台前，有两棵雄伟苍健的古柏，距今已有一千年了。这二棵古柏人称“龙凤柏”。传说，龙柏是远古时期伏羲氏的化身，凤柏是地皇后土女娲氏的化身，他们兄妹结为了夫妇。演戏必演的《龙凤配》就和此柏有关。

图 5-21　2022 年正月十五后土庙庙会的热闹场面

图 5-22　参加后土祠庙会祭祀表演的锣鼓队员

当地青年男女婚后，都要长抱此树合影，祈求夫妻恩爱天长地久。宏伟庄严的古祠、浑厚朴实的人文景观、丰富深远的文化内涵、古朴独特的民俗风情，构成了博大精深的后土信俗文化。

二、庙会传统与传统的十村六社村落格局

后土庙庙会活动对建立统一、和谐、整体的村落秩序，具有无法取代的意义。传统后土庙庙会由十村六社举办，在十村六社内有着一个行之有效的管理、轮值方式。轮流举行庙会形成了竞争性，提高了村庄内部的认同感、凝聚力以及村庄内部的良性交流。庙前村周围十村六社在历史上形成了轮流举办后土祠庙会的传统，在庙会活动中形成了稳定的协作关系。十村六社，如何轮流着当乡约，如何掌管后土祠，社家们有一套详细的安排。据《荣河县志》记载，十村六社轮流掌管后土祠的祭祀、唱戏活动。最快的 6 年轮一次，最慢的要 24 年才能轮一次，各村各社都非常珍重这个位置。每年的正月十五、农历三月十八和十月初五这些传统的后土祠庙会，社家就选出乡约，乡约就是庙会的总策划、总统筹、总指挥，责任重大，非同小可。乡约一般由品学兼优、德高望重、受人尊重、懂得后土祭祀各项“规矩”的能人担任。乡约筹划的庙会活动一般有六项：一是定戏班，二是确定评委和监台人员，主要执行演戏的各项规定；三是推选记账人，接受乡亲们的布施；四是准备香火鞭炮、全猪全羊、各类花供、面食等祭祀用品；五是安排傧相，撰写祭文等；六是安排各社祭祀的前后顺序，一般由十村六社共同研究、商讨。后土祠这种社家当乡约、乡约统筹庙会的规矩，延续了二百多年，其中斜口村的张茂兴、张明利是清朝末年最有名的老乡约，后来又传给张全库，张全库又传给庙前村的潘新杰，潘新杰传承给李应全，一辈辈传承下去。每逢盛会，晋、陕、鲁、豫和稷山、河津、临猗等各省县的人，不远千里齐聚后土祠，有祭祀的、有求子的、有看戏的、有赶会经商的，后土祠内人山人海，场面蔚为壮观。

这种传承延续的十村六社轮流举办后土庙会的习俗，充分代表了一个合作性的社会圈子。它既是一个六年举办庙会的周期，也是十村六社轮番操演祭祀仪式的周期。而轮流主办不仅解决了资源短缺的问题，同时也保持了一个大社区互助制度的延续。

表 5–1　庙前村周围十村六社主办庙会轮流表

汤元村(今已不存在)	1 社	6 年轮 1 次
西头村	1 社	6 年轮 1 次
斜口村	1 社	6 年轮 1 次
志范村	1 社	6 年轮 1 次
仓里村	0.5 社	12 年轮 1 次
中和南（今南中和）	0.25 社	24 年轮 1 次
中和北（今北中和）	0.25 社	24 年轮 1 次
庙前村	0.5 社	12 年轮 1 次
闫村	0.25 社	24 年轮 1 次
大用村	0.25 社	24 年轮 1 次

与过去的十村六社轮流主办庙会相比，现在的后土祠庙会活动组织虽不如过去复杂，但仍然有一支专门负责祭祀的团队，这个团队以庙前村人潘新杰为首，共有十余人，每到有祭祀活动时，潘新杰说，随着时代的变化和需要，过去的一些祭祀程序都简化了，但全猪、全羊、全牛这些三牲祭品，祭祀时候的三叩九拜仪式等，过去一村六社主办活动时最常有的一些程序，今天的庙会仍然在延续。

附 录

一、访谈董养明先生

张：董总您好，请问您从事古建修缮多少年了？

董：我从事这个行业已经三十多年了。

张：进行后土祠修缮的时候大概有多少工匠参与？

董：当时有二十个工匠参与。

张：您修缮后土祠时其整体的破损程度是怎么样的？

董：当时，破损程度较严重的是屋面，尤其是戏台的屋面。很多地方都坍塌了，椽子也都坏了，墙体也有裂缝或坍塌。

张：您在修复后土祠建筑时，您认为后土祠建筑工艺如何？有什么特点？

董：说实话，和当时的工艺相比，现在的工艺是远远比不上的。因为现存的后土祠都是清代的建筑，清代建筑的木雕、砖雕等工艺细腻、精细、刀法熟练、线条流畅，现在确实是比不上了。

张：正殿上的铁花非常精美，它有什么特殊的作用吗？现在还有匠人会制作吗？

董：正殿的铁花它其实是叫悬鱼，是装饰品。为什么叫悬鱼呢，就是字面意思——把鱼吊上去——有钱人鱼吃不了了，就把它们挂到屋顶上去。悬鱼的功能就是连接博风板，同时，悬鱼一般位于脊檩上，屋架的檩头是外露的，它就是为了防止雨水冲刷檩头起到一个保护的作用。铁艺我们这边还有工匠可以做。

张：您在修缮后土祠建筑时，哪一栋修缮难度比较大？

董：修缮最难的是献殿。献殿是单步梁梁头断裂，当时也没有具体加固单步梁的方案，单步梁拆卸下来之后，我们就想找一个方案让人既看不出来变化，还能使其满足承重的需求。我们后来就想到用槽钢，在单步梁上把槽钢镶嵌进去，正是单步梁用材较小，所以加槽钢也不容易被发现。

张：您在修复后土祠时，是如何将新材料与旧材料进行结合的？

董：新材料和旧材料其实主要是木材，我们公司今年所用的木材都是十年前的木材，都是干木料。现在99%的文物修缮，比如说，今天中标了，明天就去木材市场上进货了。因为木材市场不存旧料，这个月进来的木料，下个月必须得卖出去，要不然皮一掉就不好卖了。所以说大部分古建修缮他们都是买的新料，那么新料怎么才能和几百年的木料对接呢？木材湿了胀，干了缩。用新料当时可能没问题，但是一年之后，它可能就缩了，变形了。虽然我存了十年的木料，但是在使用过程中还是有变形的，我一开始干这个行业的时候，我就开始存木料，看见好的木料我就买下来存着，不是关键性的修缮我是不会用它的，要把这些材料都用到刀刃上。

张：您认为现在的古建师傅在技术上与过去的古建师傅相比，有哪些长于和不如他们的地方？

董：差距是很大的，很多工匠在古代，他是不计报酬的，他这一生都在修建。就像以前抓壮丁一样，你就在这里干，完了之后管吃。在过去还有各种的比武，做出来之后大家都一起学习，看谁做得更好。现在，人们做得更快了，甚至有些浮躁的感觉，在古代人们什么都不想，就是做这个。现在，咱们手机不停地响，他有可能上班的时候，他还得考虑我儿子今年大学毕业了，我的钱在哪里，要买房子，钱怎么弄。他的思想就不在这了，他能做出来什么好的作品呢？

二、访谈张师傅

李：您从事木艺制作多少年了？

张：我从事这个三十多年了。

李：您最开始工作时就是在木匠行业吗？

张：是的。

李：您当时是什么原因选择的这个行业？

张：主要为了养家糊口。

李：您在学习技术时拜过师父吗？

张：是的，我跟着师父学习。

李：您学习了多久呢？

张：我学习了三年。

李：您出师之后去哪里工作了呢？

张：打工啊，就是跟着工程队打工。

李：听说您参与过后土祠修缮项目中的木艺制作？这是哪一年的事情？

张：我参与修缮过香亭，时间忘记了。

李：您认为在修缮香亭时最难的是什么？

张：基本上就是屋顶坏了椽子和望板，然后又把梁架整了整。

李：在修复后土祠时，您觉得后土祠原有的工艺怎么样？

张：原有的工艺是好的，现在的工艺倒是也可以达到，就是需要借助机器。

李：您的雕刻技术可以达到后土祠原有木雕的水平吗？

张：简单一点的木雕我可以做。

李：在雕刻过程中您认为哪一步是比较有难度的？

张：雕刻的话，就是那个花比较难，还有就是一些图案，花瓣的厚度啦，还有哪个层次都比较难控制。

李：在修缮香亭的时候，那个大木作和小木作都是您负责的吗？

张：是的。

李：当时修缮的时候是多少位工匠在进行修缮呢？

张：大概三个人。

李：您去的时候后土祠的破损程度是怎么样的呢？

张：柱子有点倾斜了，还有一些椽子、望板、遮檐板这种木构件破损了。

李：当时您进行修缮时候的木料是山西的木材吗？

张：不是，这个是从俄罗斯进口的，还有一些是从别的老房子上拆下来的边木料。

李：进口的是什么木呢？

张：落叶松、樟子松、黄松。斗拱用榆木、槐木，梁架用落叶松，落叶松硬度比较硬一点，像樟子松和黄松主要是用来做门窗以及各种装饰木构件。

李：您当时修缮香亭的时候是用了多久呢？

张：大概一个星期。

李：您的木雕技术是怎么学习的呢？

张：就是在修缮的时候，把残缺的花瓣补一点，配一点，这样慢慢从实践中积累的，属于自己摸索的。

李：您出师之后去做什么了呢？

张：跟着师傅打家具、做门窗，就这样。

李：您今年多大年纪了啊？

张：我 47 岁了。

李：咱们这边有没有山西特有的木雕技艺？

张：临汾地区湘水的丁村有这些工艺，后土祠的雕刻就很好。

李：下边的师傅说做一个简单的木雕大概需要两天，您认为后土祠的木雕需要多久呢?

张：后土祠的木雕那时间可能就很久了，我感觉得半个月到二十天才能雕出来一个画板。

李：在您进行小木作修缮的时候，有什么步骤吗?

张：也是有的，先从上边拆下来，然后从下边开始往上修。

李：您是怎么把新旧材料进行结合的呢?

张：就是用旧料，没有很多水分的旧料，然后用槽钢加固一下。

李：您感觉我们应该怎么更好地保护古建筑?

张：就是我们在修缮的过程中拆卸下来的构件能修补的就进行修补，尽量不用换。再一个就是糟朽得不行了，才进行替换，换得越多它就越没有文物价值。

李：对于工艺的传承您有什么看法呢?

张：来个年轻人的话，肯定不能先让他去工地，让他推刨子、拉锯子，先熟悉工具，得先练习木工基础，不能让他上机器，要不然容易歪。年轻人也都下不了苦了，家庭条件也都好了，就我们之前不接活就没有饭吃。

李：您在修缮的时候如何处理新旧材料的交界处呢?

张：新旧材料其实还是有一点区别的，老木材年岁长，风化把木尾侵蚀了，在最后一步修缮的时候，肯定要把新材料的颜色进行调整，并且整体进行做旧处理。

三、访谈李师傅

张：您从事石艺制作多少年了?

李：我从事这个石艺三十多年了。

张：您今年多大了呀?

李：我今年 58 岁了。

张：当时是什么原因选择的这个行业?

李：我当时也算是祖传的，靠山吃山，就是祖传的这么个手艺。我的手艺就是跟着老一辈的人学习的。男的、女的一般都会这个活，我们就是靠这个吃饭呢。因为祖辈上边有山，开采了石头之后，从粗活、细活到深加工，就是这么一步一步做的。现在，形式好了，做工也好了。我一直在学习，从最初的家传手工艺，一直到现在全部使用机器，就是这么一步一步走过来的。

张：听说您参与过后土祠修缮项目中的石艺制作?这是哪一年的事情?

李：几几年我已经记不住了，得有二十多年了吧。当时，我修后土祠的时候，这个地方还是个土堆，第一期我就在这里了，是 2003 年那一块。

张：您制作的石艺主要用于后土祠的哪些建筑？

李：从大殿的青石台阶一直到下边的广场，从慈恩亭到上边的石头都是我做的。这里面的青石、栏杆、石亭基本上都是我做的，一直到去年，那个广场的汉白玉的栏杆也是我做的。后土祠的工作我是一直在做着的。

张：关于具体的石雕您还有印象吗？

李：当初做上边的时候，一般都是按照咱们国家后土文化，雕刻那一块，有什么故事，就是按照上边的图纸进行雕刻。咱个人的思维不可能那么全面，做的时候呢一般都是根据后土文化进行雕刻的。

张：主要是想问一下您 2003 年修缮时，后土祠的石艺破损程度如何？

李：2003 年修的时候后土祠这边还是个土堆，当学校在使用，那个时候才刚开始建，咱就是根据县委的要求，需要多少料，多么长，需要什么壁画，就是需要什么咱就做什么。像栏杆板，那个上边的画像，每一个都不一样，有盘古开天辟地、女娲补天，每个画板都有故事。

张：是您组建的石艺修复团队吗？有多少人参与了后土祠古建的修复？

李：我有个团队，当时那个团队有 70 多个人，有干土方的，有干安装的，它牵扯到了很多人，还有铺面的，还有干雕塑的。

张：咱负责雕塑的工人大概是多少啊？

李：一共来了 13 个能工巧匠，又来了十多个安装的。13 个工匠负责雕花、雕塑，都是现场做的，不是在别的地方做的。

张：您在替换石雕的时候，还有保留下来的吗？

李：已经很少了，在我记忆中大部分都是石牌坊的一些零部件，大的都没有了，只剩下一些小构件。

张：原来的后土祠的石雕是当地工匠制作的吗？

李：不知道了，没有办法考证了，2003 年的时候具体形状、做工都看不清了，只能看到大概的轮廓。腐化了很多很多年了，就只有一个轮廓了。但是就这个轮廓，一看就知道它之前做的肯定十分精美漂亮。

张：您使用的后土祠建筑中的修复材料都是来自山西当地吗？主要是山西哪些地方的？

李：石材是从山东老家运来的，具体说是从山东济宁嘉祥运来的，因为那边有青石山。

张：为什么不在山西找石材呢？

李：因为山西这边没有山，山西的山都是粗麻石，粗麻石不能雕刻，也不出大块，就只能打一些鹅卵石之类的，整体的石块这边还是不行，就是没有原材料。原材料都是在山东连开采到打工到运输到安装都是一条龙运过来的。

张：咱这边雕刻的工艺您可以具体说一下吗？

李：雕塑的话，2003年的时候，当时机器不太发达，就是机器和手工两结合，现在就不行了，现在都是机器。手工做的话就是当时按照给的图案，然后我请来的工匠，那个时候全都是用斧头、錾子一点一点地打造，因为当时机器还不是很发达。现在就全部都用机器了，就比如精致的雕刻，现在还有了三维雕刻机，就是类似于3D打印那种。就是你想要什么图案输入到电脑里，机器就自己雕刻了。

张：那您感觉现在的电脑雕塑和之前的手工雕塑有什么区别吗？

李：之前用手工打的产品，它就是粗老笨壮，有一种沧桑感。现在的产品呢，就是漂亮、精美、圆滑。手工做出来是有一种古老的神秘感，比较粗糙，不是很精细，但是它有精神内涵。

张：您的队伍里传统的石匠师傅大概是多少人啊？

李：那个时候来的也有老师，都是五六十岁的，画一些花纹之类的都是按照庙上的花纹，和现在的花纹是不一样的。那个时候必须是老师来了之后用手工先绘画，然后再雕刻。

张：现在那些老师傅还能联系上吗？

李：很多都不在了，时间太长了。

主要参考文献

一、专著

[1]（清）马鉴、（清）王希濂修，（清）寻銮炜纂：《光绪荣河县志》，清光绪七年刻本。

[2] 钱穆：《中国文化史导论》，河南人民出版社 2017 年版。

[3] 张其昀：《中华五千年史·远古史》，中华文化大学出版社 1981 年版。

[4] 张章编：《说文解字》，中国华侨出版社 2012 年版。

[5] 卢渝、聂元龙主编：《山西文化资源地图》，山西教育出版社 2010 年版。

[6] 王金平、徐强、韩为成：《山西民居》，中国建筑工业出版社 2009 年版。

[7] 楼庆西：《装饰之道》，清华大学出版社 2011 年版。

[8] 张天柱主编：《黄河后土文化探析》，中国工业出版社 2020 年版。

[9] 万荣县文物旅游局、万荣县后土祠景区开发管理中心：《汾阴脽后土祠》内部印刷，2018 年。

二、论文

[1] 尹世明：《美是后土文化的显著特征》，《山西广播电视大学学报》2010 年第 4 期。

[2] 李文：《山西万荣县后土祠庙貌碑考略》，《山西档案》2012 年第 3 期。

[3] 史敏、袁晓红：《文旅融合背景下山西黄河文化旅游开发浅析》，《山西广播电视大学学报》2021 年第 4 期。

[4] 杨高云：《汾阴后土祠兴建原因探究》，《运城学院学报》2004 年第 4 期。

[5] 王勇红：《河东盐文化与山西区域发展》，《盐文化研究论丛》2014 年第 7 辑。

[6] 王金平、汤丽蓉：《晋系风土与风土建筑》，《建筑遗产》2021 年第 2 期。

[7] 杨子荣：《汉武帝与汾阴后土祠》，《文物世界》2004 年第 2 期。

[8] 陆峰波：《历代皇帝祀汾阴后土考》，《华北国土资源》2016 年第 2 期。

[9] 焦艳、朱慧芳：《华夏根祖之源——汾阴后土信仰与祭祀变迁》，《山东工会论坛》2015 年第 2 期。

[10] 杨洪杰：《中华民族的祭祖圣地——万荣后土祠》，《文史月刊》2003 年第 9 期。

[11] 解放：《中华民族之根 炎黄子孙之源——万荣后土祠的历史变迁》，《运城学院学报》2003 年第 1 期。

[12] 姚媛媛：《从宋真宗西祀汾阴看北宋汾阴后土祠地位》，《运城学院学报》2016 年第 2 期。

[13] 王木娘：《西汉国家祭祀中所见后土地祇之典与礼》，《世界宗教文化》2018 年第 3 期。

[14] 杨乃运、李晔：《“后土祠”汉武帝唱响秋风辞》，《旅游》2006 年第 2 期。

[15] 廖奇琦：《晋中南地区后土图像流变及原因述论》，《南京艺术学院学报（美术与设计）》2019 年第 4 期。

[16] 杨阳、高策、丁宏：《后土祠品字形戏台的声学效应初探》，《山西大学学报（哲学社会科学版）》2014 年第 3 期。

[17] 尉彦超：《从“官方祭祀”到“民间信仰”——晋南后土崇拜流变》，《寻根》2019 年第 2 期。

[18] 贾红艳：《从后土祠庙貌碑看宋代后土祠在中国古代建筑史上的地位》，《文物世界》2009 年第 5 期。

[19] 车文明：《后土祠后貌碑中两方台的考释》，《考古》2001 年第 6 期。

[20] 孙果清：《历代地理指掌图》，《地图》2004 年第 6 期。

[21] 王琳：《潍坊十笏园建筑装饰特点研究》，河北科技大学硕士论文，2012 年。

[22] 王晶：《山西琉璃艺术的可持续发展研究》，《工业设计》2020 年第 4 期。

[23] 姚春敏：《从方志看清代后土信仰分布的地域特征——以山西地方志为中心》，《兰州学刊》2011 年第 1 期。

[24] 张力中：《万荣秋风楼建筑特征探析》，《山西建筑》2022 年第 13 期。

[25] 高志灵：《浅谈山西木雕》，《名家名作》2020 年第 8 期。

[26] 赵静、高国珍：《浅析山西民居木雕图案的特点》，《中国校外教育》2009 年第 8 期。

[27] 王帅：《山西古建筑文化之砖雕装饰的内涵》，《美与时代（城市版）》2018 年第 3 期。

[28] 赵玢：《山西晋南地区寺观建筑中的琉璃艺术研究》，太原理工大学硕士论文，2019 年。

[29] 张典友：《论宋代帝王的书法批评标准及其实践》，《粤海风》2012 年第 1 期。

[30] 王博：《“一定之规”——论唐代后土祭祀的政治投射》，《世界宗教文化》2018 年第 4 期。

[31] 冯巢：《浅谈西吉回族木雕艺术的社会文化背景及传承保护》，《大众文艺》2015 年第 13 期。

[32] 冯永荣：《山西民居木雕装饰图案研究》，山西师范大学硕士论文，2013 年。

[33] 胡芳：《浅谈传统造物观念在围腰荷包中的应用》，《明日风尚》2021 年第 4 期。

[34] 苗保军:《山西后土祠秋风楼建筑浅析》,《建筑与文化》2017 年第 12 期。

[35] 尤贵友、关双来、程万里：《清式硬山墀头的设计与施工技术》，《古建园林技术》1984 年第 4 期。